高等院校“十四五”规划教材
“互联网+”新形态一体化精品教材

教师职业道德与教育法律法规

主　编　姚美雄
副主编　覃翠玲　唐芳贵　覃兰燕　万晓红

首都师范大学出版社
CAPITAL NORMAL UNIVERSITY PRESS

图书在版编目(CIP)数据

教师职业道德与教育法律法规 / 姚美雄主编. —北京：首都师范大学出版社，2021.6(2023.6 重印)
ISBN 978-7-5656-6545-5

Ⅰ.①教… Ⅱ.①姚… Ⅲ.①教师—职业道德—师资培训—教材 ②教育法—中国—师资培训—教材 Ⅳ.①G451.6 ②D922.16

中国版本图书馆 CIP 数据核字(2021)第 118200 号

JIAOSHI ZHIYE DAODE YU JIAOYU FALÜ FAGUI
教师职业道德与教育法律法规
姚美雄　主编

责任编辑　王　静
出版发行　首都师范大学出版社出版发行
地　　址　北京西三环北路 105 号
邮政编码　100048
电　　话　68418523(总编室)　689824268(发行部)
网　　址　http：//cnupn.cnu.edu.cn
印　　刷　三河市海新印务有限公司
经　　销　全国新华书店
版　　次　2021 年 6 月第 1 版
印　　次　2023 年 6 月第 3 次印刷
开　　本　787×1092mm　1/16
印　　张　14
字　　数　395 千
定　　价　46.80 元

前 言

教师是实现中华民族伟大复兴中国梦的重要力量，是教育发展的第一资源。国家繁荣、民族振兴、教育发展，都需要培养一支师德高尚、业务精湛、结构合理、充满活力的高素质专业化教师队伍。在教师队伍建设中，师德师风建设居于首要地位。习近平总书记指出："评价教师队伍素质的第一标准是师德师风。"教师思想政治状况和师德水平决定着人才培养的质量，关系着国家和民族的未来。

教师教育是教育事业发展的"工作母机"，是提升教育质量的动力源泉。《教师教育振兴行动计划（2018—2022年）》指出：将学习贯彻习近平总书记对教师的殷切希望和要求作为教师师德教育的首要任务和重点内容。要加强师德养成教育，用"四有好老师""四个引路人""四个相统一""四个服务"等要求，统领教师成长发展，细化落实到教师教育课程，引导教师以德立身、以德立学、以德施教、以德育德。编者在深刻领会习近平总书记关于教师队伍建设系列重要讲话精神的基础上，本着在教师教育中落实师德教育新要求、增强师德教育实效性的目的编写了本教材。

本教材分为教师职业理念、教师职业道德和教育法律法规三个内容模块，围绕《幼儿园教师专业标准（试行）》《小学教师专业标准（试行）》《中学教师专业标准（试行）》《中小学教师职业道德规范（2008年修订）》等文件，对教师职业理念的教育观、学生观和教师观，教师职业道德的内涵、特征、功能、原则和规范，教师职业修养的意义、原则、方法等进行深入解读，以帮助学习者领会国家教育方针政策的基本要求，掌握未来从教必备的先进教育理念，树立高尚的职业理想情操，践行师德规范，主动适应教育发展新常态。同时围绕《中华人民共和国教育法》《国家中长期教育改革和发展规划纲要（2010—2020年）》《中华人民共和国教师法》《中华人民共和国义务教育法》《中华人民共和国未成年人保护法》《中华人民共和国预防未成年人犯罪法》，对教育法的基本原理以及教师职业生活中的相关法律法规进行深入解读，有利于学习者在今后的教师职业中贯彻依法治国的理念，推进社会主义核心价值观教育，切实增强依法执教的意识与能力。

此外，本教材在编写过程中对标国家教师职业准入的素质和能力要求，把国家中小学教师资格考试标准和大纲融入到教材中，旨在帮助学习者掌握教师职业必备的职业理念、职业道德和职业法律知识。

本教材可作为师范院校学生学习教师职业道德与教育法律法规课程的教材，也可作为国家教师资格考试备考的参考教材，还可作为广大中小学教师接受继续教育的参考书。

编 者

2020年9月

目　录

模块一　教师职业理念

模块二　教师职业道德

模块三　教育法律法规

模块一　教师职业理念

第一章 教育观

学习目标

1. 了解教育的概念与本质、要素与形态。
2. 理解国家实施素质教育的基本要求。
3. 掌握在学校教育中开展素质教育的途径和方法。
4. 能依据国家实施素质教育的基本要求，分析和评判教育现象。

教育观是人们对教育所持有的看法，它既受社会政治、经济制度的制约，又受人们对教育要素不同观点的影响。具体来说，教育观包括人们对教育者、教育对象、教育内容、教育方法等要素及其属性和相互关系的看法，还包括人们对教育与其他事物相互关系的看法，以及由此派生出的对教育的作用、功能、目的等各方面的看法。教育观的核心是“教育为了什么”，即教育目的。教育目的不同，教育者实施的教育活动也不同，从而区分了不同社会、不同时期的教育活动，也产生了不同的教育结果。

第一节 教育概述

一、教育的概念与本质

“教育”的内涵十分丰富，深刻地认识和理解“教育”的概念，准确地把握和剖析“教育”的本质，是我们树立正确的教育观的重要基础和基本任务之一。

（一）教育的概念

广义的教育是自人类产生以来就已存在的教育，这种教育存在于各种生产和生活的活动之中。其定义一般为教育是人类社会特有的一种社会现象，是培养人的一种社会活动。广泛地说，凡是有目的地增进人的知识和技能，影响人的思想品德的活动，不管是有组织的或是无组织的、系统的或零碎的，都是教育。狭义的教育则是人类社会发展到一定历史阶段的产物。它专指教育活动逐渐从其他社会活动中分离出来，诞生了专门进行人才培养的机构——学校和伴随着学校的出现而同时产生的人才培养的专门过程。

如是，我们把狭义的教育（即学校教育）定义为：教育是教育者根据一定社会的要求和年轻一代身心发展的规律，对受教育者所进行的一种有目的、有计划、有组织地传授知识和技能，培养思想品德，发展智力和体力的社会实践活动，通过这种活动把受教育者培养成为一定社会所需要的人。

（二）教育的本质

教育的本质是解决“教育是什么”的问题。具体地说，就是要阐明教育自身的根本特性，以使教育与其他事物区别开来。古往今来，中外教育家对这个问题的回答不同，由此也就出现了对教育本质这一问题的不同主张。

1. 上层建筑说

“教育是上层建筑”，这种教育本质观被称为传统派的教育本质观，其基本观点是社会存在决定社会意识，在社会存在中，生产关系是社会生活中最基本和最原始的关系，它对整个社会生活，特别是对社会意识具有制约作用，教育属于精神生活，它是由经济基础决定的。这表现为经济基础的性质决定了教育的性质，经济基础的变化决定了教育的变化；上层建筑有阶级性，教育也有阶级性；教育与生产关系的联系是直接的，与生产力的联系是间接的；教育通过培养人为社会服务，是一种属于意识形态范围的活动。

2. 生产力说

与“上层建筑说”相比较，“教育是生产力”可以称为现代派的教育本质观，体现着人们对于教育本质认识的进步和发展。该学说认为：教育是生产劳动，教育与社会生产之间存在着本质的客观的联系；教育既生产现实的劳动力，又生产科学技术；教育通过传递生产劳动经验，实现人的劳动能力再生产，并且劳动者是整个生产过程中起决定性的因素，因而它是社会再生产的必要条件，是社会发展和延续的手段；教育的产品是使未来劳动者掌握现代生产的知识和技术，从而可直接提高劳动生产率；用于教育的投资是一种生产性投资。因此，教育是生产力。教育本质的“生产力说”来源于马克思的社会再生产理论和生产劳动理论。马克思认为社会再生产中包括了劳动力的再生产，劳动力再生产中又包含了教育和训练。

教育本质的“生产力说”从根本上体现了人们对于教育的经济功能的重视。

3. 双重属性说

“上层建筑说”与“生产力说”各自所蕴含的无法自圆其说的悖论，以及两者论争的僵持不下，诱发了“双重属性说”。该学说认为：教育本来具有上层建筑和生产力的双重性质，从来就有两种社会职能，一种是传授一定生产关系所要求的社会思想意识，具有明显的阶级性；另一种是传授与一定生产力发展水平相适应的劳动经验和生产知识，为发展生产力服务。所以，教育本质既不能简单地归为生产力，也不能完全归为上层建筑，它同时具有双重属性。这一学说对教育的“上层建筑说”与“生产力说”具有折中、调和的色彩，但它并未能解决“上层建筑说”与“生产力说”论争中久悬的疑问。

4. 多质说（或多属性说、多因素说）

“多质说”认为教育是一种复杂的社会现象，教育本质也应是多质的、多层次的。教育具有多种因素和多种属性，每一种因素都不是可有可无的，而是教育这个整体中的有机部分或方面，各自不能单独决定教育的本质，而是共同决定教育的本质，教育本质是教育的社会性、生产性、阶级性、科学性、艺术性等各种属性的统一。社会结构包括上层建筑、生产关系（经济基础）和生产力三个方面，而且每一方面都是以人为主体的，因此教育作为培养人的活动，不仅与人的成长发展有着直接联系，而且与上层建筑、生产关系（经济基础）和生产力有着直接联系。另外，从教育的发展历程看，最初教育没有与社会生产的过程相分离，它具有社会性和生产性，到了阶级社会它又具有阶级性。所以教育具有多种性质，教育本质便是多种性质的统一。

5. 特殊范畴说

持“特殊范畴说”观点的学者认为，对教育本质的研究，应抓住教育的内在矛盾结构，寻找教育的特殊性，从而得出教育是独特的社会现象，是特殊的社会范畴的结论。所以，这一观点是把教育当作一个特殊的范畴，力图从教育不同于其他社会现象的特点、从教育的内部矛盾入手来揭示它的本质。该学说认为，教育是独特而非一般的社会现象，是特殊的社会范畴。所以，有研究者认为，教育既不属于上层建筑，也不属于生产关系，更不属于生产力，教育像语言一样，是一种特殊范畴。“特殊范畴说”关于教育本质的基本看法有：教育的本质是有目的地培养人的社会实践；教育的本质是传授知识或传递社会经验的工具；教育的本质是促进个体的社会化。持“特殊范畴说”观点的学者主张，对于教育这一复杂的社会现象，不能简单地把它归为上层建筑、生产关系或生产力的某一方面，而只能独立出来，作为一个专门的、特殊的范畴来加以研究。

综观中外教育史，关于教育的众多学说尽管表述各异，但都存在一个根本的共同点，那就是都把教育看作培养人的活动，其目的在于促使个体社会化，促使受教育者的身心得到发展，在知识、品格等方面都能适应社会的需要。这正是人类从古至今纷繁复杂的各类教育现象中同一的、普遍的、稳定的特征，也是教育与其他社会活动相区别的根本点。因此，教育的本质就是有目的、有计划、有组织地培养人的社会实践活动，即根据一定的社会需要而进行的培养人的活动或培养人的过程。简言之，教育是培养人的活动。

教育的本质在培养人，紧接着的一个重要问题就是教育要培养什么样的人。习近平曾多次论述教育要培养什么样的人的问题，他明确指出：“古今中外，关于教育和办学，思想流派繁多，理论观点各异，但在教育必须培养社会发展所需要的人这一点上是有共识的”“每个国家都是按照自己的政治要求来培养人的”①。关于培养什么样的人的问题，我们将在第二节关于素质教育的论述中进一步展开讨论。

二、教育的要素与形态

教育的构成十分复杂，其表现形态也多种多样。认识教育的基本要素，以及教育在社会生活中主要的表现形态，对我们树立正确的教育观大有裨益。

---

①习近平：《习近平在北京大学师生座谈会上的讲话》，人民出版社，2018 年版，第 5—6 页。

（一）教育的基本要素

教育作为促进人类发展的社会实践活动，是一个相对独立的社会系统。教育的基本要素主要包括教育者、学习者、教育内容和教育手段。

1. 教育者——教育活动中教的主体

教育者就是从事教育活动的人。由于教育有广义和狭义之分，人们对教育者所对应的主体有不同认识。如果从广义教育的角度来看，一切能够增进人们知识和技能、影响人们思想品德的活动都是教育，那么任何人都可以是教育者。因为在日常生产和生活中，每个人都会通过各种途径接受他人的态度、知识、技能及思想品德产生的影响。在这个意义上，可以说父母是一个人最早的教育者，也可以说在自己身边的人都是教育者。如果从狭义教育，即学校教育的角度来理解，教育者主要指那些拥有教师职业身份的人。对于“教育者”这个概念，既应当从身份或职业的方面来把握，也应该从素质或资质的方面来把握。“教育者”不仅是对从事教育职业的人的总称，更是对其内在态度和外在行为的一种规定。“教育者”是一种资格，而不是一个具体的、固定的人，应该是那些能够根据个体身心发展和社会发展状况及趋势，在人的发展中起引导、促进、规范作用的人。

教育者是教育活动的主导者，是构成教育活动的支撑性要素。教育是教育者有目的、有计划、有组织地向受教育者传递生产经验和社会生活经验，使其得到培养的活动。因此，离开了教育者，就不存在教育活动。

2. 学习者——教育活动中学的主体

学习者是指在各种教育活动中以学习为基本任务的人，既包括在各级各类学校中学习的儿童、少年和青年，也包括在各种形式的成人教育组织中学习的成年人。学习者是教育的对象，是教育过程中学习和发展的主体。教育是因为人有学习和发展的需要而产生的，教育活动如果没有学习者因学习需要而引发的主体意识和积极参与，就不会获得实质的教育效果，所以，学习者是构成教育活动的驱动性要素，离开了学习者，教育活动便难以发生和展开。

人们通常把学习者称为“受教育者”，这里使用“学习者”主要是考虑到当代教育的形态多样化，教育活动的中心已经日益突出对学习过程的关注和服务，尤其是终身教育的发展使得教育对象的范围扩展到成人乃至整个社会。在终身教育时代，教育者的形象已经远远超出具体人的范围，与之对应的“受教育者”日益多样和不确定。用“学习者”代替“受教育者”，在思维方式和语言风格上放弃了对教育机构机械刻板、简单对应、封闭循环的印象，学习者不是被动接受教育者所施加的身心影响的人，而是有着不同个性特征、思想意识、兴趣爱好、认知风格和习惯偏好的个体，其在教育活动中是以一种高度个性化的状态生活着。对于教育者而言，他所面对的也不是简单的“受教育者”，他需要对参与其所主导的教育活动的人有充分的了解，并尽可能地结合每个人的特点进行指导和帮助。

3. 教育内容——教育活动中师生共同认识的客体

教育内容是学校基于一定社会生产力和科学技术的发展水平，向学生传授的知识和技能、灌输的思想和观点、培养的行为和习惯的总和。教育内容在学校教育中的主要表现形式是课程标准和教材。

教育内容的组成丰富多彩。从其涉及的范围来说，它包括人类社会各个领域的知识、经验和技能技巧；从其价值来说，它具有发展人的智慧、品德、体力、审美能力和劳动能力的重要作用；从其表现形态来说，它有物质的、符号的、精神的、行为的等不同类型。因此，我们不能把教育内容与学校的课程内容等同起来，也不能把教育内容等同于教材。实际上，课程内容和教材包含在教育内容之中，教育内容的内涵和外延要比课程内容和教材丰富得多。首先，教育内容是联系教育者和学习者的中介。作为一种特殊的中介形式，教育内容把教育者和学习者联系起来，通过教育内容难度的自然延伸，使学习者由不知到知、由知之较少到知之较多、由继承到发展、由个体认识水平上升到人类认识水平，最终把人类的过去和未来联系起来，达到教育的目的。其次，最佳的教育内容是目的性与对象性的统一。教育内容作为联系教育者和学习者的中介，能否解决教育过程中的基本矛盾，关键在于其本身的选编是否科学。制约教育内容选编科学性的因素主要有两个方面：一是一定社会前进的要求。对于国家来说，这种前进的要求主要通过教育目的的形式表现出来，这种要求包括素质的全面性和内容本身的先进性与逻辑性。二是个体身心的发展规律，而它本身既有共性又有个性。因此，教育者要根据学习者的实际情况，安排教育的内容和进程，选择教育内容的难度，增减教育内容的分量，发掘教育内容的价值，最终达到目的性与对象性的统一。

4. 教育手段——教育活动的基本条件

教育手段是指教育者将教育内容传授给学习者所借助的各种形式和条件的总和，它主要包括物质手段和精神手段。

物质手段主要是指进行教育活动时所需要的一切物质条件，包括教育的活动场所和设施、教育媒体以及教育辅助手段等。教育的活动场所和设施在学校中主要是指校舍、教室、操场、实验室、校办工厂、农场等场所以及这些场所内部的设备、装置。教育媒体是指教育活动中教育者与学习者之间传递信息的工具。教育媒体是教育内容的载体，也是教育活动中其他信息的载体。同样的教育内容，可以使用不同的教育媒体。教育媒体包括多种形式，从最简单的实物、口头语言到图片、印刷品、录音带、录像带、多媒体教学设备等。教育媒体的形式随着人类科学技术的发展以及教育活动的日趋普及化、个性化而越来越丰富多彩和综合化。随着教育媒体的发展，教育活动的组织形式、方法、效果等都会发生变化。

精神手段主要指进行教育活动时所运用的各种非实质性手段，包括教育方法、教育途径。教育方法包括教育者的教法和学习者的学法。就教育者的教法而言，有语言的方法、直观的方法和实践的方法；就学习者的学法而言，有接受式学习和发现式学习两大类。教育途径是教育者施加教育以影响学习者的渠道、路径和方式。学校教育活动的基本途径是教学，辅助途径有课外活动、社会活动、咨询辅导等。

从以上对教育的基本要素的分析中可以看出，教育者、学习者、教育内容和教育手段是开展教育活动必不可少的要素。其中，教育者和学习者是影响教育活动成效的决定性因素。对于教育者而言，他在教育活动中必须认真分析和研究三个客体：学习者、教育内容和教育手段。教育者的任务是将既定的教育内容通过一定的教育手段传授给学习者。对于学习者而言，他认识的客体主要是教育内容，他的任务是在教育者的指导下，学习和掌握既定的教育内容，也就是将外在的客体转化为内在的精神财富。

在这四个基本要素中，教育者与学习者之间的关系是最基本的关系，它在教育活动中主要表现为教与学的关系。教包含两层含义：传授知识、思想与教会学习者如何学习。学也包含两层含义：掌握人类积累的精神财富与学会学习。教与学之间的矛盾是教育活动的基本矛盾。教育者代表社会所提出的教育要求与学习者的身心发展水平之间的差距，是推动学习者身心发展的基本动力。

（二）教育的主要形态

形态是指事物在一定条件下的形状和表现形式。教育形态是指由教育者、学习者、教育内容和教育手段四个基本要素构成的教育系统在不同时空背景下的变化形式。依据教育活动的规范程度、存在形式和存在范围等，可以对教育进行不同的分类。

1. 正规教育与非正规教育

根据教育活动的规范程度，教育可分为正规教育与非正规教育。

（1）正规教育

对于什么是正规教育，《教育大辞典》将其解释为："指有目的、有组织、有计划、有固定机构与场所，有专职教学人员对学生进行系统的文化科学知识和思想品德的训练和培养的教育。一般指学校教育。"①《新编中国大百科全书》将正规教育界定为："在国家颁布的学制系统中有明确的地位、比较固定的办学任务、培养目标、修业年限、课程标准，经考试合格发给国家承认的学历文凭或专业合格证书的教育。这类教育组织要经国家有关部门批准，才能设立。"②《教育大百科全书》则将其解释为："依照外在、确定、均衡的空间、时间和材料形式，教师和学生都规定了合格标准，精心而系统地传授知识、技能与观点（重点是知识），典型的例证是学校教育方式。"③《国际教育标准分类法（2011）》指出："正规教育系指通过公共组织和公认的私人团体进行的有制度、有目的、有计划的教育，它们的总和构成一个国家的正规教育系统。"④ 因此，正规教育课程理应经相关的国家教育当局或任何其他与国家或地方的教育当局合作的机构认可。正规教育主要由初期教育构成。职业教育、特殊需要教育和部分成人教育通常被认定为正规教育系统的一部分。

综上，虽然不同文献对正规教育的观点不尽相同，但都认为：正规教育是指由国家教

---

①顾明远：《教育大辞典》第1卷，上海教育出版社，1990年版，第77页。

②黄勇，张景丽，金昌海：《新编中国大百科全书》（A卷·经济教育），延边大学出版社，2005年版，第167页。

③[荷] A．图季曼：《教育大百科全书　成人教育》（上），李家永等译，西南师范大学出版社，2011年版，第58页。

④联合国教科文组织：《国际教育标准分类法（2011）》，联合国教科文组织统计研究所，2013年版，第11页。

育部门认可的教育机构（学校）所提供的有目的、有组织、有计划、由专职人员承担的，以促进入学者的身心发展为直接目标的全面系统的训练和培养活动；正规教育有一定的入学条件和规定的毕业标准，其特点是统一性、连续性、标准化和制度化。正规教育是在学校产生之后开始出现的，包括当今教育中的各级各类教育。今天我们所谈的种种教育改革，多是指这种正规教育。

（2）非正规教育

非正规教育是由美国学者菲利普·库姆斯（1915—2006）在20世纪六七十年代提出的一个概念。库姆斯认为，非正规教育是“业已建立的正规体制以外的有组织的教育活动——或独立操作，或作为某一广义活动的一个重要特征——即试图为某些相同的学习者和学习目的服务”①。非正规教育“是人的终生过程，由此，各人从他（她）的环境中——从家庭与邻居，从工作与实践，从市场、图书馆与群众的交往等日常经验、教育影响和生活源泉中——形成了待人接物的态度、价值观、技能与知识”②。《教育大辞典》认为，非正规教育与正规教育相区别，“指在生产劳动、日常生活过程中，个体从家庭、邻里、工作娱乐场所、图书馆、大众宣传媒介等方面获取知识、技能、思想、信仰和道德修养的过程。非正规教育为失去学校教育的人提供学习机会，参与直接同劳动、工作相联系的、内容广泛的学习活动。教学目的具有实用性和直接性，并与个人的学习需要和国家发展要求相一致。它是有组织的，但不是充分制度化的；是系统的，但不是完全常规化的。基本上是在校外进行，其内容、方法、形式比正规教育具有较少的正规性、较多的灵活性。它由各种经济的、社会的和政治的机构负责实施”③。《中国教育大百科全书》则认为，非正规教育是“在正规教育系统外进行的有组织、有计划的教育活动，即国家教育行政部门统一学制要求范围（初等教育、中等教育、高等教育）以外的各类教育活动，如扫盲、文化技术培训、政治学习、业务训练、专题讲座、岗位培训和继续教育等，与‘正规教育’相对。非正规教育的特点为：是有组织的活动，但未充分制度化，一般不需注册，不发文凭，不授学位；是系统教育，但未完全常规化。教育宗旨是满足人们不断变化发展的、各种各样的学习需求。教育目标、课程设置、教学内容、学习时间、入学条件等均由办学单位根据需要自行确定。教育对象可以不分年龄、性别、工作岗位、以前所受教育程度等，以不同学习需求的学习者为特定群体。以需要解决的共同问题为内容，使学习者不断学习新的知识和技能，在专业领域内跟上时代的最新发展”④。《国际教育标准分类法（2011）》指出：“非正规教育和正规教育一样（而并非非正式的、顺带的或无约束的学习），系指通过教育提供者进行的有制度、有目的、有计划的

①[瑞典] T. 胡森、[德] T. N. 波斯尔思韦特：《国际教育百科全书》（第6卷），贵州教育出版社，1990年版，第390—391页。

②[瑞典] T. 胡森、[德] T. N. 波斯尔思韦特：《国际教育百科全书》（第6卷），贵州教育出版社，1990年版，第391页。

③顾明远：《教育大辞典》（第1卷），上海教育出版社，1990年版，第77页。

④顾明远：《教育大百科全书》（第1卷），上海教育出版社，2012年版，第306—307页。

教育。非正规教育的突出特点是在个人一生学习的过程中对正规教育的追加、替代和（或）补充。其提供的目的通常是保障所有人受教育的权利。它顾及各种年龄的人，但无须采用连续的路径结构；可能持续时间短和（或）强度低；通常以短课程、研讨班或讲座的形式提供。非正规教育多数提供不被相关国家或地方教育当局公认为正式或等同于正式资格证书的资格证书，或者根本就没有资格证书。”① 根据各国的情况，非正规教育可以包括提供成人和青年扫盲、失学儿童的教育，以及有关生活技能、工作技能和社会或文化发展的课程。

可见，非正规教育与正规教育的相似之处是精心而系统地传授知识、观点和技能，但其教育的重点是技能。其区别在于非正规教育一般结构松散，时间上有伸缩性，目标更直接，组织较分散，易于因地制宜地使用。非正规教育比较灵活，具有许多不同的发起者、管理者和资金来源，几乎包括所有政府部门和各类非政府机构。非正规教育能够满足个体的学习需求，满足社会均衡和发展的需要，是终身学习的支柱，是 21 世纪教育的重要组成部分，在学习型社会中起核心作用，在全球化背景下，非正规教育以其灵活性对社会发展迅速做出反应，已构成了判断任何一个社会或国家经济发展水平的有效晴雨表。

正规教育与非正规教育二者合称为正式教育，除此之外，还有非正式教育。非正式教育是“在日常生活、工作中进行的不具有结构性或组织性的自主、偶发性学习活动。如与家人或邻里自主交谈，在工作岗位和市场里进行的讨论，在图书馆、博物馆进行的读书或参观、考察，以及在一定场合进行的娱乐活动等”②。非正式教育的特点是自主、灵活、范围广、时间长，弥补了正规教育和非正规教育的不足。随着社会经济的发展、科技的进步，非正式教育与正规教育、非正规教育一起构成终身教育、终身学习的体系。

2. 实体教育与虚拟教育

根据教育现象在时空中存在的形态，可以将其划分为实体教育和虚拟教育。

（1）实体教育

实体教育是指在一个现实的空间里，根据现实空间里的要求来规范人们行为的一种教育。“实”与“虚”相对，“实体”，即真实、客观存在的具体事物。因而，实体教育就是具备承担教育者角色的人在具体的现实环境中对那些有学习需要的人的身心施加适当影响的活动。可以说，自教育产生以来至信息社会前的所有教育都是实体教育。它是为了更好地区分伴随着网络等信息技术而出现的新兴教育形式而提出的。

在实体教育中，教师与学生在真实的空间里面对面地交流。教师在教学时所运用的语言、展现的形体动作、设计的板书等都对学生产生影响。在师生面对面的互动中，教师的治学态度、处事原则、价值观、世界观等也对学生产生潜移默化的影响。教师以自身的人格魅力，在传输知识的同时，为学生树立了学习的榜样。这些方面是虚拟教育无法代替的。在虚拟环境

①联合国教科文组织：《国际教育标准分类法（2011）》，联合国教科文组织统计研究所，2013 年版，第 11 页。

②顾明远：《教育大百科全书》（第 1 卷），上海教育出版社，2012 年版，第 307 页。

中，人与人直接交往的机会急剧减少，学习者面对的是学习终端机器或教师上课的画面，人们之间的关系呈现为一种虚拟的人际关系，这种情况很难对教育质量进行检测，难以培养全面发展的人。

虽然实体教育具有自己的优势和特色，但是在当今社会，它的缺陷也逐渐暴露出来。随着学习型社会的形成，人们已不再满足于仅仅接受青少年时期的学校教育，而是需要终身接受教育。在这种情况下，对于那些由于工作原因而不能亲自到真实环境中接受教育的人来说，虚拟教育的作用和优势就大大超过了实体教育。此外，实体教育要求学生规规矩矩地坐在教室里，认真地倾听教师按照固定的教学计划而实施的教学活动，无法照顾到学生的个体差异，学生学习的积极性和主动性受到一定限制。虚拟教育中的信息传递可以不受时间和地点的限制，学习内容可以重复，可以采用交互的方式进行学习，学生可以自主安排学习进度。

（2）虚拟教育

虚拟教育这一概念的提出，与现代信息科学技术的发展是分不开的。以多媒体和互联网为代表的现代信息技术，正以惊人的速度改变着人们的生活方式和学习方式，并导致发达国家和地区的教育越来越走向网络化、虚拟化、国际化、个性化，从而带给我们一个非常重要的虚拟空间，虚拟教育就是在这样的背景下产生的。它是一种与传统的教育形式相区别的新型教育形式。对于什么是虚拟教育，目前人们对它还没有公认的定义。有人认为虚拟教育是指任何一种发生在虚拟现实或虚拟教室中的学习过程；也有人认为虚拟教育是指通过互联网提供的教育服务，如网络课程、网上辅导、网上训练及职业发展和指导等；还有人认为虚拟教育是信息和通信技术在教育实践活动中的应用。虚拟教育意味着教学活动可以在很大程度上脱离物理空间的限制，是以电子技术、信息技术以及网络空间为媒介而展开的一种教育形态。它与实体教育刚好相对，教育教学过程发生的场所是一系列虚拟化的教育环境，包括虚拟教室、虚拟实验室、虚拟校园、虚拟学社、虚拟图书馆等。

从上面的分析可以看出，虚拟教育的缺陷就是实体教育的优越性之所在，而虚拟教育的优势就是实体教育的局限性之所在，所以虚拟教育与实体教育应该有机结合，只有实现两者优势互补，才能给人类的教育带来新的活力和新的希望。实体教育优良的学习环境、浓郁的学习氛围、融洽的师生关系、亲密的同学之情，是虚拟教育不能实现的。在信息化社会，仅有实体教育，或仅有虚拟教育，都是不可取的。所以我们可以对未来的教育模式进行展望：虚拟教育不会完全取代实体教育，两种教育方式将相互渗透、融合发展。近年来兴起的“O2O”（Online To Offline，即从线上到线下）教育模式就是实体教育与虚拟教育相结合的典型例证。在“停课不停学，停课不停教”的疫情应对阶段，“线上教学”由之前的“探索性”教改活动，一时间成为全体师生必须面对的“日常性”活动，在后疫情时代，“线上＋线下”混合式教学将成为新常态。

3. 社会教育、家庭教育和学校教育

从教育活动的存在范围看，可以将教育划分为社会教育、家庭教育和学校教育三种类型。这种分法最早见于苏联的一些教育学著作中，并一直沿用至今。

（1）社会教育

社会教育从广义上讲是指一切社会生活影响于个人身心发展的教育；从狭义上讲则是指学校教育以外的一切文化教育设施对儿童、青少年和成人进行的各种教育活动。社会教育作为一种教育形态，是伴随人类社会的产生而产生的，原始社会的人们定期举行的各种宗教仪式或者各种礼仪活动都具有社会教育的意义。从广义上看，社会教育实际包括了家庭教育和学校教育——它将所有的教育形态都包含在内。家庭是社会的一个细胞，当然属于“社会生活”；学校不能脱离社会而独立存在，也是“社会生活”的一部分。无论学校教育还是家庭教育，都是一种社会组织，是隶属于社会的，用社会教育一词似乎完全可以替代学校教育和家庭教育。鉴于此，我们将原来意义上的社会教育涵盖的内容加以分解，将它分为职业组织教育、文化组织教育、社区教育。这种分类对教育形态的划分逻辑更加清楚。依据从事教育的机构，可以将教育形态划分为学校教育、家庭教育、职业组织教育、文化组织教育、社区教育五类。职业组织教育是各种各样的职业部门所从事的职业技能训练等；文化组织教育主要由文化机构，如少年宫、图书馆、博物馆等来承担；社区教育由社区机构承担，是社区机构间的一种横向联系与协调。社会教育具有自愿性和自主性、伸缩性和灵活性、持久性和巩固性等特点。

（2）家庭教育

家庭是一个基本的社会单位，承担了大量的教育任务。家庭教育的作用非常重要，特别是在培养青少年的健全人格方面，更是学校教育无法取代的。当今学校教育面临的问题越来越多，家庭教育显得尤为重要，人们对家庭教育的重视程度也有了较大的提高。在某些国家和地区出现了“家庭学校”这种新型的教育方式。

家庭教育具有七个特点：第一，从实施教育的环境来看，家庭是以婚姻为基础，以血缘为纽带自然形成的社会组织形式，这种自然形成的生活环境，对人们的思想品德和行为习惯的影响既深刻又持久。第二，教育者和学习者的关系不是单纯的师生关系，而首先是家长（主要是父母）和子女、长辈和晚辈的关系，他们之间具有天然的血缘关系。从社会学角度来看，家庭中的教育者和学习者都具有双重社会地位、双重角色。第三，从教育者的条件来看，家长一般都没有接受过专业的教师职业训练，缺乏教育理论修养和知识，因此，家庭教育的效果并不是在所有家庭里都能得到保证。第四，从确定培养目标的依据来看，家庭教育没有统一的、固定的目标和目的。第五，在教育内容上，家庭教育的内容是不确定的，主要由家长决定，“遇物而诲”“相机而教”。第六，在教育的过程、途径和方法上，家庭教育具有非规范化和非程序化的特点。第七，在组织管理方面，家庭教育的实施是非制度化的，没有行政部门领导和管理，家长有很大的自主权和很强的独立性。

（3）学校教育

学校教育即社会通过学校对学习者的身心所施加的一种有目的、有计划、有组织的影响，以使学习者发生预期变化的活动。学校教育作为一种独立的教育形态，具有四个特点。第一，较强的目的性、系统性和组织性。学校教育有特定的教育目的，有自己明确的教育方向，有自己的组织机构和相关的职能部门，具有严格的组织纪律性。第二，较强的可控性。学校教育是有目的、有计划、有组织地进行的，其教育途径、教育手段和教育媒介都受到一定部门和教育者的控制和掌握。第三，教育的专业性。学校教育是由专门的机构和专职人员承担的，学校的任务是专门培养人，这些人是取得入学资格的。第四，教育时空的集中性和效率性。课程设置、教材的编写都立足于浓缩人类文明知识的精华，专职教师运用科学合理的方法进行知识的传授，这些就使学习者在相对短的时间里高效率地掌握文化知识及一定的道德观念，从而表现出比非正规教育更高的效率。学校教育正是由于这些特征，才成为一种主导性的现代教育形态。

第二节　素质教育

素质是人的身心发展的基本状态和水平，它是以人的天赋为基础，在后天的环境和教育的影响下形成的，主要包括身体素质、心理素质、道德素质和社会文化素质等。教育作为培养人的活动，其目的就是不断提升人的素质，促进人的发展。从这个意义上说，素质教育是教育的本质。

一、素质教育的提出、发展与深化

改革开放以来，我国的教育事业取得了巨大进步，不仅在适龄儿童中普及了九年义务教育，也扫除了文盲，极大地提升了国民的整体素质。但由于受到传统文化、社会观念以及经济发展水平等诸多因素的影响，人们对于教育仍存在一些错误的理解和认识，尤其是基础教育领域，集中体现为以片面追求升学率为目标的应试教育思想。其具体表现为：学校和教师往往将全部的注意力集中在学生的学业成绩上，片面突出智育，忽视了学生思想品德的培养以及身心健康教育；同时，坚持“唯分数论”，教师在教学过程中采用单一的灌输方式，强调对知识的死记硬背，从而造成了学生的“高分低能”。上述问题的存在，与人们头脑中错误的教育观念密切相关。因此，树立正确的教育观，使教育重新回归到提高学生综合素质、促进学生全面发展的根本目标上来，既是解决上述问题的根本渠道，又是时代与社会对教育提出的新要求。基于上述背景，素质教育思想应运而生。

（一）素质教育的提出

1987 年 4 月，针对当时国内中小学普遍存在的片面追求升学率现象，国家教育委员会原副主任柳斌在“关于制定义务教育教学大纲的几点意见”的讲话中指出：“基础教育不能办成单纯的升学教育，而应当是社会主义的公民教育，是社会主义公民的素质教育。”这是国内首次正式使用“素质教育”这一提法。“素质教育”理念一经提出，就引起了社会的广泛共鸣。1993 年 2 月，结合党的十四大所确定的战略任务和教育改革与发展目标，我国颁布了《中国教育改革和发展纲要》（以下简称《纲要》）。《纲要》明确指出：“基础教育是提高民族素质的奠基工程，必须大力加强。”同时，《纲要》针对基础教育改革和发展的目标方向提出：“中小学要由‘应试教育’转向全面提高国民素质的轨道，面向全体学生，全面提高学生的思想道德、文化科学、劳动技能和身体心理素质，促进学生生动活泼地发展，办出各自的特色。”由此，我国确立了基础教育改革必须实现从“应试教育”向“全面提高国民素质”转变的目标。

（二）素质教育的发展

1997 年 9 月，国家教育委员会专门召开了全国中小学素质教育经验交流会。同年 10 月，国家教育委员会印发了《关于当前积极推进中小学实施素质教育的若干意见》，指出：“实施素质教育是迎接 21 世纪挑战，提高国民素质，培养跨世纪人才的战略举措。”1999 年 6 月，为了全面落实党的十五大精神、实施科教兴国战略，我国正式颁布了《中共中央、国务院关于深化教育改革，全面推进素质教育的决定》（以下简称《决定》）。《决定》是我国关于实施素质教育的一份纲领性文件，它对实施素质教育的意义、内容、条件等做出了详细的阐述。《决定》指出，必须全面推进素质教育，培养适应 21 世纪现代化建设需要的社会主义新人；深化教育改革，为实现素质教育创造条件；优化结构，建设全面推进素质教育的高质量的教师队伍。《决定》的颁布为我国全面实施素质教育确立了明确的目标。

（三）素质教育的深化

进入 21 世纪以来，我国的素质教育得到进一步的贯彻落实。2001 年 5 月，《国务院关于基础教育改革与发展的决定》进一步确立了基础教育在我国社会主义现代化建设中的战略地位和优先发展原则，提出：“实施素质教育，促进学生德、智、体、美等全面发展，应当体现时代要求。要使学生具有爱国主义、集体主义精神，热爱社会主义，继承和发扬中华民族的优良传统和改革传统；具有社会主义民主法治意识，遵守国家法律和社会公德；逐步形成正确的世界观、人生观和价值观；具有社会责任感，努力为人民服务；具有初步的创新精神、实践能力、科学和人文素养以及环境意识；具有适应终身学习的基础知识、基本技能和方法；具有健壮的体魄和良好的心理素质，养成健康的审美情趣和生活方式，成为有理想、有道德、有文化、有纪律的一代新人。”以上述精神为指导，我国于 2001 年开始了第八次基础教育课程改革。此次课程改革是我国基础教育领域进行的最为深刻的一次变革，也是为落实素质教育而采取的一项重要举措。

2010 年 7 月，我国颁布了《国家中长期教育改革和发展规划纲要（2010—2020 年）》（以下简称《规划纲要》）。《规划纲要》指出：“国运兴衰，系于教育；教育振兴，全民有责。在党和国家工作全局中，必须始终坚持把教育摆在优先发展的位置。按照面向现代化、面向世界、面向未来的要求，适应全面建设小康社会、建设创新型国家的需要，坚持育人为本，以改革创新为动力，以促进公平为重点，以提高质量为核心，全面实施素质教育，推动教育事业在新的历史起点上科学发展，加快从教育大国向教育强国、从人力资源大国向人力资源强国迈进，为中华民族伟大复兴和人类文明进步做出更大贡献。”2012 年 11 月，党的十八大报告明确指出，教育是民族振兴和社会进步的基石，立德树人是教育的根本任务，应培养德、智、体、美等全面发展的社会主义建设者和接班人。要全面实施素质教育，深化教育领域综合改革，着力提高教育质量，培养学生的社会责任感、创新精神和实践能力，努力办好人民满意的教育。

二、素质教育的内涵和重点

（一）素质教育的内涵

总体来说，素质教育以提高国民素质为目的，重点是面向全体学生，促进学生主动地、生动活泼地发展，着力提高学生服务国家、服务人民的社会责任感，勇于探索的创新精神和善于解决问题的实践能力，培养德、智、体、美、劳全面发展的社会主义建设者和接班人。

具体来说，素质教育的内涵包括以下五个方面。

1. 素质教育以提高国民素质为目的

素质教育最初是为了克服“应试教育”的问题而出现的，带有临时性和策略性。国家第一次对素质教育做出明确表述是在1993年颁布的《中国教育改革和发展纲要》，其明确指出中小学要从“应试教育”转到全面提高国民素质的轨道，将素质教育上升到国家和民族的利益。

2. 素质教育是面向全体学生的教育

素质教育是为了克服“应试教育”主要面向少数学生的弊病而提出的，因此，面向全体学生，一直是素质教育的目的之一，也得到国家关于素质教育政策的有力支撑。从1993年的《中国教育改革和发展纲要》，到1999年的《中共中央、国务院关于深化教育改革，全面推进素质教育的决定》，再到21世纪的《国家中长期教育改革和发展规划纲要（2010—2020年）》，都明确提出：素质教育面向全体学生，为每个学生的全面发展创造相应的条件。素质教育以提高国民素质为目的，国民素质不是某部分人的素质，而是全体国民的素质。因此，素质教育必须面向全体，致力于提高每个人的素质。实施素质教育，在教育教学过程中，不仅不能剥夺每个人的受教育权，而且要为每个人提供平等的教育机会、均等的教育资源，为每个人提供适合的教育，促进教育的公平发展。

3. 素质教育是促进学生全面地、生动活泼地、可持续地发展的教育

从发展的特性看，素质教育具有全面性、主体性和可持续性。

（1）全面性

素质教育是马克思主义全面发展教育的现实化，是全面发展教育思想在现阶段中国的具体化。实施素质教育，必须把德育、智育、体育、美育、劳育等有机地统一起来，使诸方面教育相互渗透、协调发展，促进学生的全面发展和健康成长。

（2）主体性

素质教育要求学生主动地、生动活泼地发展，以区别于“应试教育”中学生死记硬背、灌输式地被动发展。从学生发展的形式看，素质教育是一种主体教育，它把学生视为教育主

体，强调学生自主探究、自主发展。

（3）可持续性

应试教育沉重的学业负担、机械的学习毁灭了学生求知的欲望和学习兴趣，这是以牺牲学生的发展动力为代价的。素质教育激发学生的兴趣、爱好，培养他们自主学习和终身学习的能力。全面的素质发展，为他们进一步发展奠定了基础，提供了动力，促使学生后续可持续地发展。

4. 素质教育是促进学生个性发展的教育

素质教育全面提升学生的素质，全面发展学生每一方面的素质，包括思想道德、文化科学、劳动技能和身心素质等。素质教育要求学生全面发展，但全面发展既不是平均发展，也不是划一发展。因为每个人都是一个独特的个体，他们的兴趣、爱好、个性特征、理想追求不同，具有差异性。教育为他们的全面发展提出要求，同时，也为他们的个性发展提供适宜的条件，包括因材施教、多元化教育、特色教育等。所以，素质教育重视学生的全面发展，使他们在基本方面达到统一标准，实现共同发展。在此基础上，重视学生的差异性，为不同的学生提供不同的教育，提出不同的要求，促进他们的个性发展。

5. 素质教育着力提高学生的社会责任感、创新精神和社会实践能力

素质教育要发展人的素质，在全面素质的基础上，不同的历史阶段又有不同的侧重点。当今世界，创新是科技发展、国力竞争的根本。因此，21 世纪的素质教育，以培养学生的创新精神和实践能力为重点。这不仅因为社会发展需要创新，也因为我们的教育在培养创新精神和实践能力方面存在着不足，需要强化学生创新精神和实践能力的培养。21 世纪，面对各种道德问题和道德困境，社会上出现了一定程度的道德危机。为了及时走出道德困境和危机，素质教育开始强调德育为先，提出全面贯彻立德树人的根本任务，把“提高学生服务国家、服务人民的社会责任感”与“培养学生的创新精神和实践能力”共同作为素质教育的重点。教育部《关于全面深化课程改革　落实立德树人根本任务的意见》明确提出：全面深化课程改革，“把培育和践行社会主义核心价值观融入国民教育的全过程”“推动社会主义核心价值观进教材、进课堂、进头脑，着力培养学生高尚的道德情操、扎实的科学文化素质、健康的身心、良好的审美情趣，努力使学生具有中华文化底蕴、中国特色社会主义共同理想、国际视野，成为社会主义合格建设者和可靠接班人”。

（二）素质教育的重点

素质教育是全面提升国民素质的教育，是促进学生素质全面发展的教育。但素质教育又会针对某个时期社会的要求和教育存在的不足，突出和强调某一方面的素质。当前，素质教育以培养学生的创新精神为重点，突出创新人才的培养。这是时代的呼唤，也是现阶段素质教育的重点。

1. 培养创新人才是时代的呼唤

21 世纪是知识经济时代，影响经济发展的关键因素不再是传统的物力因素，如资源、资本和人口，而是新的人力因素，包括知识、技术和创新精神、创新能力。创新是知识经济

时代的根本要求。当今世界的竞争是综合国力的竞争，实则是知识总量、人才素质和科技质量的竞争，归根结底是民族创新能力的竞争。所以，创新和创新人才的培养已成为世界各国高度关注的问题。

我国在人口多、资源少的情况下，要全面地实现小康社会的目标，必须依靠创新，创新是我国经济和社会发展的现实要求。对此，几代党和国家领导人对创新和创新人才都给予了高度重视。毛泽东领导无产阶级创建了中国共产党，成立了中华人民共和国，开创了中国社会主义的建设道路。邓小平作为改革开放的总设计师，非常重视创新在社会主义建设中的作用。早在1978年改革开放之初，邓小平就指出："干革命、搞建设，都要有一批勇于思考、勇于探索、勇于创新的闯将。没有这样一大批闯将，我们就无法摆脱贫穷落后的状况，就无法赶上，更谈不上超过国际先进水平。"① 深圳经济特区就是邓小平亲自开辟的最早的改革开放的试验地之一。1992年年初，邓小平在南方谈话中总结深圳的敢闯经验，再次强调"改革开放胆子要大一些，敢于试验……没有一点闯的精神，没有一点'冒'的精神，没有一股气呀、劲呀，就走不出一条好路，走不出一条新路，就干不出新的事业"②。1995年5月26日，江泽民在全国科学技术大会上发表了《实施科教兴国战略》的重要讲话，指出："创新是一个民族进步的灵魂，是国家兴旺发达的不懈动力。……一个没有创新能力的民族，难以屹立于世界先进民族之林。"1999年8月，江泽民在中共中央、国务院召开的全国技术创新大会上再次强调："科技创新越来越成为当今社会生产力解放和发展的重要基础与标志，越来越决定着一个国家、一个民族的发展进程。如果不能创新，一个民族就难以兴盛，难以屹立于世界民族之林"。③ 以胡锦涛为总书记的党中央也曾明确提出，把推动自主创新摆在全部科技工作的突出位置，把提高自主创新能力作为调整经济结构、转变增长方式的中心环节。习近平也指出："创新是一个民族进步的灵魂，是一个国家兴旺发达的不竭动力，也是中华民族最深沉的民族禀赋。在激烈的国际竞争中，惟创新者进，惟创新者强，惟创新者胜。"④ 创新是引领社会发展的第一动力，抓创新就是抓发展，谋创新就是谋发展。2014年6月，习近平在中国科学院第十七次院士大会、中国工程院第十二次院士大会开幕式上的讲话中指出，我国科技发展的方向就是创新、创新、再创新。实施创新驱动发展战略，最根本的是要增强自主创新能力。2015年，党的十八届五中全会审议通过了《中共中央关于制定国民经济和社会发展第十三个五年规划的建议》，提出了创新、协调、绿色、开放、共享的五大发展理念，"创新"居首，创新发展是方向，因此，必须把创新摆在国家发展全局的核心位置，贯穿于党和国家的一切工作之中。

创新的事业，人才是关键，教育是基础。江泽民指出："教育是知识创新、传播和应用的主要基地，也是培育创新精神和创新人才的重要摇篮。无论在培养高素质的劳动者和专业

①《邓小平文选》（第2卷），人民出版社，1994年版，第143页。

②《邓小平文选》（第3卷），人民出版社，1993年版，第372页。

③《江泽民文选》（第1卷），人民出版社，2006年版，第432页。

④习近平：《在欧美同学会成立100周年庆祝大会上的讲话》，《人民日报》，2013年10月22日第1版。

人才方面，还是在提高创新能力和提供知识创新、技术创新成果方面，教育都具有独特的重要意义。"① 2002 年 9 月，江泽民在庆祝北京师范大学建校 100 周年大会上的讲话中再次强调："教育是培养人才和增强民族创新能力的基础，必须放在现代化建设的全局性、战略性的重要位置。"② 他在这次讲话中提出了"教育创新"的概念，认为教育创新与理论创新、制度创新和科技创新一样，是非常重要的，而且教育还要为各方面的创新工作提供知识和人才基础。创新人才的培养不仅是当代中国实现小康社会目标的要求，也是中华民族屹立于世界民族之林、走向强大的关键。

创新人才的培养，不仅是社会发展的要求，也是教育改革的必然要求。创新能力的培养是素质教育的核心，是素质教育区别于应试教育的根本所在。应试教育繁重的学习任务、僵化的教学模式，如呆读死记、重复训练、机械作业、标准化考试，这些不仅无助于学生创新，反而压制了学生的创新精神和创新能力。素质教育的全面发展不仅为创新奠定基础，而且素质教育是主体教育、个性化教育，它重视学生的主体参与、自主探究和个性化发展，重视学生的社会实践和生活体验，这些都有助于培养学生的创新精神和创新能力。

重视创新和创新人才培养，也是现代教育与传统教育的根本区别。传统教育与传统社会相适应，传统社会是封闭的、发展缓慢的社会，重复是传统社会的典型特征，也是传统社会的要求。传统社会教育的基本功能之一就是重复，重复地把上一代从祖先那里继承下来的知识传给下一代，因此，传统教育本身是保守的。这里的保守并非贬义和对传统教育的批评和责备。现代教育是现代社会的产物。现代社会建立在大工业生产之上，是受科学技术促进和推动的、快速发展的社会。尤其是 20 世纪后半叶，不仅社会的发展越来越依靠科学技术，而且科学技术日新月异，知识创造、更新的速度急剧加快。对于现代教育而言，传授知识虽然还是教育的重要职能，但教育不能为传授知识而传授知识，知识必须转化为培养创新能力的手段，创新是现代教育的根本要求。因此，培养创新人才，也成为现代教育与传统教育的区别。

2. 创新人才的培养需要创新教育

创新人才不仅需要创新思维，还需要创新人格。创新思维是根据一定的目的，运用一切已知信息，产生出某种新颖、独特、有社会价值或个人价值的产品的思维品质。创新思维具有流畅性、变通性和独创性。创新人格是指有助于创新的个人特征，诸如求知欲、好奇心、意志力等。创新思维是创新人才的方法系统，创新人格是创新人才的动力系统，二者相辅相成，缺一不可。一个创造性强的人，智力可能只是中等或中等以上，但他一定具有超强的创新人格、创新精神。创新人格在创造性活动中发挥着更重要的作用。

知识经济时代需要创新人才，我国社会的发展也需要创新人才。创新人才需要培养。但反思我国的教育，应试教育和传统教育的影响仍在，甚至还很强大，这在一定程度上阻碍了

①《江泽民文选》（第 2 卷），人民出版社，2006 年版，第 331 页。
②《江泽民文选》（第 3 卷），人民出版社，2006 年版，第 499 页。

创新人才的培养。所以，培养创新人才，一方面需要改革现实的教育，实现观念的创新、人才培养模式的创新和管理制度的创新。没有教育创新，就不可能变革传统教育和应试教育，就不可能有创新人才的培养。因此，教育创新是创新人才培养的基础和保证。另一方面需要实施创新教育。创新教育，从目标上说，是以培养学生的创新精神和创新能力为重点，以培养创新人才为价值取向的教育。其核心是着重研究和解决如何培养学生的批判性思维、创新思维和创新人格、创新精神问题。

虽然创新思维是创新人才的重要品质，但创新教育不等于创造教育。创造教育是为培育学生创造力或创造思维技法而进行的专门思维训练或教育，例如奥斯本—帕内斯创造性解题训练模式、托兰斯创造思维训练，以及发散性思维训练、头脑风暴、智力开发和小发明、小创造活动等。创造教育是创新教育的重要组成部分，但不等同于创新教育。创新教育是围绕创新人才的培养，对教育的整体定位，是带有全局性、结构性的教育发展的价值追求。创新人才不是通过某个活动或某门课程所能够完成的，而是全部教育活动的结果。因此，创新教育要求的是教育全方位的创新，也需要全方位的保证。

所谓教育全方位的创新，包括教育各个要素的创新及其整体的创新，例如教育观念、人才观念的创新，教学方法的创新，课程内容的创新，考试和评价方法的创新，人才培养模式的创新，教育管理体制的创新。所谓全方位的保证，包括教育制度、教师队伍、教育技术等为创新教育提供保证，也包括社会、家庭、社会舆论等为创新人才培养提供保证。因为存在于教育领域中的问题，有时候并不都是教育的问题，而是社会的问题、体制的问题、传统文化的问题等，只靠教育是不可能完全解决的。创新人才的培养，也不可能只由学校完成，更不可能只靠一门课程完成。学校教育在培养创新人才，尤其是培养创新人格特质方面具有重要的作用，但不是唯一的因素。社会生活和工作，既是创新人才施展才能的地方，也是创新人才成长的场所。因此，培养创新人才，需要凝聚全社会的力量，齐心协力，共同营造创新人才成长的空间和支持系统。

三、实施素质教育的途径

中小学实施素质教育必须从转变教育观念入手，同时要强化教师队伍建设，并按照新课程的理念开展教学改革，促进学生的全面发展。

（一）牢固树立素质教育观念

素质教育观念的实施有赖于学校和教师树立正确的教育观念。学校和教师要立足于促进学生的终身发展和国民素质的整体提升，本着对学生和社会高度负责的态度，树立正确的是非观和人才观；要切实转变学校中存在的因片面追求升学率而形成的“重智轻德”和“重智轻体”的错误做法。在注重提升学生学业成绩的同时，要关注学生思想品德的养成、身体素质和心理素质的提升以及劳动观念的培养，使学生能够在德、智、体、美等方面得到均衡发展，成为有理想、有道德、有文化、有纪律的社会主义建设者和接班人。

(二)打造一支高素质的教师队伍

素质教育理念的贯彻与实施离不开一支高素质的教师队伍。各级学校要将教师队伍建设工作置于突出地位，通过开展各种形式的教育与培训活动，不断提升教师的思想境界和业务水平。

1. 要加强师德建设

学校要在教师队伍中大力弘扬爱岗敬业、为人师表、无私奉献的精神，引导教师树立正确的价值荣辱观和是非观；通过各种先进人物的典型事迹，引导广大教师争当教书育人的表率。

2. 要加强业务学习

第八次基础教育课程改革无论是在教育理念、课程内容、教学方式，还是在学业评价等方面都与传统教育模式有较大不同。为此，学校要通过组织开展专家讲座、教学研讨、专业培训、课题研究等各种形式的教研活动，不断提高教师的业务水平，使教师能够了解新课程、熟悉新课程、实施新课程，使素质教育理念能够真正得到贯彻与落实。

(三)立足于课堂，实现教学方式的转变

课堂教学是实施素质教育的主要渠道，也是新课程着力改革的重点内容。传统教学以书本知识、教师、教案为本位，表现为“以教为中心、学围绕教转，以教为基础、先教后学”。传统教学的不足直接导致学生被动学习、死记硬背、机械训练的局面，不利于学生的发展，也与素质教育的理念背道而驰。为此，新课程指出，教学不只是教师教、学生学的过程，更是师生交往、积极互动、共同发展的过程；教学不仅要关注学科，更要关注人。新课程要求广大教师在教学过程中实现四个转变，即由重知识传授向重学生发展转变，由重教师教向重学生学转变，由重结果向重过程转变，由同一规格的教育向差异性的教育转变。只有实现这些转变，教学才能真正成为促进学生发展的桥梁。另外，针对学生学习方式上存在的不足，新课程指出，要倡导学生主动参与、乐于探究、勤于动手，培养学生收集和处理信息的能力、获取新知识的能力、分析和解决问题的能力，以及交流与合作的能力。为此，教师要引导学生开展自主学习、合作学习和探究学习，使学生切实转变被动接受的学习方式，培养学生的创新精神。

(四)强化实践，着力培养学生的综合素质

学生综合素质的提升离不开实践环节。由于受到传统观念等因素的影响，国内中小学教育中“重理论、轻实践”的现象仍比较突出。由于缺少实践环节，学生所学知识难以得到运用，导致出现“高分低能”的现象，不利于学生综合素质的培养。为此，首先，学校要保证综合实践活动课程以及学科研究性学习等实践性课程的有效实施，使学生能够有效地掌握实践学习的方法；其次，学校要组织学生开展各种形式的社会实践活动，让学生接触和了解社会，增强学生的社会观念与社会服务意识，提高学生的社会实践能力和思想道德素养；再次，学校要开办并鼓励学生参与各种课外兴趣小组活动，让学生在学习之余能够培养多样化

的兴趣爱好。这样既丰富了学生的业余生活，又锻炼了学生的实践能力，使学生获得更加全面、均衡的发展。

四、实施素质教育的方法

（一）在课程改革中落实素质教育观

我国于2001年开展了第八次基础教育课程改革，颁布了《基础教育课程改革纲要（试行)》。此次基础教育课程改革是在全面贯彻党的教育方针和全面推进素质教育的背景下开展的，所颁布的《基础教育课程改革纲要（试行)》是指导中小学落实素质教育理念的根本性文件，对课程改革的目标内容等做了详细的阐述和说明，其核心思想体现在以下几个方面①。

1. 课程目标观

新课程强调，要实现课程功能的转变，从以往对单一的知识内容的关注转变为对知识与技能、过程与方法以及情感、态度与价值观三维目标的关注，使学生在获得基础教育知识与基本技能的同时，学会学习，形成正确的价值观。

2. 课程结构观

新课程强调，要改变课程结构过于强调学科本位、科目过多和缺乏整合的现状，整体设置九年一贯的课程门类和课时比例，使课程结构更加合理。

3. 课程内容观

新课程提出，要改变课程内容中存在的“难、繁、偏、旧”以及过于注重书本知识的现状，加强课程内容与学生生活以及现代社会和科技发展的联系，关注学生的兴趣和经验，精选终身学习必备的知识和技能。

4. 课程实施观

新课程提出，要改变课程实施过于强调接受学习、死记硬背、机械训练的现状，倡导学生主动参与、乐于探究、勤于动手，培养学生收集和处理信息的能力、获取新知识的能力、分析和解决问题的能力以及交流与合作的能力。

5. 课程评价观

新课程提出，要改变课程评价过分强调甄别与选拔的功能，发挥评价促进学生发展、教师提高和改进教学实践的功能。

6. 课程管理观

新课程提出，要改变课程管理过于集中的状况，实行国家、地方、学校三级课程管理，增强课程对地方、学校及学生的适应性，妥善处理课程的统一性与多样性的关系。

新课程所确立的上述目标观、结构观、内容观、实施观、评价观和管理观，是素质教育

①钟启泉，崔允漷，张华：《为了中华民族的复兴，为了每一位学生的发展——〈基础教育课程改革纲要（试行)〉解读》，华东师范大学出版社，2001年版，第6页。

观在中小学的具体落实和体现。广大中小学应当以《基础教育课程改革纲要（试行）》为指导，按照新课程所确立的目标和要求予以贯彻实施，扎实推进素质教育的开展。

（二）在学校教育中落实素质教育观

1. 甄别素质教育与应试教育

受升学考试的影响，当前中小学教育仍以应试教育为主，从而阻碍了素质教育的推进。素质教育观与应试教育观存在着巨大差别。

表 1-1　素质教育观与应试教育观的区别

类别	素质教育观	应试教育观
教育目的	德育、智育、体育、美育、劳动教育等全面进行，旨在提高国民素质，追求教育的长远利益与目标	偏重知识传授，着眼分数和选拔，忽视德育、体育、美育、劳动教育等，属于急功近利的短视行为
教育对象	面向全体学生，面向每一个有差异的学生	重视高分学生，忽视大多数学生和差生
教育内容	立足于学生全面素质的提高，教以适合学生发展和社会发展需要的内容，降低内容的深度和难度，弱化学科体系，重视综合，内容结合学生经验、联系实际	仅仅围绕考试和升学需要，考什么就教什么，实施片面的知识教学，内容较难，过于偏重学科体系，忽视综合性及运用性内容，存在着脱离学生生活实际、忽视实践等问题
教育方法	启发式、探究式教学，使学生生动、活泼、主动地学习，减轻学生课业负担	搞题海战术、“填鸭式”教学，以死记硬背和机械重复训练为主，造成学生课业负担过重
教育评价	发展性评价，评价方式多元化，评价主体多元化，以多种形式全面衡量学生的素质和教师的水平	筛选性评价，以考试成绩作为评价学生、衡量教师的主要标准甚至唯一标准，要求学校的一切工作都围绕着备考这一中心来展开
教育结果	全体学生的潜能得到充分的发挥，个性得到充分而自由的发展，为今后继续发展打下扎实基础	多数学生受到忽视，产生厌学情绪，片面发展，个性受到压抑，缺乏继续发展的能力

2. 克服素质教育的实施障碍

（1）消除对素质教育的误解

素质教育是面向所有学生的教育，但有观点认为学生个体存在差异，因此面向全体的教育是不可能的。这种观点也是违背素质教育观的，是对素质教育观的误解。

素质教育并不否认人的差异，不否认受教育者有不同的发展的可能性。素质教育尊重人的差异和人的发展的不同，是社会多样性人才需求的反映。素质教育面向所有学生，是通过因材施教，使得所有接受教育的人都能够通过素质教育，获得符合自身个性的发展。

（2）减轻学生的课业负担

1999 年《中共中央、国务院关于深化教育改革，全面推进素质教育的决定》指出，“减轻中小学生课业负担已成为推行素质教育中刻不容缓的问题，要切实认真加以解决。各级政府都要建立健全减轻学生课业负担的监督检查机制”。《国家中长期教育改革和发展规划纲要(2010—2020年)》也强调“减轻中小学生课业负担”。

国家之所以强调减轻学生课业负担，是因为过重的课业负担会严重损害青少年身心健康，影响学生的成长。当前课业已经成为学生的负担，阻碍了学生身心健康的发展，阻碍了素质教育的实施。

练习题一

一、单项选择题

1. 某中学校长对素质教育检查组说：“我们学校对素质教育十分重视，课外活动开展得丰富多彩，有科技小组、美术小组、音乐小组……但现在学生正在上课，下午课外活动时，请你们指导。”该校长对素质教育的理解（　　）。

A. 不正确，素质教育不等于课外活动　　B. 不正确，素质教育不包括兴趣小组

C. 正确，素质教育要开展课外活动　　D. 正确，素质教育要组建兴趣小组

2. 在全县校长经验交流会上，某校校长介绍完教学改革的情况后，强调素质教育就是减负和增加课外活动。该校长的认识（　　）。

A. 是对素质教育的片面理解　　B. 体现素质教育与学科教学的结合

C. 符合提升教学实力的需要　　D. 符合凝练学校办学特色的需要

3. 刚开学，班主任周老师言辞恳切地对学生讲：“迎接中考是这一年的重中之重，关系到你们的人生发展，大家不要把时间浪费在课外活动上。”周老师的说法（　　）。

A. 合理，有利于学生复习应考　　B. 合理，体现了强烈的责任心

C. 不合理，不利于学生全面发展　　D. 不合理，不利于学生主动发展

4. 在生物实验课上，韩老师自始至终引导学生完成事先准备好的填空题：“实验步骤一：从________号烧瓶倒入________号烧瓶，……”“显微镜的取镜和放置：右手紧握________，左手托住________。”这说明韩老师（　　）。

A. 教学理念偏失　　B. 教学态度不端

C. 教学评价不当　　D. 教育行为失范

5. 为了改变学生从课本中找“标准答案”的习惯，刘老师经常在课堂上设计一些开放性问题，引导学生自由讨论，探索答案。同事马老师对刘老师说：“你这样做会使学生思维太发散，也浪费时间，将来考试肯定会吃亏的。我从不这样做!”下列选项中，正确的是（　　）。

A. 马老师的说法合理，有利于提高学生的学习成绩

B. 刘老师的做法得当，有利于培养学生的创新意识

C. 马老师的说法欠妥，不利于维持课堂教学秩序

D. 刘老师的做法欠妥，不利于保证正常教学进度

6. 进入初三年级后，班主任石老师把每周的综合实践活动课用于补数学。中考时，该班数学成绩名列年级前茅。石老师的做法（　　）。

A. 正确，是提高学习成绩的有效途径　　B. 正确，是提高班级声誉的有力措施

C. 错误，不利于学生公平竞争　　D. 错误，不利于学生全面发展

7. 某校的校训是“卓越立于全面，广博产生精专”。这体现的教育理念是（　　）。

A. 开拓创新　　B. 全面发展

C. 自主发展　　D. 因材施教

8. 开学了，为把素质教育落到实处，某中学语文老师为同学们确定了学期素质教育目标：“每个月读一本名著，识两位名人，听三首名曲，品四幅名画，背五首古诗。”该教师的做法（　　）。

A. 干扰了学生学习的节奏　　B. 优化了学生学习的方法

C. 空化了素质教育的内涵　　D. 指明了素质教育的途径

9. 康老师经常在班上开展成语知识竞赛、演讲赛、辩论赛等活动，营造运用语文知识的情境。康老师的做法有利于（　　）。

A. 提高学生的实践能力　　B. 发展学生的互补性

C. 促进教师的专业发展　　D. 减轻教师的工作压力

10. 期末考试要到了，数学老师请综合实践活动课的吴老师把课时让给他上数学课，吴老师欣然同意。他们的做法（　　）。

A. 合理，体现了教师双方的意愿　　B. 不合理，不利于学生的全面发展

C. 合理，有利于提高学生的成绩　　D. 不合理，违背了团结协作的要求

11. 班主任马老师常对学生说：“先学做人，后学做事，社会需要的是身体健康、和谐发展的建设者和接班人，而不是只会死读书的‘呆子’。”这表明马老师具有（　　）。

A. 开拓创新的理念　　B. 素质教育的理念

C. 自主发展的意识　　D. 因材施教的意识

12. 为了提高学生的语文、数学、英语成绩，班主任把班会课、自习课等能利用的时间平均分配给这三科老师用于补课。这种做法（　　）。

A. 正确，有利于提高学生的竞争力　　B. 正确，有利于提高班级教学质量

C. 不正确，不利于教师的专业发展　　D. 不正确，不利于学生的全面发展

13. 班主任孙老师经常对学生说：“知识改变命运，分数才是硬道理。”他自己出钱设立了“班主任基金”，用于奖励每学期末前三名的学生，孙老师的做法（　　）。

A. 正确，物质奖励具有良好的激励作用

B. 不正确，考试成绩不能衡量学生的综合素质

C. 正确，考试成绩是衡量学生的重要依据

D. 不正确，考试成绩不是评价学生的唯一指标

14. 下列对素质教育的理解，存在片面性的是（　　）。

A. 促进学生专业发展　　B. 尊重学生个性发展

C. 教育面向全体学生　　D. 引导学生协调发展

二、材料分析题

阅读下面材料，回答问题。

李老师是一名中学美术教师，他常常说：“美术课堂不仅要教会学生画画，还应该培养学生更多的能力。”有一次，在和学生聊天时，李老师听说学生家里都有不少闲置的废旧衣物，弃之可惜，留之占地。于是，李老师组织了“变旧为新”创意大赛，号召大家收集家里无用的旧衣物，将其进行改造。这一活动吸引了很多学生和家长参与，有的学生将旧衣服改成既符合时尚潮流又具有独特魅力的新衣服；有的学生将旧衣服裁剪成布条、布块，制成灯笼、布娃娃等布艺饰品……学生们赋予了旧衣物新的功能和价值，制作出缤纷多彩的作品。

在教学中，李老师经常用绘图技术进行视觉教学，比如听音乐作画、读古诗词配画等；他还带学生去郊外写生；每年市里举办美术展览，他都带学生去参观，引导学生仔细观察、用心体会。李老师的美术课成了学生们追捧的热门课，他个人也被评为学校最受学生喜爱的“十大明星老师”之一。

问题：请结合材料，从教育观的角度，评析李老师的教育行为。

第二章　学生观

学习目标

1. 理解“人的全面发展”的思想。

2. 理解“以人为本”的含义，在教育教学活动中做到以学生的全面发展为本。

3. 运用“以人为本”的学生观，在教育教学活动中公正地对待每一个学生，不因性别、民族、地域、经济状况、家庭背景和身心缺陷等歧视学生。

4. 能设计或选择丰富多样、适当的教育教学活动方式，因材施教，以促进学生的个性发展。

学生观是教师对学生在教育教学活动中的性质、地位、特征和具体实践活动的基本看法与认识，它影响教师对学生的认识及其态度与行为，进而影响学生的发展。学生观是教育观的重要组成部分，受教育观的影响与制约。不同的时代、不同的人，会有不同的学生观。在素质教育背景下，教师要树立以“以人为本”思想为指导的学生观。

第一节　学生概述

一、学生的概念与属性

（一）学生的概念

作为教师，从事教育教学实践，必须以科学、全面地认识学生为前提。那么，何谓“学生”?《现代汉语词典》将其解释为“在学校读书的人”或“向老师或前辈学习的人”。由此可见，学生有狭义与广义之分。前者即为狭义的学生，后者为广义的学生。我们这里研究的是狭义的学生，即在大学、中学、小学、幼儿园等正规学校中专门从事学习活动的人。

（二）学生的属性

学生是人，具备一切人皆有的共同属性，主要包括以下几个方面。

1. 学生是完整的人

与一般意义上的人一样，学生是既具有进行新陈代谢的生理生命，又具有意识活动的价值生命的完整生命体。在教育活动中，学生不是单纯的学习者，而且体验着全部的教育生活。如果不能从完整的人的意义上认识学生，教育活动就容易脱离学生实际，造成学生人格的分裂和生命的缺损。把学生作为完整的人来对待，就必须反对那种割裂人的完整性的做法，还学生完整的生活世界。现代教育以促进学生的全面和谐发展为目标，是对学生完整生命意义的追寻。

2. 学生是具有能动性、主体性的人

人的生命与动物的生命不同，动物只有一种本能的生理生命，但人的生理生命只是人生存的生物前提，人的生命更在于他的意识性活动。人不是被动地生活在现实生活中，人总是以其自身特有的能动性、主动性创造和满足自己的物质需要与精神需要，并用以发展自己的身心。因此，教育不能把学生当作消极被动地接受教育影响的人，而是把他们当作认识的主体、发展的主体、学习的主体。教育不是压制他们的主体性，而是为他们主体性的发挥创造条件，从而使他们自觉参与到教育过程中来，促进他们精神的主动发展。

3. 学生是具有生命独特性的人

正如世间没有两片完全相同的树叶，也没有两个完全相同的人。一个人之所以是他自己而非他人，就在于他自身的独特性。既然学生是具有独特性的人，就要求教育者承认并尊重学生的个性差异，注意保护学生的良好个性，并为学生良好的个性发展创造条件，而不是去遏制、压抑和抹杀这种个性和独特性，要求千人一面。

除了具备一切人皆有的共同属性，学生因为是未成年人，所以还是发展中的人，应以学习为主要任务，还应具备适应终身发展和社会发展所需要的必备品格和关键能力。

二、学生的权利与义务

把学生作为社会中的一个成员，考察其地位、权利和义务，也是教师认识学生的重要侧面。学生作为社会成员，是权利的主体，应该享有自己的权利，履行相应的义务。

（一）学生是权利的主体

社会生活中的任一成员都是平等的，都享有自己的权利，学生也不例外。学生作为未成年人，其权利和地位的争取是一个漫长的过程。古代社会，未成年人在家庭被父母视为隶属物，在学校被教师视为附属物，家长把其当成“不懂事的孩子”，教师把其当作“教训和管制的对象”。未成年人没有自己独立的地位和尊严。这种观念至今在一些家长和教师中依然存在。

人类教育的发展是对儿童的不断解放。19 世纪卢梭喊出了“把儿童当作儿童”，首次吹响了解放儿童的号角。20 世纪美国教育家杜威的进步主义教育进一步加速了儿童解放的步伐。社会发展的要求和思想家的呼唤，使儿童的权利终于在 20 世纪被成人社会所承认。1924 年，各国签订的《日内瓦儿童权利宣言》标志着成人社会第一次在世界范围内对儿童权利做正式确认。1959 年11 月20 日，联合国大会通过了《儿童权利宣言》，人类历史上第一次正式以国际组织的形式肯定了儿童的权利。1989 年 11 月 20 日，《儿童权利公约》（以下简称《公约》）在联合国第 44 届大会上通过，这是国际社会第一个肯定儿童权利的法律文件。我国于 1990 年 8 月 29 日在《公约》上签字，1992 年 4 月 1 日《公约》在我国生效。《公约》旨在保护儿童的合法权利不受侵害，《公约》规定“缔约国应采取一切适当的措施确保儿童得到保护”“涉及儿童的一切行为，均应以儿童的最大利益为一种首要的考虑”。《公约》提出了儿童权利保护的原则：①儿童利益最佳原则；②尊重儿童尊严原则；③尊重儿童观点和意见原则；④无歧视原则。

（二）学生的权利

学生是权利的主体，享有法律所规定的各项社会权利。国际社会及许多国家都对未成年学生所享有的权利做了具体的规定。《公约》提出儿童应享有四项基本权利：①生存权。儿童是人，是一个生命体，享有最基本的生存的权利。任何个人和组织不得剥夺儿童的生命。②发展权。儿童是发展中的人，享有发展的权利，有权享有促进其身体、心理、精神、道德等全面发展的条件。③受保护权。儿童是弱小的、不成熟的人，享有受保护的权利，有权不受歧视、虐待和忽视。④参与权。儿童是独立的人，享有参与的权利，有权参与家庭和社会生活，发展其表达和处事能力。

我国作为《公约》的缔约国之一，参照儿童权利保护的原则，在《中华人民共和国未成年人保护法》中提出了保护未成年人应该遵循的四个基本原则：保障未成年人的合法权益；尊重未成年人的人格尊严；适应未成年人身心发展的特点；教育与保护相结合。并将其体现在相关的法律规定中，包括《中华人民共和国宪法》《中华人民共和国教育法》《中国儿童发展纲要（2010—2020年）》等，这些法律或规定提出了许多受法律保护的学生的权利，其中，和教育直接相关的权利可以综合为安全保障权、受教育权、受尊重权等。

1. 安全保障权

学生的生存权、身体权、健康权等均可归入学生安全保障权。《中华人民共和国教育法》第44条规定：“学校及其他教育机构应当完善体育、卫生保健设施，保护学生的身心健康。”《中华人民共和国未成年人保护法》第22条规定：“学校、幼儿园、托儿所不得在危及未成年人人身安全、健康的校舍和其他设施、场所中进行教育教学活动”“学校、幼儿园安排未成年人参加集会、文化娱乐、社会实践等集体活动，应当有利于未成年人的健康成长，防止发生人身安全事故”。在教育过程中，体罚也危及学生的安全，不仅危及生命的健康，还会对心理造成伤害。所以，我国法律明令禁止体罚和变相体罚。

这些权利得到保障，是学生享有其他权利的基础，是学生幸福、快乐成长的前提。学校作为育人机构，应努力营造适合学生生存和健康成长的环境，做到物质环境和精神环境都适合学生的成长。但在我国实际教育中，学生的安全保障权时常遭到践踏，如农村中小学危险校舍依然存在，向学生兜售三无食品的事情时有发生，2014年3月多地陆续曝出“药儿园”事件等，都使学生的生存权、身体权、健康权受到危害。

2. 受教育权

受教育权是公民的一项基本权利。《中华人民共和国宪法》和《中华人民共和国教育法》都明确指出，“公民有受教育的权利和义务”。《中华人民共和国义务教育法》规定：“国家、社会、学校和家庭依法保障适龄儿童、少年接受义务教育的权利。”《中华人民共和国未成年人保护法》规定：“学校应当尊重未成年学生的受教育权，不得随意开除未成年学生。”

学生受教育权是多方面的，包括有权接受符合规定的某一层次或类型的教育的权利，有接受规定课程教育的权利，有质疑提问的权利，有抵制他人占用自己学习时间的权利等。社会、家庭和学校有义务保障学生的受教育权，不得以任何借口剥夺学生的受教育权。

3. 受尊重权

学生的受尊重权包括学生的姓名权、名誉权、通信自由权、隐私权等。学生虽是未成年的公民，但其人格尊严同样受法律的保护。如《中华人民共和国未成年人保护法》第 39 条规定："任何组织或者个人不得披露未成年人的个人隐私。"第 21 条规定："学校、幼儿园、托儿所的教职员应当尊重未成年人的人格尊严，不得对未成年人实施体罚、变相体罚或者其他侮辱人格尊严的行为。"《中华人民共和国义务教育法实施细则》第 22 条规定："学校和教师不得对学生实施体罚、变相体罚或者其他侮辱人格尊严的行为，对品行有缺陷、学习有困难的儿童、少年应当予以帮助，不得歧视。"《中华人民共和国教师法》在教师的义务中规定：教师应"关心、爱护全体学生，尊重学生人格，促进学生在品德、智力、体质等方面全面发展"。

如果教育者理解学生的本质属性，并了解相关法律法规，就能够保护学生的合法权益不受侵害。

（三）学生的义务

权利和义务像孪生姐妹，如影随形。未成年学生在享有法律规定的各项权利的同时，也必须履行法律规定的各项义务。权利和义务是统一的，没有对义务的履行，就不能很好地享受权利。那么，学生应该履行什么义务呢?《中华人民共和国教育法》第 43 条规定，受教育者应当履行下列义务：①遵守法律、法规；②遵守学生行为规范，尊敬师长，养成良好的思想品德和行为习惯；③努力学习，完成规定的学习任务；④遵守所在学校或者其他教育机构的管理制度。

其中遵守法律法规是一切公民必须履行的义务，并不是学生特有的义务，它是享有一切权利的前提。其他义务使儿童、青少年的学生身份凸显出来，更多地对应于学生的受教育权。可以说受教育权既是学生的权利，又是学生的义务。

作为未成年人，发展中的学生往往并不清楚自己的义务，教师有责任告知学生应尽的义务，并教育学生承担自己的义务、约束自己的行为，为学生的良好、顺利发展奠定基础。

三、学生的时代特点

生活在不同时代的人，不免打上时代的烙印，使此时代的人的发展区别于彼时代的人的发展。学生也是如此，生活在当今开放、民主、信息化、全球化和物质条件极大改善时代的青少年学生也就表现出与过去时代的学生不同的特点。

（一）生理成熟提前，心理成熟滞后

与过去相比，今天的中小学生生理发育普遍提前，表现在身高和性方面，以初一学生为

例，现在学生的平均身高高于过去的学生；现在男女青少年性成熟比 50 年前要提早了 1～2 年①。这时候学生感到自己长大了，有力量了。可是，心理的成熟却是滞后的，这个阶段学生的心理仍是儿童的心理，做事凭感觉，不够冷静，易冲动，行动不考虑后果。中小学生外在的成熟和内在的幼稚形成了一对矛盾。从外貌上看，他们觉得自己已是大人，自己什么都行，但在处理问题时的表现又不成熟。这不仅让教师和家长困惑，身处于矛盾之中的学生自身也有着诸多不解。

（二）信息获取渠道增多，视野开阔

今天的学生生活在信息化的社会中，可以从电视、广播、光碟、报刊、图书中获得知识和信息，互联网更是使学生坐在家中就可以知道天下事。因此，当代学生被称为“网上一代”，教师的权威地位已经被动摇，书本已不是学生知识的唯一来源。来自多种渠道的知识和信息丰富了学生的大脑，也开阔了他们的视野，使其知识广度和信息广度都有了相当程度的提高，思维也因受到多种多样的刺激而愈趋活跃，对问题的思考也带有明显的复杂化色彩，在学生面前，传统的教师往往会感到思想的滞后和保守。

（三）价值观念多元，自我意识增强

随着我国社会主义市场经济的发展，社会由同质的单一性向异质的多样性转化，当前学生的人生价值观呈现出复杂、多元的特点。网络技术的迅猛发展，使得他们有了丰富、便捷的接触不同文化、思想的机会和途径，他们不再盲目信从家长、老师的观点，对人生价值有自己的观点和看法。与此同时，学生的自我意识较 20 世纪七八十年代有了明显增强，对成年人的依赖感降低，主动交际欲望有较大提高，相应地也使其社会交往能力得以提升，他们已具备了一定的社会交往能力。

当今学生的价值观总体是积极向上的。但由于学生身心发展的不成熟性，在复杂多元的社会背景之下，其价值取向也难免出现偏差。这就要求学校、家庭、社会高度重视学生世界观、人生观、价值观的教育，努力营造有利于当代学生成长的环境，正确地保护学生的自我意识，充分发挥自我意识在其发展中的作用。

（四）心理问题增多

由于时代的急剧变化以及学习压力的增大，中小学生的心理问题日益增多。中国科学院王极盛等人对近万名中学生的心理状况的调查表明，在心理平衡性方面存在心理问题的学生人数占 33.4%，在学习压力方面存在心理问题的学生人数占 36.7%，在人际关系方面存在心理问题的学生人数占31.4%，在情绪方面存在心理问题的学生人数占 35.0%。另据全国少工委办公室与中国青少年研究中心于 2005 年 3 月联合开展的“当代中国少年儿童发展状况”调查发现：42.8%的少年儿童经常感到泄气，36.8%的少年儿童常常感到自己是别人的负担，常常认为自己不如别人的少年儿童占 39.7%，42.1%的少年儿童感到自己不被别人

①柳海明：《教育学概论》，北京师范大学出版社，2015 年版，第 351 页。

重视。心理问题有的是轻度的，有的是重度的。伴随着心理问题严重程度的增大，一些中小学生甚至出现了轻生、自杀等现象。科研工作者们曾对近万名中小学生做过一项调查①，结果表明：在这批被试学生中，考试焦虑的人数占22.6%，担心发生可怕的事的人数占16.1%，自卑的人数占37.4%，性格暴躁的人数占18.7%，想自杀的人数占14.3%。以上数据都充分说明了当代中小学生存在自信心不足的心理倾向，有些甚至产生了焦虑抑郁心理。可见，加强中小学生的心理教育和生命教育已经成为当务之急。

第二节　学生的发展

一、人的身心发展

基于人既是一个自然实体又是一个社会实体，是自然属性和社会属性统一的本质规定，在教育领域，人的发展可归于身体和心理两个方面的发展上，即人的身心发展。所谓人的身心发展，指的是一个人从出生到成年期间在身心两个方面所发生的积极变化，即个体在身心诸方面及其整体结构与特征方面的连续不断的变化过程。

身体方面的发展是个体有机体的健康发育和体质的不断增强，身体发展的标志是各项生理指标合乎健康的标准，不达标或超标准都是不健康、不正常的表现。心理方面的发展包括两方面：一是认知的发展，如感觉的精确性、知觉的全面性、记忆的理解性、思维的深刻性；二是个性和社会性的发展，如动机、情绪、人格特质、人际交往等方面的变化和持续性。

人的身心发展是全面渐进完善的过程，它既有生理属性的发展，更有社会属性、精神属性方面的发展。人的发展包括个体从出生到死亡的全部变化过程，是从低级到高级、从简单到复杂、从旧质到新质的变化、完善过程，包括量变和质变两种形态。

（一）身心发展的规律

自然、社会和人类思维都有自己的规律，人的身心发展也同样有自己的规律。教师必须依据学生的身心发展规律和特点开展教育活动。

1. 顺序性

个体身心发展是一个有顺序的、持续不断的发展过程。在生理方面，身体的发展是先头部后四肢、先中心后边缘，如躯体的发展顺序是自上而下，即头部→颈部→躯干→下肢；大脑皮层的发展顺序是先枕叶，而后是颞叶→顶叶→额叶；肌肉的发展顺序是先大肌肉群，后小肌肉群。心理机能的发展顺序是由具体形象思维到抽象逻辑思维，由机械记忆到意义记忆，由无意注意到有意注意，由喜、惧等一般情感到理智感、道德感。皮亚杰关于发生认识论的研究，揭示了个体认知发展的一般规律。科尔伯格的研究证明，皮亚杰的发生认识论在

①赵顺义：《中国少年儿童素质状况抽样调查报告》，《中国妇女》，2002年第2期。

个体的道德认知过程中，也具有普遍的推广意义。

个体身心发展的顺序性决定了我们的教育活动必须循序渐进地进行。无论是知识技能的学习还是思想品德的发展，都应由浅入深、由简到繁、由易到难、由少到多、由具体到抽象，循序渐进。“揠苗助长”“陵节而施”都是有违身心发展顺序性规律的行为。

2. 阶段性

个体身心发展的阶段性是指个体在不同的年龄阶段表现出身心发展不同的总体特征及主要矛盾，面临着不同的发展任务。在一段时期内，发展主要表现为数量的变化，经过一段时间，发展由量变到质变，从而使发展水平到了一个新的阶段。例如，童年期学生的思维特点是具有较强的具体性和形象性，抽象思维能力还比较弱；少年期学生的抽象思维能力已经有了很大的发展，但经常需要具体的感性经验作为支持。

个体身心发展的阶段性规律决定了教育工作必须根据不同年龄阶段学生的特点分阶段进行，在教育教学的要求、内容和方法的选择上，不能搞“一刀切”。同时，还要注意各阶段间的衔接和过渡。个体身心发展的不同阶段是相互关联的，上一阶段的发展必然影响下一阶段的发展，因此在教育工作中，也要考虑这种衔接性。

3. 不平衡性

个体身心发展的不平衡性是指个体身心发展不是一个匀速前进的过程，发展速度在其整个发展过程中呈现出加速与平缓交替发展的状态。个体身心发展的不平衡性主要表现在两个方面：一方面，个体在不同年龄阶段某一方面发展不均衡。如身高、体重的发展有两个高峰期，一是儿童出生后第一年；二是青春发育期。另一方面，个体在不同年龄阶段不同方面发展不均衡。有的方面在较早年龄阶段就已达到较高的发展水平，有的则要到较晚的年龄阶段才能达到较为成熟的水平。

个体身心发展的不平衡性要求教育教学要抓住关键期，以求在最短的时间内取得最佳的效果。关键期，也称敏感期、最佳期，是指个体身体或心理的某一方面机能和能力最适宜形成的时期。在这一时期，对个体某一方面的训练可以获得最佳成效，并能充分发挥个体在这一方面的潜力，错过了关键期，训练的效果就会降低，甚至永远无法补偿。

4. 互补性

个体身心发展的互补性反映了个体身心发展各组成部分的相互关系，它首先指机体某一方面的机能受损甚至缺失后，可通过其他方面机能的超常发挥得到部分补偿。如盲人的视力有缺陷，但其通常在听觉、触觉、味觉或嗅觉方面的灵敏性会比常人高。机体各部分存在着互补的可能，为人在自身某方面缺失的情况下依然能与环境协调并继续生存与发展提供了条件。另外，互补性不仅存在于生理机能中，也存在于心理机能与生理机能之间。

个体身心发展的互补性规律告诉我们，发展的可能性有些是直接可见的，有些却是隐现的，培养学生自信和努力的品质是教育工作的重要内容。因此，教育者要尊重每一个受教育者，特别是生理或心理机能发生障碍、学业成绩落后的学生，要善于发现他们的优势，激发他们自我发展的信心。受教育者可以通过其他方面的补偿性发展来达到与正常人一样或相似的发展水平。

5. 个别差异性

个体身心发展的个别差异性是指个体之间的身心发展及个体身心发展的不同方面之间，存在着发展程度和速度的不同。这种差异性具体表现在以下两点。从个体的角度看，个别差异表现在身心的所有构成方面。其中，有些是发展水平的差异，有些是心理特征表现方式上的差异，如有人聪明早慧，有人大器晚成。从群体的角度看，个别差异主要表现为男女性别的差异，它不仅是自然属性上的差异，还包括由性别带来的生理机能和社会地位、角色、交往群体的差别。

个体身心发展的个别差异性要求教育必须因材施教，充分发挥每个学生的潜能和积极因素，有的放矢地选择适宜、有效的教育途径和教育方法，使每个学生都能得到最大程度的发展。

（二）影响身心发展的主要因素

1. 遗传

遗传素质在个体身心发展中具有重要的意义。首先，遗传素质为人的身心发展提供了可能性，它是人的身心发展的生理前提。其次，人的遗传素质是有差异的，遗传素质的差异性奠定了个体差异的最初基础。人从出生的那一天起就表现出先天气质的差异，有的新生儿爱大哭大闹，有的新生儿则比较安静，在环境因素相互作用下，产生了成年后的性格差异。最后，遗传素质的生理成熟程度制约着人的身心发展的年龄特征，心理学家格塞尔的同卵双生子的爬梯试验证明，遗传素质的成熟程度制约着人的身心发展水平及阶段。

2. 环境

个体身心的发展离不开外界环境的影响。首先，外部社会环境是个体身心发展、成熟的客观条件，对人一生的发展都具有一定的制约作用。如果说遗传素质为人的发展提供了可能性，那么社会环境的影响则能把这种可能性转化为现实。我国古代的荀子就很重视环境对人的潜移默化的影响，他提出："蓬生麻中，不扶自直；白沙在涅，与之俱黑。"其次，环境对人的作用离不开社会实践，社会实践对于人的发展具有决定性的作用。

3. 教育

教育对人的身心发展具有非常重要的意义。教育是人的发展的重要的外因，教育决定了人的发展方向和发展水平。教育是一种有目的地培养人的活动，能够排除一些外在不良因素的影响，使年轻一代朝着健康、正面的方向发展。学校教育在人的身心发展中具有主导作用，其目的性、系统性、专门性和基础性对青少年的发展具有举足轻重的作用。尤其是学校教育的选择性，对于培养目标的选择，教育内容的选择，教育方式、方法和手段的选择，都为青少年儿童的发展创造了优越的条件和更多的可能性。但是，我们也应该看到学校教育对于个体身心发展的主导作用不是无限的，必须要以遗传素质为基础，以外界环境为条件。

4. 个体的主观能动性

教育和环境对个体身心发展的作用，只有通过人的实践活动，即发挥人的主观能动性才能实现。学生只有把内在的需求和外在的教育、环境的条件结合起来，才能真正实现人的身心健康、全面地发展。学生自身的主观能动性是个体身心发展的内在动力。只有不断提高自我意识，不断扩充社会经验、增强主观能动性，个体才能自觉地做出选择，制定自己的行动目标，主动地调控、安排自己的行为，从而实现个体身心健康、和谐发展的目标。因此，教育工作者应该适时地向学生提出要求，引起学生的内在需求和动机，并鼓励学生采取积极的行动去努力，这样才能有效地促进其身心的发展。

二、人的全面发展

（一）人的全面发展思想的渊源

人的全面发展思想是在人类社会发展过程中逐步形成并发展起来的。从古希腊的和谐教育论者到文艺复兴时期的人文主义者，再到 18 世纪的空想社会主义者，人类一直在探索自身发展的道路，一直对自身全面、和谐发展有美好的向往和追求，并萌发了全面发展教育思想。中国古代儒学家要求学生掌握六种基本才能：礼、乐、射、御、书、数。亚里士多德、夸美纽斯、卢梭等人都曾提出过人的体力、智力和道德等多方面和谐发展的问题，这些探讨大多从“神的意志”或“人的本性”出发来说明和解释人的发展，存在脱离社会生产和生活的倾向。

马克思主义的产生，为考察和说明人的发展提供了新的科学方法论，对人的全面发展进行了较为全面的阐述，指出人的全面发展具有历史必然性。马克思的“人的全面而自由发展”学说的提出，是建立在对人类历史发展，特别是对资本主义历史阶段的全面剖析的基础之上的。人的全面而自由发展是人的发展目标，也是人类世世代代为之奋斗的崇高理想，是人的劳动活动、才能、社会关系、个性的全面而自由的发展。马克思主义认为，人的发展是与社会生存发展相一致的，实现人的全面发展的根本途径是教育同生产劳动相结合。

马克思主义关于人的全面发展学说确立了科学的人的发展观，指出了人的全面发展的历史必然性，对我国教育目的的确立具有重要的理论指导意义。

（二）马克思主义人的全面发展理论的内涵

人的全面发展，是马克思主义教育学说的核心内容，也是社会主义教育的终极追求。马克思主义理论所说的“人”不是抽象的“人”，而是“社会的、现实的个人”。

1. *人的全面发展，既需要人在劳动过程中的全面发展，也需要人在社会关系中的全面发展*

生产劳动中的全面发展，要求人打破分工的固定化、局部化，全面地从事各种生产劳动，因此，需要人的劳动能力的全面发展。社会交往关系的全面发展，要克服不合理社会关系对人的限制，寻求人与人之间普遍的、自由的交往，在广泛的社会关系和社会交往中丰富和发展自身。

2. *人的发展是劳动能力和社会关系的全面发展、和谐发展，也是自由发展*

在马克思主义学说中，人的自由发展是人的全面发展的重要方面，马克思经常把全面发展和自由发展联系起来使用，称之为“每个人的全面而自由的发展”或“自由的全面发展”。“人的自由发展”是人作为主体的自觉、自愿、自主的发展。这种发展不是指人的天性的自由发展，而是指人在社会关系中的自由发展。如果没有自由发展，全面发展就可能成为平均发展和整齐划一的同质性发展。正因为有了自由发展，每个人才能在其基本素质发展中形成自己独特的个性。在这个意义上，全面发展是自由发展的基础，全面而自由的发展的人是一个具有个性的人。这是马克思期盼的人的发展的最高形态。

3. 人的全面发展是指每个人全面的、自由的、个性的发展

马克思主义关于人类社会的理想就是实现人的全面而自由的发展。共产主义社会是人类社会历史发展的必然，共产主义事业需要全面发展的一代代新人持续创造。这里的人，不是某个人，而是每一个人、每一个社会成员。这里的全面发展，是人的发展的完整性、多方面性，包括人的智力、体力和社会关系（社会性）。这里的自由发展是指人的自觉、自愿、自主的发展，不屈从于任何外在的压力和支配，按照自己的意志，选择适合自己的发展。全面而自由的发展，就是要使每个人按照自己的素质特点、自己的优点和不足，自由发展，形成自己独特的素质结构和个性特点。

（三）马克思主义人的全面发展教育的基本内涵

实现人的全面发展，以社会生产关系的变革为条件，同时也有赖于人的全面发展的教育。所谓全面发展教育，是对含有各方面素质培养功能的整体教育的一种概括，是对使学习者得到多方面发展而实施的培养多种素质的教育活动的总称，由多种相互联系而又各具特点的教育所组成。人的全面发展的教育，包括德育、智育、体育、美育、劳动技术教育等。

学校教育教人行善、求真、健体、审美，并最终使人成为社会事务的承担者。德育重在教人求善，智育重在教人求真，体育重在教人健体，美育重在教人审美，而劳动技术教育则重在通过使个体掌握劳动工具的使用，创造能够满足人的需要的生产和生活的物品。它们不能相互替代，各有特定的内涵、任务和功能，对社会发展和个体发展的价值都各不相同。同时，它们彼此之间又相互渗透，不可分割，每一方面都包含着对人的品行、认知、健体、审美和创新的要求。此外，“五育”之间还具有相互促进的意义，存在着彼此互为目的和手段的关系。

我国的教育目的以马克思主义人的全面发展理论为基础，培养全面发展的人。新中国成立后，在不同的历史时期，人的全面发展具体内容在表述上有少许差异，有“德、智、体全面发展”“德、智、体、美全面发展”“德、智、体、美等方面全面发展”“德、智、体、美、劳等方面全面发展”等不同提法，其差异就在于全面发展的元素有哪些。2018 年 9 月 10 日，全国教育大会召开。习近平在大会上做了重要讲话，强调要坚持中国特色社会主义教育发展道路，培养德、智、体、美、劳全面发展的社会主义建设者和接班人。这次会议把“劳”与“德、智、体、美”提到同等重要的位置，确定了“德、智、体、美、劳”是全面发展的基本构成。习近平在会议中指出：要在加强品德修养上下功夫，教育引导学生培育和践行社会主义核心价值观，踏踏实实修好品德，成为有大爱大德大情怀的人。要在增长知识见识上下功夫，教育引导学生珍惜学习时光，心无旁骛求知问学，增长见识，丰富学识，沿着求真理、悟道理、明事理的方向前进。要在培养奋斗精神上下功夫，教育引导学生树立高

远志向，历练敢于担当、不懈奋斗的精神，具有勇于奋斗的精神状态、乐观向上的人生态度，做到刚健有为、自强不息。要在增强综合素质上下功夫，教育引导学生培养综合能力，培养创新思维。要树立健康第一的教育理念，开齐开足体育课，帮助学生在体育锻炼中享受乐趣、增强体质、健全人格、锤炼意志。要全面加强和改进学校美育，坚持以美育人、以文化人，提高学生的审美和人文素养。要在学生中弘扬劳动精神，教育引导学生崇尚劳动、尊重劳动，懂得劳动最光荣、劳动最崇高、劳动最伟大、劳动最美丽的道理，长大后能够辛勤劳动、诚实劳动、创造性劳动。

（四）中国学生发展核心素养

素质教育要发展人的素质，在全面发展的基础上，不同的历史阶段又有不同的侧重点。中国共产党第十九次全国代表大会提出要全面贯彻党的教育方针，落实立德树人根本任务，发展素质教育，推进教育公平，培养德、智、体、美全面发展的社会主义建设者和接班人。为了把对学生德、智、体、美全面发展总体要求和社会主义核心价值观的有关内容具体化、细化，深入回答“培养什么人、怎样培养人”的问题，根据学生的成长规律和社会对人才的需求，教育部于2014年在《关于全面深化课程改革　落实立德树人根本任务的意见》中提出，要研制“各学段学生发展核心素养体系，明确学生应具备的适应终身发展和社会发展需要的必备品格和关键能力”。

核心素养是党的教育方针的具体化，是连接宏观教育理念、培养目标与具体教育教学实践的中间环节。党的教育方针通过核心素养这一桥梁，可以转化为教育教学实践可用的、教育工作者易于理解的具体要求，明确学生应具备的必备品格和关键能力，从中观层面深入回答“立什么德、树什么人”的根本问题，引领课程改革和育人模式变革。

1. 基本原则

（1）科学性

紧紧围绕立德树人的根本要求，坚持以人为本，遵循学生身心发展规律与教育规律，将科学的理念和方法贯穿于研究工作的全过程，重视理论支撑和实证依据，确保研究过程严谨规范。

（2）时代性

充分反映新时期经济社会发展对人才培养的新要求，全面体现先进的教育思想和教育理念，确保研究成果与时俱进，具有前瞻性。

（3）民族性

着重强调中华优秀传统文化的传承与发展，把核心素养的培养植根于中华民族的文化历史土壤，系统落实社会主义核心价值观的基本要求，突出强调社会责任和国家认同，充分体现民族特点，确保立足中国国情，具有中国特色。

2. 基本内涵

中国学生发展核心素养以培养“全面发展的人”为核心，分为文化基础、自主发展、社会参与3个方面，综合表现为人文底蕴、科学精神、学会学习、健康生活、责任担当、实践创新 6 大素养，具体细化为国家认同等 18 个基本要点。各素养之间相互联系、互相补充、相互促进，在不同情境中整体发挥作用。中国学生发展核心素养的总体框架见图 2-1。

图 2-1　中国学生发展核心素养的总体框架

（1）文化基础

文化是人存在的根和魂。文化基础，重在强调能习得人文、科学等各领域的知识和技能，掌握和运用人类优秀智慧成果，涵养内在精神，追求真善美的统一，发展成为有宽厚文化基础、有更高精神追求的人。

①人文底蕴

主要是学生在学习、理解、运用人文领域知识和技能等方面所形成的基本能力、情感态度和价值取向。具体包括人文积淀、人文情怀和审美情趣等基本要点。

②科学精神

主要是学生在学习、理解、运用科学知识和技能等方面所形成的价值标准、思维方式和行为表现。具体包括理性思维、批判质疑、勇于探究等基本要点。

（2）自主发展

自主性是人作为主体的根本属性。自主发展，重在强调能有效管理自己的学习和生活，认识和发现自我价值，发掘自身潜力，有效应对复杂多变的环境，成就出彩人生，发展成为有明确人生方向、有生活品质的人。

①学会学习

主要是学生在学习意识形成、学习方式方法选择、学习进程评估调控等方面的综合表现。具体包括乐学善学、勤于反思、信息意识等基本要点。

②健康生活

主要是学生在认识自我、发展身心、规划人生等方面的综合表现。具体包括珍爱生命、健全人格、自我管理等基本要点。

（3）社会参与

社会性是人的本质属性。社会参与，重在强调能处理好自我与社会的关系，养成现代公民所必须遵守和履行的道德准则和行为规范，增强社会责任感，提升创新精神和实践能力，促进个人价值实现，推动社会发展进步，发展成为有理想信念、敢于担当的人。

①责任担当

主要是学生在处理与社会、国家、国际等关系方面所形成的情感态度、价值取向和行为方式。具体包括社会责任、国家认同、国际理解等基本要点。

②实践创新

主要是学生在日常活动、问题解决、适应挑战等方面所形成的实践能力、创新意识和行为表现。具体包括劳动意识、问题解决、技术应用等基本要点。

三、“以人为本”思想

（一）“以人为本”的内涵

以人为本思想是人的全面发展思想的进一步发展，以人为本思想的提出，进一步落实和深化了人的全面发展思想。以人为本是科学发展观的本质和核心，也是教育发展的核心命题和基本价值取向。在教育领域中落实以人为本的科学发展观，必须把教育的重点转向人本身，确立人是教育的出发点，在教育过程中把人的全面发展放在核心位置。这是教育的本质所在，也是教育促进人的发展的基本要求。

“以人为本”作为价值追求，是指人们对待问题的态度，以及在这一态度影响下解决问题的方式、方法，即选择以人为根本的态度、方式、方法来处理问题。“以人为本”的价值目标具有以下内涵：认识发展的本原、本体，人的发展是发展的本质、目的和动力；以人生命本质的完善为发展的根本宗旨；面向全体，以绝大多数人为本的发展；满足个体多样需求，拥有公平的发展机会。“以人为本”的科学发展观是对马克思主义关于人的全面发展学说的继承、丰富和发展。它着眼于人的现实存在，尊重每一个个体存在的意义和价值，重视人的作用与需要，强调人是所有活动的终极目的。“以人为本”的发展力图寻求人与自然、人与社会、人与人之间关系的和谐发展，进而实现人类对自身生命意义的确认。

（二）“以人为本”的学生观

“以人为本”的学生观是人文精神在教育教学活动中的当代诉求和具体表达，彰显了现代教育的价值追求和以人为本的发展方向。树立“以人为本”的学生观，是现代教师所必须具备的教育理念。

从教育思想看，“以人为本”就是在教育活动中以学生为本，以学生的全面发展为本，以全体学生的全面发展为本，主要体现在如下三个方面：第一，在教育教学活动中做到尊重学生的主体地位，引导学生成长；第二，在教育教学活动中，以促进学生全面发展为目标；第三，坚持“以人为本”，必须面向全体学生。

1. 学生是发展的人

学生的发展是指学生在遗传、环境和学校教育及自我内部矛盾运动的相互作用下，身体和心理两个方面所引发的质、量、结构方面变化的过程及结果，是内外部因素综合作用的结果，学生作为发展的人，其发展的根本动力是身心发展的社会需要与个体现有发展水平之间的矛盾。

（1）学生的身心发展是有规律的

自然、社会和人类思维都有自己的规律，人的身心发展也同样有着自己的规律。个体身心发展的一般规律有顺序性、阶段性、不平衡性、互补性、个别差异性等。教师必须依据学生的身心发展规律和特点开展教育活动。

（2）学生具有巨大的发展潜能

"以人为本"的学生观要求教师把学生看作发展过程中的客观存在，用发展的眼光去看待学生，倡导对学生进行形成性评价。从本质上讲，学生处于人生发展的特定阶段，具有很大的不稳定性和可塑性。教师应当避免只关注学生的现实情况，要挖掘学生可能出现的各种情况，实现对学生成长的全局性把握，甚至全人生的指导。教师要坚信每个学生都是可以积极成长的，是有培养前途的，是可获得成功的，对教育好每一位学生充满信心。同时教师要尊重学生的理性思维能力，尊重学生的自由意志，把学生看作独立思考和行动的主体，使学生在与教师的交往和对话中，发展个体的智慧潜能，陶冶个体的道德性格，达到自己的最佳发展水平。

（3）学生是处于发展过程中的人

说学生是发展中的人，就是要求教育者把学生作为未成年人来看待，不能以成人的标准来要求学生。

学生是具有发展潜能的人。作为正在发展中的未成年人，学生从入学到毕业期间，其身心都处于飞速发展的阶段，处于一个从不成熟趋于成熟的时期，具有极大的发展潜能，表现出极强的可塑性。教育得法就可以使他们获得最佳的发展。从某种意义上来讲，教育的任务就是挖掘学生的潜能，促成其发展。教育必须以发展的、动态的眼光来对待学生，相信学生的生命潜能是发展的。即便是处于落后阶段的学生，这种落后也是暂时的，是可以改变的。

学生是具有发展需要的人。作为正在发展中的未成年人，学生的身心都还没有成熟，在许多方面还有待完善。因此，在其发展的过程中不可能尽善尽美，总是伴随着各种各样的问题。这都是正常的，是其不成熟的表现，也正是因为这种不成熟，才使其更需要发展。学生的发展是需要时间和过程的，不是一蹴而就的。理解了这一点，教育者才能正确对待学生发展过程中的错误和不足，才能在教育中给予学生耐心的指导，促进学生的发展。

学生是需要成人给予发展指导的人。作为正在发展中的未成年人，学生的身心皆不成熟，其判断是非的能力还比较差，因此，需要成人给予发展的指导。因此，现代教育提倡尊重儿童，并不是纵容儿童、放任儿童，而是要以一种负责任的态度在其需要的时候给予应有的指导，积极发挥教育的作用。只有在教育的关怀、帮助、引导下，儿童的发展才是自觉的。

2. 学生是独特的人

正如世间没有两片完全相同的树叶，也没有两个完全相同的人。一个人之所以是他自己而非他人，就在于他自身的独特性。“以人为本”的学生观要求教师不仅要将学生作为一个整体来全面看待，而且要关注学生的个体差异和个性化成长。“以人为本”的学生观要求教学是面向全体学生的，教师要关注每一个学生的发展，承认学生的个体差异性，满足学生的个性发展要求。

（1）人的全面发展以承认学生差异和个性发展为基础

人的全面发展不等于各个方面的平均化发展，教育活动涉及德、智、体、美、劳等诸多方面的内容。人的全面发展思想，要求每个受教育者作为一个独立而完整的个体，各个方面都能够获得应有的发展，同时也要承认人的各个方面发展水平有一定差异性，不能用同样的标准去衡量各个方面的发展指标。“尺有所短，寸有所长”，学习成绩欠佳的学生，可以有高尚的道德；不擅长艺术表演的学生，可以有高超的劳动技能。人的全面发展，要求每一个人在德、智、体、美、劳等各个方面都得到发展，这种发展承认学生个体差异，重视人的个性发展，是对学生发展不同步的认同。

全面发展的人不应该是千篇一律的，而应是充满个性并有自身特点的人；全面发展的人也不是各个方面平均发展的人，而是在全面发展的基础上个性得到很好发展的人。因此，尊重个性的全面发展是人的全面发展的本质要求和最高境界。

（2）学生的个性与差异要求切实贯彻因材施教的教育理念

素质教育要求教师正视学生的个别差异，克服按统一标准和尺度去衡量学生，追求完全趋同、整齐划一的弊病，根据学生各方面情况因材施教。这就要求教师在教育过程中贯彻个别对待原则，讲求因时制宜、因人而异，为学生创设良好的成才条件，从个性化的角度入手，力求使每一个学生在不同领域内有所专长、有所成就，培养大批的创新型人才，为增强民族创新精神和能力奠定坚实的基础。

3. 学生是具有独立意义的人

“以人为本”的学生观要求把学生置于教育活动的主体地位，注重学生的主体性需求，关注学生的全面成长，真正地把学生当作“人”来开展教育，尊重学生的自主意识，不以教师的个人意志去支配学生，按照学生的成长规律开展具体的教育教学活动。而现实中，个别教师忽视学生的独立主体性特点，以教师为整个教学活动的中心，进而树立教师的绝对权威，这是与当代学生观相悖的。

（1）学生是学习的主体

素质教育强调学生在学习活动中是认识的主体、实践的主体和发展的主体，是学习的主人。教师需要树立学生在教育过程中的主体地位，充分地调动学生的主观能动性，引导学生积极主动地参与到教育活动过程中，从根本上转变传统的学生角色观念，帮助学生从被动地接受知识灌输转变为在教师的指导下自主地探究。在这种学生观的引导下，学生具有较强的自主探究精神，眼界开阔、思维活跃，具有良好的适应能力和开拓进取的精神。

（2）学生具有个体独立性，不以教师的意志为转移

学生作为个体，具有主观的意志，学生接受知识并非简单地、被动地接受知识，而是经过自己的考量之后做出的判断。学生自身认识的不同造成了学生学习效果的不同，说明学生

在思想上具有鲜明的独立性和自主性。教师必须尊重学生的个体独立性，不能把自己的个人意志强加于学生的思想之上，要客观地看待学生的成长与成才，把学生当作不以自己的意志为转移的客观存在，当作具有个体独立性的人来看待，因势利导地去施加教育影响，推动学生个体的健康成长。

（3）学生在教育活动中具有主体的需求与责权

学生的主体性的根源在于个体需求与责权的统一。学生是认识世界和改造世界的独立主体。在教育教学活动中，学生具有学习的自主需求和动力，拥有满足相关需求的权利。教师要尊重学生的主体性需求，同时也要引导学生学会对学习、对生活、对自己、对他人负责，学会承担责任，使学生认识到权利与责任是并存的，更是统一的，在享有一定权利的同时也必须承担一定的责任。这是学生主体性的客观要求。

（三）“以人为本”学生观的实践要求

“以人为本”的学生观遵从和体现了学生的本质属性，认同教育教学活动中学生是具有独立人格和自主性的人。它要求教育者在教育教学活动中将学生置于发展的主体位置，而不是把学生当作可支配的对象。

1. 坚持教育公平

孔子在《论语·子路篇》中有这样的表述：“其身正，不令而行；其身不正，虽令不从。”现代社会是一个民主、平等的社会，教育公正是社会公正的一部分。运用以人为本的学生观来开展教育活动，要遵循教育公正的原则，处理好学生发展的“共同性”和“差异性”问题，教师在教育教学活动中要公正地对待每一个学生，不因性别、民族、地域、经济状况、家庭背景和身心缺陷等歧视学生。

第一，公正平等地对待每个学生，尊重他们的人格和受教育的权利。教育公平的一个重要标志就是公平地对待每一个学生，服务每一个学生，关注每一个学生。对不同性别、年龄、出身、智力、个性、相貌以及关系密切程度不同的学生能够做到不偏心、不偏袒，同等对待。爱全体学生才是爱学生的真谛所在。

尊重学生的人格还表现在要尊重学生人格、人身不受侵犯的权利，无论在任何情况下，都不能用刻薄、粗俗的语言讽刺、挖苦、嘲笑和打击学生，尤其是体罚和变相体罚学生。教师与学生要建立起一种平等、民主与合作的关系，要经常与学生平等地交换意见，采纳他们合理的建议和要求。

第二，要公正合理地对学生进行教育。所谓“爱无差等，一视同仁”，教师不应以自己的私利和好恶为标准处理师生关系，要为所有学生提供平等的受教育的机会。

教师教育学生，必须是爱与严相结合。爱，不是出于个人的狭隘感情，而是出于对教育事业的热爱，出于一种高尚的道德感、责任感；严，也不是随心所欲，而是严中有爱、严中有理、严中有方、严中有度。教育不是知识的售卖，更不是单纯的灌输，教师应深入了解学生，潜心研究教育的规律，以公正、合理的态度和方法教育学生。

第三，要公正合理地对学生进行评价，努力创设一个民主、平等的班集体。如何对学生的知识、能力、品质和进步程度给予恰当评价，历来是教育工作者关注和讨论的问题。因此，评价公正也是体现教育公正的一个重要方面。教师在教学过程中，无论是在写评语、打分数，还是班级管理时，都应该做到不徇私情、公平公正。

第四，要公正客观地处理学生中的各类矛盾冲突。学生在学习和生活中，会与同学、教师、学校等产生矛盾，甚至发生冲突。公正原则要求教师在处理涉及学生的矛盾时，必须主持公道，以事实为依据，分析原因，寻求相应的解决办法，妥善处理。

2. 尊重学生差异

由于每个儿童的先天遗传素质和成长环境不同，同一年龄阶段的儿童在生理和心理发展的水平和速度上存在明显的个体差异。因此，学生的个体差异性是一种客观存在，是先天因素、后天因素以及主体因素综合作用的结果。学生任何一方面的个体差异都会对教育活动的开展产生一定的影响。

学生个体差异的客观存在表明，教师面对同一年级的学生时，实际上面对的是不同需求和不同发展水平的学生。因此，认识差异，尊重差异，是“以人为本”的学生观在教育教学实践中的具体要求。教师不仅要了解学生身心发展的共同特征，还要走近每个学生，深入了解每个学生身心的具体发展状况和发展需求。这是实施因材施教的坚实基础。

3. 实施因材施教

个体差异性在人的身心发展过程中无处不在，它是个体彰显其生命力的独特形式，表达了生命存在的丰富性。因材施教是个体差异性的教育要求，要求教师面向全体学生，根据学生身心发展的不同水平和需求，因势利导，有针对性地开展教育活动，促使每一个学生都能在其原有的基础上学有所获，获得充分、自由、全面的发展。

在现代制度化的教育体系中，班级授课制是其主要的教学组织形式，它不仅提高了教学效率，而且有利于大规模地培养人才，满足了现代大工业生产对人才的需求。但是，班级授课制容易让教师忽视学生个体的存在，它所使用的统一的教材和教学方法在面对各具特点、发展各异和不同需求的学生时，只能满足部分学生的发展需求，无法面向全体学生，不能让每一个学生都得到有针对性的帮助，不能让全体学生健康、快乐、富有个性地发展。因此，因材施教作为现代教学的基本原则之一，是“以人为本”的学生观在班级授课制下的具体实践。尊重学生，认同差异，注重教育教学涉及的多样性和教师指导的个性化，实施分层次的教学，这些有助于克服班级授课制的弊端，让学生的个性在宽松、多元的教育教学环境中获得充分、全面、自由的发展。

练习题二

一、单项选择题

1.“孟母三迁”是我国历史上著名的故事，它说明了环境对人的成长具有重要作用。关于学校优化育人环境，下列说法不恰当的是（　　）。

A. 促进了人的认识的发展　　B. 促进了人的气质的发展

C. 促进了人的精神的发展　　D. 促进了人的实践的发展

2. 初一学生小武想做一名科学家，班主任说："你现在学数学那么吃力，以后学物理、化学肯定也学不好，一定不能把当科学家作为人生目标。"班主任的说法（　　）。

A. 忽视了学生的主体性　　B. 忽视了学生的发展性

C. 忽视了学生的创造性　　D. 忽视了学生的差异性

3. "道而弗牵，强而弗抑，开而弗达。"（《学记》）下列对这句话的理解，不正确的是（　　）。

A. 体现主体教育思想　　B. 强调学生自主发展

C. 鼓励学生自我成才　　D. 注重对学生的引导

4. 于老师总是根据学生不同的学习基础设计课程提问和练习。这表明于老师（　　）。

A. 遵循教学规律，实现学生全面发展　　B. 关注学生差异，促进全体学生发展

C. 注重分层教学，促进学生均衡发展　　D. 注重循序渐进，实现师生教学相长

5. 高中一年级学生刚入学，班主任王老师就通过各种渠道，深入了解班级每个学生的情况，并据此制定个人三年发展规划，这种做法表明王老师关注（　　）。

A. 学生发展的差异性　　B. 学生发展的互补性

C. 学生发展的平衡性　　D. 学生发展的顺序性

6. "多一把衡量的尺子，就会多出一批好学生"的理论依据是（　　）。

A. 个体需求具有层次性　　B. 气质类型具有多样性

C. 人类智能具有多元性　　D. 人类发展具有共同性

二、材料分析题

1. 阅读下面材料，回答问题。

陈老师在语文教学中，总是先让学生明确学习目标，然后提出问题，让学生围绕问题各自探索并在小组内进行交流。大家都解决不了的问题，就由陈老师讲解。一学期下来，很多学生觉得不但收获了知识，解决问题的能力也增强了。

当然，陈老师也会遇到一些"意外"情况，有的学生老是找不到学习的方法，也不愿意发言，习惯当听众，王春就是这样的孩子。陈老师有一次点名让王春发言，王春站起来紧张得说不出话来，陈老师示意王春坐下。课后，陈老师把王春叫到办公室说："你既然不愿意在班上公开讲，那我们就私下聊吧。现在只有我们两个人，你就补上你的课堂发言吧。"在陈老师的多次鼓励下，王春慢慢克服了胆怯心理，也敢上台发言了。

作为班主任，陈老师号召学生扩大阅读面，他给学生推荐了很多书目，包括古今中外的文学名著，也包括科技史、通俗哲学读物、成功者的励志故事……他还经常组织学生交流阅读体会。一学期下来，学生的视野明显开阔了，知识面也明显拓宽了。

问题：请结合材料，从学生观的角度，评析陈老师的做法。

2. 阅读下面材料，回答问题。

本节课的教学内容是引导学生欣赏几幅字画，其中有一幅是郑板桥的《墨竹图》。可是，课堂上许多学生说不懂国画，谈不出体会，课堂出现了冷场。

教师看到这一情况，立即调整了教学思路，不再要求学生谈体会，而是从学生实际

出发，从他们最熟悉的竹子入手来引导他们打开思路。教师给出了一个学习任务：“由竹子所想到的……”，并要求学生由竹子展开多角度、多方面的想象，很快学生就进入了情境，发言变得十分踊跃。

学生说“竹子的外形没有牡丹花那么华贵，它朴实无华”“竹子中空外直，好像人的品格谦虚、正直”“由竹子的挺拔想到人的高风亮节”“竹子一年四季都郁郁葱葱，说明它不畏严寒，不畏酷暑”“竹子对人无所求——不需灌溉、不需施肥，给予人的却很多——竹笋、竹竿、竹叶各有其用处”，还有的学生引用“墙上芦苇，头重脚轻根底浅；山尖竹笋，嘴尖皮厚腹中空”说明有的人像竹子一样华而不实。

学生注意力高度集中，各抒己见。说完了竹子再来看画，学生对这幅画就有了理解与看法，发言更加热烈。在发言中，学生们谈竹子、谈画，既陶冶了学生的审美情趣，又使学生懂得了许多做人的道理。课后，教师对这次教学行为进行了反思。

问题：请结合材料，从学生观的角度，评析教师的教育行为。

第三章 教师观

学习目标

1. 理解教师职业的责任与价值，形成从事教育工作的热情与决心。

2. 了解教师专业发展的要求，掌握在教育教学过程中运用多种方式和手段促进自身的专业发展的方法。

3. 形成终身学习的意识。

所谓“教师观”，就是关于教师职业的基本观念，是人们对教师职业的认识、看法和期待的反映。它既包括对教师职业职责和价值的认识，也包括对教师这种专门职业的基本素养及专业发展要求的理解。

第一节 教师职业

一、教师职业的产生与发展

教师是人类社会最古老的职业之一，也是最伟大、最神圣的职业之一，其产生和发展的历程是和社会分工的出现与深化、教育的产生与发展紧密联系在一起的。

(一) 教师职业的专职化阶段

在人类社会初期，教育没有从社会生产和生活中分化出来，教师也不是一种独立的职业，这一时期主要是长者为师、能者为师。原始部落的氏族首领或具有生产、生活经验的长者，为了部落的生存和发展，有意识、有步骤地把生产知识、劳动技能、生活经验、风俗习惯、行为准则等传授给后代，这种在生产劳动和日常生活中的经验传授是人类社会教育的萌芽，而承担经验传承的长者、能者自然就兼负了教师的职能。例如，我国古代传说中的燧人氏教人钻木取火、有巢氏教民构木为巢、伏羲氏教民以猎等，都表明原始社会早期是以长者为师、以能者为师。

随着社会生产力的发展、社会产品的丰富，出现了剩余产品，一部分人从社会生产中分离出来，脑力劳动和体力劳动分离，在奴隶社会初期形成了相对独立的教育活动——学校教育，在学校中专门有负责教授之责的人员，教师也随之出现。例如中国夏朝已有“庠”“序”“校”等专门的施教机构，商和西周又出现“学”“瞽宗”“辟雍”“泮宫”等教育机构，春秋时期私学兴起。但是古代官学、私学等教育实体形成后，在相当长的时间里，教师并不是专职的，更没有经过专门训练。中国奴隶社会很长时期是“政教合一”“以吏为师”，学校中没有专门的教师，官府中的官吏同时兼任学校的教师，学校的教师也是官府的官吏，这样就形成了官师合一、官师不分的局面，所谓“居官之人，亦及教民之人也”。

到了封建社会，由于经济和社会发展需要，以教书为生的专职教师开始出现。例如中国封建社会的私塾先生及“书院”讲学的学者就是专职的教师。西方最早的教师是古希腊时期出现的“智者派”，以向无知的人教授知识为生。中世纪时期则是以僧侣为师，僧院学校、教会学校的神父、牧师、僧侣肩负起教师的职责。他们虽然是以教师为职业，但也只是掌握较多的文化知识，并未接受从师的专门训练。

（二）教师职业的专门化阶段

进入现代社会，机械化大工业生产取代了手工劳动、作坊劳动，生产力得到快速发展。为适应现代社会经济发展和社会发展的需要，中小学义务教育得到普及，大批职业技术学校也发展起来，由此教师需求数量大量增加，更要求教师掌握丰富的文化科学知识和教育工作技能，因而便产生了专门培养教师的教育形式——师范教育。

师范教育最早诞生于法国，1681 年法国天主教神甫拉萨尔创立了第一所师资训练学校，是世界上最早的独立师范教育机构；1795 年法国在巴黎设立公立师范学校；1810 年设立高等师范学校；1832 年颁布统一的师范学校系统，隶属于中央政府；1833 年法国《基佐教育法》明确规定各省均设师范学校一所。1695 年德国法兰克在哈雷创办了一所师资养成所，施以师范教育，成为德国师范教育的先驱。1897 年我国盛宣怀在上海创办南洋公学，这是中国第一所专门以培养教师为主的师范学校。在 1870—1890 年，世界上许多国家都颁布法规设立师范学校，通过设立独立的师范教育机构，对教师进行定向培养，教师职业也由此进入了专门化的阶段。

（三）教师职业的专业化阶段

进入 20 世纪 50 年代后，世界上许多国家对教师培养体制进行改革，将原来的师范学校升格或合并到大学，招收高中毕业生，教师培养任务改为由综合大学的教育学院或师范学院承担。以独立设置的师范院校为主体的师范教育体系开始被师范院校、综合大学等多种教育机构共同参与教师培养的教师教育体系所取代。教师教育的兴起和不断发展，为教师从职业变为专业提供了基础。1966 年联合国教科文组织与国际劳动组织在《关于教师地位的建议》中指出，“教学应当被认为是一种专门职业：它是一种公共服务的形式。教学需要教师具有专门的知识和技能，并通过严格和持续的学习来获得和发展这些知识和技能”。教师职业作为一种专业，在国际组织的文件中得到确认。

知识链接

职业是社会分工的产物，是依据人们参加社会劳动的性质与形式而划分的社会劳动集团，是个人在社会中所从事并以其为主要生活来源的工作的种类。专业则是指专门从事某一种工作或职业，是职业进一步分化的结果。

一种职业要能成为专业，有两个前提条件：第一，它具有不可或缺的社会功能，从事这种专门职业的群体承担着特殊的社会责任，从业人员必须具备较高的专业道德水准和专业素养；第二，它必须具有比较完善的专业理论和比较成熟的专业技能，从业人员必须经过较长时间专门的培养和训练。

教育的发展对教师质量的要求不断提高，世界各国都把促进教师专业化置于教育改革的中心议题。美国优质教育委员会1983年发布的《国家处在危机之中：教育改革势在必行》和霍姆斯小组1986年发布的《明日之教师》促使了教师专业化发展运动在美国兴起。我国1993年颁布的《中华人民共和国教师法》中指出教师是履行教育教学职责的专业人员，并于1995年实施教师资格制度。2012年我国颁布了《幼儿园教师专业标准（试行）》、《小学教师专业标准（试行）》和《中学教师专业标准（试行）》，2013年教育部颁布了《中小学教师资格考试暂行办法》《中小学教师资格定期注册暂行办法》，2017年教师被列为《国家职业资格目录》专业技术人员的准入类职业中，这些对于增强教师专业发展的自觉性、建设高素质专业化的教师队伍、巩固和提高教师的专业地位，都具有重要的意义。

二、教师职业劳动的特点

教师所从事的是一种复杂的脑力劳动，它既不同于物质生产劳动，也不同于一般的精神生产劳动。教师劳动的特点是在教师职业活动过程中形成和体现出来的，反映着教师职业的特点。

（一）教师劳动的复杂性

1. 教师劳动的对象是复杂的

教师劳动的对象不是物，而是处于不断发展变化中未成熟的人。他们既有共同的生理、心理发展特点，遵循着一定的发展规律，又有着不同的生活背景、遗传因素、个性差异和兴趣爱好。即使相同的个体，也是处在身心不断发展变化的过程中。因此教师在进行劳动时，要把学生视为学习和发展的主体，关注每个学生身心发展水平和变化情况，善于根据每个学生的不同特点采取不同的方法，因材施教，使所有学生都得到最大程度的发展。

2. 教师劳动的目的是复杂的

教师劳动的目的不是生产某种物质产品，而是要培养全面发展的人。要实现这一目的，教师既要向学生传授文化科学知识和基本技能，又要培养他们形成高尚的道德品质，养成良好的行为习惯；既要发展他们的智力和能力，又要发展他们的毅力和体力。

3. 教师劳动的任务是复杂的

教师在教育过程中的工作任务是多方面的，既要对教材进行重组加工，又要根据学生的课堂表现对教学材料进行调整；既要做好课堂教学工作，又要做好课前准备、课后总结和评价工作；既要完成教学任务，又要完成思想教育任务。同时，教师工作中既要面向全体学生，又要照顾个体差异；既要培养优秀学生，又要照顾后进学生；既要对学生的校内生活全面负责，又要与家庭、社会等校外因素协调一致。

4. 影响劳动对象发展的因素是广泛而复杂的

教师的劳动对象是学生，学生虽然在校园里接受教育，但对其产生影响的因素是多方面的，如社会和家庭的影响、同伴群体的影响、网络和电视等大众媒体的影响等。这些影响因素没有一定的时空限制，并且有些是积极的，也有一些可能是消极的，因此发挥学校教育的主导作用，协调各方面的有利因素，消除和抑制不利因素，引导学生明辨是非，自觉抵制不良因素对自身发展的影响，这对教师来说也是一个复杂而艰巨的任务。

教师劳动的复杂性对教师素养提出更高的要求，要求教师要付出更多时间、精力和智慧。

（二）教师劳动的创造性

教师劳动的创造性不是表现在对未知领域的探索和发现，而是表现在创造性地运用教育、教学规律，在复杂多变的教育情景中塑造发展中的人。

1. 从劳动对象上看需要创造性

教师劳动的对象是多样而复杂的，每个学生的生理条件、生存环境、个人的先天禀赋和后天努力程度都是不同的，这就要求教师在教学中必须创造性地选择不同的方法，对不同的学生区别对待，因材施教。因为在教师的劳动过程中，教育情景是难以一一预设的，各种突发情况随时都可能发生。同时，教师劳动的创造性还表现在具有对各种突发情况及时而智慧地应对和处理的教育机智。

2. 从劳动内容上看需要创造性

教师的教学内容虽然已经由教材和教学大纲确定下来，但是即使相同的内容，不同的教师也会讲出不同的韵味，这就是教师对教学内容创造性加工和处理的结果。所以教师的劳动并不是僵化刻板地按照教材的安排去照本宣科，而是需要在智慧和汗水的交织下进行创造性地加工和制作。

3. 从劳动方法上看需要创造性

教学有法，但无定法。教师在教学中如何组织教学过程，采用什么样的教学方法，运用什么样的教学手段把教学内容传授给学生，在教学过程中如何唤起学生的学习兴趣，怎样培养学生的良好品德，如何使学生养成良好习惯，如何实现师生之间的思想对话和情感交流等，都需要教师进行创造性的思考和实施。另外，教师也需要根据时代和社会的发展变化不断地更新和变换教学方法，充分学习和吸收新的变化所带来的成果，并将这些成果创造性地运用到自己的教学组织和教学方式的改变中。

（三）教师劳动的示范性

教师劳动与其他行业劳动最主要的区别就是教师劳动具有融劳动手段和劳动者于一体的特点。教师首先是劳动者，通过知识技能的传授，武装学生的头脑，发展学生的能力；同时，教师本身也是劳动的手段，通过自身的示范性行动和影响力使学生获得智力的发展和品德的提高。也就是说，教师渊博的学识会成为学生努力的方向，教师高尚的行为会成为学生追求的理想。《说文解字》中将“教”解释为“教，上所施，下所效也”，另有“师者，人之模范也”“学为人师，行为示范”“为人师表”等对教师职业的形象描述，都说明了教师劳动的示范性。所以，教师必须身体力行，以身作则，充分认识到身教重于言教的意义，时时处处用自己的积极行为和良好个性去影响学生，以取得最佳的教育效果。

（四）教师劳动的长期性

“十年树木，百年树人”，人的成长是一个长期的过程，所以教师的劳动也具有长期性的特点。一个人思想的成熟、学识的积累、能力的提升，需要经过多次的再认识和再实践才能逐步达到较高的境界。所以，教师在培养学生的过程中，需要付出长期的大量的艰辛劳动。并且，教师对学生的影响，可能以一种潜在的形态存在着，要等待一定的机会和场合，甚至是在学生步入社会、对社会做出贡献时才能最终体现出来，这种效果显示的长期性也可以称为后效性或长效性。因此，应从长远需要出发，从可持续发展的眼光来看待教师劳动的意义。“教师的教育劳动的独特之处是为未来工作。”① 教师劳动的长期性决定了教师不能急功近利，应踏踏实实地为学生的良好素质发展奠定基础，坚持不懈，厚积薄发。

三、教师职业的责任

教师职业的责任是指教师在职业活动中必须承担的职责和任务，教师职业的责任随着社会的发展而不断变化。我国古代《周礼》中有“师者，教人以道者之称也”之说，认为教师承担着传“道”之责，“道”在此可理解为事物内在的规律和法则。《礼记》中有“师者也，教之以事，而喻诸德者也”的表述，认为师者不仅要授学生“谋事之才”，更要传学生“立世之德”，而传德尤为根本。韩愈《师说》指出了为师者的三重任务：“师者，所以传道受业解惑也。”这些观点在一定程度上反映了古人对教师承担职责的不同认识。近代学者对教师的界定也反映了教师职责不同的看法，英国哲学家培根认为教师是“知识种子的传播者、文明之树的培育者、人类灵魂的设计者”。苏联教育家加里宁认为“教师这个词有两种含义，按狭义解释，是专门学科的讲授者；按广义解释，是有威望的、明智的、对人们有巨大影响的人。教师是人类灵魂的工程师”。

当前我国通过法律对教师职业的责任进行了规定。《中华人民共和国教师法》第三条规定：“教师是履行教育教学职责的专业人员，承担教书育人、培养社会主义事业的建设者和接班人、提高民族素质的使命。教师应当忠诚于人民的教育事业。”这包含了如下三层含义。

（1）教育教学是教师职业最基本的职责，教师是专业人员，履行职责需要不断提高专业素养，促进自身专业发展。

（2）教师在教育教学基本职责基础上，还承担了教书育人、培养社会主义事业的建设者和接班人、提高民族素质的使命。使命乃是应尽的重大责任。

教书育人是教师职业的岗位使命，教师通过承担各门课程的教学，向学生传授系统的科学文化知识，引导学生树立科学的世界观、人生观，指导学生主动地、有效地进行学习，营

---

①［苏］苏霍姆林斯基：《帕夫雷什中学》，赵玮等译，教育科学出版社，1993年版，第2页。

造良好的教学氛围，促进学生健康成长。

培养社会主义事业的建设者和接班人是教师职业的社会使命，教师在教书育人过程中要自觉落实党的教育方针政策，坚持中国特色社会主义教育发展道路，坚持教育为社会主义建设服务、为人民服务，把立德树人作为教育的根本任务，培养德、智、体、美、劳全面发展的社会主义建设者和接班人。

提高民族素质是教师职业的历史使命，教师作为一种职业，在人类社会发展中起着桥梁和纽带作用，承担着传播人类思想文化、提高民族素质的重要使命。

（3）教师要忠诚于人民的教育事业，教师职业具有公共性。

热爱祖国，献身教育，是教师忠诚于人民教育事业的直接体现。热爱祖国是中华民族的优良传统和崇高的思想美德，如今，在我国的社会主义建设时期，热爱祖国就是要热爱社会主义祖国。献身教育事业体现了教师热爱社会主义祖国，全心全意为人民服务的道德情感和道德责任。因此，人民教师应当自觉地服从人民教育事业的需要，自觉地把党和国家的利益、社会主义的利益放在首位，忠诚于人民的教育事业，认真地履行党和国家赋予自己培养建设有中国特色社会主义一代新人的光荣职责。

国家教育事业的发展需要大批教师从事教育工作，受社会生产发展水平的限制，政府教育投入不足，教师的工作条件和生活待遇仍较差；受旧社会遗留下来的旧观念和旧习惯势力的影响，教师有时并未真正受到社会的尊重，等等。对此，教师应该本着忠诚于人民的教育事业的高尚师德，自觉地使个人利益服从于社会整体利益，眼前利益服从于长远利益，正确认识并处理好这些矛盾。事实上，随着党和国家对教育事业的重视，教师地位和待遇不断得到提高，全社会尊师重教风尚正在形成，教师应看到这一喜人的前景，安心于本职工作，并将它变为自己的内心信念，从而自觉地加强师德修养，提高师德境界，为人民的教育事业奋斗终身。

四、教师的角色

教师的角色是指在学校教育过程中教师所表现出来的符合社会期望与自身发展的态度和行为模式的总和，既包含社会期望对教师态度和行为规范的要求，又包含教师为实现与其身份地位相对应的权利和义务时所表现出的能动性和创造性。随着社会和经济的迅猛发展、科学技术特别是信息化技术的进步、学习理念和方式的转变以及教育发展的自身要求，教师角色具有更加丰富的内涵。

（一）学生发展的引路人

习近平指出："广大教师要做学生锤炼品格的引路人，做学生学习知识的引路人，做学生创新思维的引路人，做学生奉献祖国的引路人。"① 教师不仅要向学生传播知识和社会规范，更要关注学生的个性成长与发展，成为学生发展的引路人。教师要立德树人，不仅要教

① 习近平：《全面贯彻落实党的教育方针　努力把我国基础教育越办越好》，《人民日报》，2016 年 9 月 10 日。

知识，还要用自己的人生阅历和经验，结合学生的特点为其“量身定制”成长道路，通过自己的人生经验和行为的示范作用对学生产生积极的影响，引导学生树立正确的世界观、人生观和价值观，成为学生人生的引路人。

（二）学生学习活动的引导者

在知识爆炸、信息技术不断发展的今天，教师角色从传授预定的、封闭的知识转变为帮助学生构建生成的、开放的知识，学生通过对知识的获取来满足自身发展和社会发展的需要。教师是知识体系的组织者，选择具有时代特点和满足学生发展需要的多样化教学内容，灵活组织教学，引导学生进行批判、反思、自主构建。

教师在教育教学过程中不仅要传授知识，更应成为学生学习的引导者，充分调动学生的主观能动性，培养学生理解、分析、实践的能力，激发和培养学生的创新精神和创新能力，尊重学生个体差异，引导学生自主学习、合作学习。

（三）课程的开发者和建设者

教师不仅是课程的执行者，还应在课程教学和改革中成为课程积极的开发者和建设者。我国第八次课程改革确立了国家课程、地方课程和校本课程三级课程管理体制，要求教师了解和掌握各个层次的课程知识，提高和增强课程建设能力，并形成开发本土化、校本化课程的能力。

（四）平等的对话者

教师与学生在教育过程中具有平等的地位，教师与学生应当相互尊重。教师在学生发展中扮演民主管理者的角色，以平等对话者的身份，促进教师与学生、学生与学生之间交往互动，教师与学生在合作共享的共生关系中共同获得成长与发展。

教师在教育教学过程中要尊重每一位学生的尊严和价值，对所有学生一视同仁，特别要注意尊重智力发展迟缓的学生、学业不良的学生、被孤立和拒绝的学生、有过错的学生、有严重缺点的学生以及和自己意见不一致的学生。

教师不能伤害学生的自尊心，不体罚学生，不辱骂学生，不大声训斥学生，不冷落学生，不羞辱、嘲笑学生，不随意当众批评学生。

教师要学会赞赏每一位学生，赞赏学生的独特性、兴趣、爱好、专长，赞赏学生所取得的哪怕是微小的成绩，赞赏学生所付出的努力和所表现出来的善意，赞赏学生对教科书的质疑和对自身的超越。

（五）教育教学的研究者

基于学生发展的需要、教师价值实现的需要、教育革新发展的需要，教师应当成为教育教学的研究者，主动从教育教学实践中发现问题、思考问题、研究问题，以研究者的心态置身于教育情境中，审视和分析教育理论和教育实践中的各种问题。对出现的教育教学问题进行研究，总结经验，通过理论与实践的有机联系，解决教育实践中遇到的困难和问题，促进自身专业发展。

（六）不断发展的终身学习者

21 世纪以来，经济全球化深入发展，信息网络技术突飞猛进，各种思想文化交流、交融、交锋更加频繁，学生成长环境发生深刻变化。青少年学生思想意识更加自主，价值追求更加多样，个性特点更加鲜明。时代和社会发展需要进一步提高国民的综合素质，培养创新人才。社会发展要求学习与人们毕生相随，并成为支撑人生发展的主要力量源泉。时代的变化带给教师促进学生毕生发展和实现自身毕生发展的双重考验，教师必须树立终身学习的意识，通过学习持续不断地更新和充实自己，不断提高思想道德修养，完善知识结构，磨砺思想品格，积淀人文底蕴，提高教育教学水平，提升整体素质，以满足培养学生以及实现自身发展的新要求。

五、教师职业的价值

概而言之，教师的职业价值主要表现在传播人类文明、传递社会价值、开发学生潜能、升华人生价值四个方面。

（一）传播人类文明

人类社会的发展史就是人类文明的发展史。在数千年的人类社会发展过程中，积累了浩如烟海的人文科学知识、社会科学知识和自然科学知识。知识是人类进步的阶梯，教师的职责就是传播优秀的人类文明，丰富年轻一代的精神生活，培养对社会有用的人才。

（二）传递社会价值

韩愈《师说》中有“师者，所以传道受业解惑也”的表述。在对教师职责的理解中，首先强调的是教师负有传道的社会职责。教师受国家委托，对受教育者进行有目的、有计划的系统教育，使受教育者成为国家、社会需要的合格人才。教师在教育教学活动中，传递着社会道德规范和社会价值，帮助学生形成科学的世界观、人生观和价值观。

（三）开发学生潜能

教师要帮助学生实现全面发展，学生的全面发展离不开潜能的开发。学生身心发展的内容包含自身具备的所有发展的可能，包括已表现出来的可继续发展的部分，以及尚未发现和可挖掘的潜质部分。只有当个体的潜能得到最大化的开发，才能实现自身全面、自由发展的目标，才能在最大程度上实现自身价值以及贡献社会价值。

（四）实现人生价值

在培育学生成长成才的过程中，教师自身也会获得职业价值感和幸福感。马克思主义价值学说认为，人的价值首先表现为社会价值，个人价值主要是通过其社会价值的实现而实现的。当教师在教育教学过程中引导学生追求美好人生，实现学生的主体性、创造性、独立性、自主性的发展，能够为人类文明的进步和发展提供精神财富，培养合格的社会主义事业的建设者和接班人，实现其职业的社会价值时，自身也获得了丰富的生命体验，实现了充盈的人生价值。

第二节　教师专业发展

习近平指出："国家繁荣、民族振兴、教育发展，需要我们大力培养造就一支师德高尚、业务精湛、结构合理、充满活力的高素质专业化教师队伍，需要涌现一大批好老师。"① 关于怎样才能成为"好老师"，习近平提出了四条要求。第一，要有理想信念。正确的理想信念是教书育人、播种未来的指路明灯，我们的教育是为人民服务、为中国特色社会主义服务、为改革开放和社会主义现代化建设服务的，党和人民需要培养的是社会主义事业的建设者和接班人，好老师的理想信念应该以这一要求为基准。第二，要有道德情操。合格的老师首先应该是道德上的合格者，好老师首先应该是以德施教、以德立身的楷模。第三，要有扎实的学识。扎实的知识功底、过硬的教学能力、勤勉的教学态度、科学的教学方法是老师的基本素质，其中知识是根本基础。第四，要有仁爱之心。爱是教育的灵魂，没有爱就没有教育，好老师应该是仁师，没有爱心的人不可能成为好老师。好老师对学生的教育和引导应该是充满爱心和信任的，应该把自己的温暖和情感倾注到每一个学生身上，用欣赏增强学生的信心，用信任树立学生的自尊，让每一个学生都健康成长，让每一个学生都享受成功的喜悦。

为造就党和人民满意的高素质专业化创新型教师队伍，落实立德树人根本任务，培养德、智、体、美、劳等全面发展的社会主义建设者和接班人，需要教师具备较强的专业素养和专业能力，要求教师获得持续的专业发展。

一、教师专业发展的内涵

由一个普通人成长为一名教师，由一名普通教师成长为优秀教师，直到成长为专家型教师，需要经过教师的专业发展。教师专业发展与教师专业化是相通的，二者均指加强教师专业性的过程，但又有一定的区别。教师专业化主要强调教师群体的、外在的专业性提升；教师专业发展主要指教师个体的、内在的专业化提高。教师专业发展是教师专业化的基础和源泉，是教师专业化的根本。因此，教师专业发展最终体现于教师个体的专业性发展，是教师根据教师发展的要求和职业发展需要，通过接受专业训练和自主学习，不断获取专业知识，增长专业技能，提升专业水平，由一个专业新手发展成为专家型教师或教育家型教师的持续发展的历程。

从本质上说，教师专业发展是一个不断学习的过程。有效的教师专业发展应该基于教师有效的专业学习，这种学习应该是教师自我导向的、持续发生的、以问题为中心的、与教师的日常工作密切相关的。教师要从"要我发展"转变为"我要发展"，有明确的发展目标和发展方向，从自我学习体验出发，不断找寻自己在教育实践中存在的困境和不足，注重日常

①习近平：《做党和人民满意的好老师——同北京师范大学师生代表座谈时的讲话》，《人民日报》，2014年9月10日。

教育教学活动中问题的解决。教师通过不断地主动学习，实现专业的自主发展。

教师专业发展还是一种探究的过程。教师专业发展的目的不在于教师获得一套固定的教学技能或教学方案，而是为教师提供持续成长和问题解决的机会。有经验的实践者经常在更高层次上重新表征问题，或者质疑一些原有的常规，在原以为没有问题的地方发现问题。

二、教师专业发展的内容

教师专业发展的内容包括教师开展的教育教学活动的方方面面，根据教师劳动的特点、相关研究结论以及结合2012年我国制定的《幼儿园教师专业标准（试行）》《小学教师专业标准（试行）》《中学教师专业标准（试行）》（以下简称《专业标准》），我们认为教师的专业发展的内容包含以下几个方面。

（一）专业精神

专业精神是教师对教师职业所抱有的理想、信念、态度、价值观和道德操守等方面的倾向性系统。专业精神是教师形象的重要特征，是教师从事教育工作的基本精神，是教师进取创新的动力性素质。专业精神具体包括以下三个方面。

1. 专业理念

教师专业理念是教师在对教育工作充分理解的基础上形成的教育理性认识和教育价值观念。教师肩负着教书育人、培养社会主义事业的建设者和接班人、提高民族素质的使命，首先应该对教育的原理有深刻的领会和理解，在此基础上形成自己正确的教育观念、教育理想与信仰以及教育价值取向，这样才能有正确的教育态度与合理的教育行为，才能在发挥学生的主体性和能动性、组织教育教学活动、培养学生人格和才能等方面发挥恰当而有效的主导作用。教师专业理念主要包括教师的教育观、学生观、教师观等。

2. 师德

师德是教师职业道德的简称，是教师在教育教学活动中应当遵守的道德规范和行为准则。2008年9月1日，国家教育部、中国教科文卫体工会全国委员会发出关于重新修订和印发《中小学教师职业道德规范》的通知，对教师的职业道德做出如下要求：爱国守法、爱岗敬业、关爱学生、教书育人、为人师表、终身学习。新的教师职业道德规范体现了教师的职业特点对师德的本质要求和时代特征，“爱”与“责任”是贯穿其中的核心和灵魂。

3. 个人修养与行为

教育不只是知识的传授，更是教师言传身教的心灵交流，教师必须要有良好的个人修养和行为。这包括有仁爱之心、责任心、耐心和细心；乐观向上、热情开朗、有亲和力；善于自我调节情绪，保持平和心态；勤于学习，不断进取；衣着和语言规范健康，举止文明礼貌等。

（二）专业知识

教师不只是知识的传递者，还以知识的传递为载体，从而达到育人目的，因此教师职业是个“双专业性”的专业。一名专业化的教师，不仅应该具有“教什么”的知识，而且应该具有“怎么教”的知识。具体来说，专业化教师合理的知识结构包括以下四个方面。

1. 通识性知识

通识性知识指教师所拥有的有利于开展有效的教育教学工作的普通文化知识，其要义在于“博”。博，即具有深厚的文化基础和广博的文化视野，善于广泛地吸取古今中外与学科理论相关的知识，包括广泛涉猎社会科学、自然科学以及人文科学的有关知识和理论，乐于接触传统文化与现代文化、本土文化和外域文化、物质文化与精神文化等多方面的文化知识。

《专业标准》对通识性知识的具体要求是具有相应的自然科学和人文科学知识，了解中国教育基本情况，具有相应的艺术欣赏与表现知识，具有适应教育内容、教育手段和方法现代化的信息技术知识。

2. 教育知识

教育知识指帮助教师有效进行教育教学活动的教育学科知识，又称为条件性知识。要义在于帮助教师根据教育对象的身心发展特点和发展规律、学习和教学的基本规律，科学地确定教什么、为什么教、何时教和怎样教。

《专业标准》对教育知识的具体要求是掌握中学教育的基本原理和主要方法，掌握班集体建设与班级管理的策略与方法，了解中学生身心发展的一般规律与特点，了解中学生世界观、人生观、价值观形成的过程及其教育方法，了解中学生思维能力与创新能力发展的过程与特点，了解中学生群体文化特点与行为方式。

3. 学科专业知识

学科专业知识指教师具有的所任教学科的专业知识，又称为本体性知识、学术性知识。每一位教师都有自己所教授的学科，它是教师知识结构中的主体部分。教师应该能系统掌握并熟练运用本学科的基本理论、基础知识和相应的技能，熟悉学科发展的历史和现状，了解其最新成就和发展趋势，熟悉本学科的研究方法和学习方法。教师只有对本学科的基础性知识有广泛而准确的理解，才有可能花更多的精力去设计教学，在课堂上更多地关注学生和理解整个教学的进展状态。

《专业标准》对学科知识的具体要求是理解所教学科的知识体系、基本思想与方法，掌握所教学科内容的基本知识、基本原理与技能，了解所教学科与其他学科的联系，了解所教学科与社会实践的联系。

4. 学科教学知识

学科教学知识指教师在教育过程中如何把所掌握的某学科的知识传授给学生的知识，又称为实践性知识。美国教育学家舒尔曼认为学科教学知识在教师专业知识结构中处于核心地位。美国学者罗格斯曼在 1994 年将学科教学知识具体解析为四个部分：一门学科的统领性观点，即对这门学科的学科性质和最有学习价值的知识的认识；关于学生对特定学习内容容易理解和误解的知识；关于特定学习内容在横向和纵向上组织和结构的知识；将特定学习内容呈现给不同学生的策略的知识。

《专业标准》对学科教学知识的具体要求是掌握所教学科课程标准，掌握所教学科课程资源开发的主要方法和策略，了解学生在学习具体学科内容时的认知特点，掌握针对具体学科内容进行教学的方法与策略。

（三）专业能力

一名专业化的教师，必须具备从事教师职业所特有的专业技能和教学能力，就如同医生行医过程中的“诊断”“分析”“处置”一样，教师应能将专业知识应用于实践，解决教育教学中的各种问题。教师的专业能力包括育人能力、教学能力和教育管理能力。

1. 育人能力

育人能力特指教师具有寓教于学的能力，根本意义在于促进学生成人。育人能力要求教师能够将思想品德教育与学科知识的教学有机结合，通过寓教于教、寓教于学，使学生受到良好的陶冶，并能够逐渐形成远大的理想、坚定的信念、向上的精神、健康的思想、良好的修养等。《国家中长期教育改革和发展规划纲要（2010—2020 年）》指出，教师应把德育渗透于教育教学的各个环节，贯穿于学校教育的各个方面，有机地结合教学内容，对学生进行马克思主义中国化最新成果教育，引导学生形成正确的世界观、人生观、价值观；加强理想信念教育和道德教育，坚定学生对中国共产党领导、社会主义制度的信念和信心；加强社会主义荣辱观教育，培养学生团结互助、诚实守信、遵纪守法、艰苦奋斗的良好品质；加强公民意识教育，树立社会主义民主法治、自由平等、公平正义理念，培养学生成为社会主义合格公民。

2. 教学能力

教学能力指教师根据正确的教育理念和专业知识开展教育教学活动的能力。根据时代发展的要求，现代教师所必须具备的教学能力包括教学设计能力、教学实施能力、教学评价能力、教学反思能力、教学研究能力等。

教学设计能力主要表现为教师能够科学设计教学目标和教学计划、合理利用教学资源和方法设计教学过程、引导和帮助学生设计个性化的学习计划等。教学实施能力主要表现为教师在教学过程中能够营造良好的学习环境，激发与保护学生的学习兴趣；通过启发式、探究式、讨论式、参与式等多种方式，有效实施教学；有效调控教学过程；引发学生独立思考和主动探究，发展学生的创新能力；将现代教育技术手段应用到教学中。教学评价和教学反思能力是教师在教学的全过程中，能够将教学活动本身作为对象，不断地对其进行积极主动的检查、评价、反馈、控制和调节的能力。教学研究能力指教师从事教育教学研究的能力，教师在教育实践过程中，积极发现各种教育问题，通过独立思考和科学研究探索解决问题，进而产生独到的教育主张和观点，提出科学的教育理念和理想，形成系统的教育思想和理论，推动教师从普通的教书匠走向卓越的教育家。

3. 教育管理能力

教育管理能力指教师所具有的对学校、班级、团队、活动等的管理能力，它的根本意义在于促进教育成功。优秀的教师必须同时是优秀的管理者，教师应具备的教育管理能力包含管理班级与教育活动能力和沟通与合作能力。

管理班级与教育活动能力具体包括：能与学生建立良好的师生关系，帮助学生建立良好的同伴关系；能注重结合学科教学进行育人活动；能根据学生世界观、人生观、价值观形成的特点，有针对性地组织开展德育活动；能针对学生生理和心理发展特点，有针对性地组织开展有益身心健康发展的教育活动；能指导学生理想、心理、学业等多方面发展；能有效管理和开展班级活动；能妥善应对突发事件。

沟通与合作能力具体包括能了解学生，平等地与学生进行沟通交流；能与同事合作交流，分享经验和资源，共同发展；能与家长进行有效沟通合作，共同促进学生发展；协助学校与社区建立合作互助的良好关系。

三、教师专业发展的过程

教师专业发展是一个持续化和个性化的过程，具有多阶段性的特征。了解教师专业发展的过程，认识教师专业发展的阶段和路径，可以帮助教师明确自己在专业发展过程中可能要经历哪些步骤，这样有利于教师根据发展阶段制定自身发展的短期和长期规划。中外研究者重在捕捉沿着年龄和经历的时间轨迹所发生的变化，提出了各种各样的教师专业发展理论，这里着重介绍国内外有较大影响的两种理论。

（一）“关注”阶段发展理论

美国学者富勒和布朗根据教师所关注的焦点问题，把教师的发展分为三个阶段：关注生存阶段、关注情境阶段、关注学生阶段，每个阶段都有其不同的发展特征。

1. 关注生存阶段

关注生存阶段是教师成长的起始阶段，处于这个阶段的教师一般是新手教师，他们非常关注自己的生存适应性。他们注重自己在学生、同事以及学校领导心目中的地位，时刻担心“学生喜欢我吗？同事怎么看我？领导是否赏识我？”等。出于这种生存忧虑，教师会把大量的时间用于与学生搞好关系上，有些教师甚至可能会想方设法控制学生。

2. 关注情境阶段

教师经历了关注生存阶段后，这时他们感到自己的生存没有太大问题了，便将注意力转向到提高教学工作的质量上来，由此进入了关注教学情境的阶段，如关注学生成绩的提高、关心班集体的建设、关注自己备课是否充分、关注上好每一堂课等与教学情境有关的问题。一般来说，入职几年后的教师都比较关心这一类问题，尤其当学校将学生成绩与教师的工作成绩挂钩时，更促进了这种关注的发生。

3. 关注学生阶段

当教师能意识到不同发展水平的学生有不同的情感、需要、特点，意识到各教学材料和方式甚至同一教材和方式可能对不同的学生有不同的适应性时，教师则已将其注意力转向到了学生的个别差异而不只是课堂的表面气氛，能够真正做到因材施教，他们已进入到了关注学生阶段。这通常是教师顺利地适应了前两个阶段后才可能进入的阶段，也是衡量教师是否成长、成熟的一个重要标志，是专家教师特征的表现。但教师这一阶段的达成不是自然而然的，而是经由时间、反思等决定的。在实际中，有些教师尽管已从事了多年的教学实践工作，却一直进入不了这一阶段，有的甚至在其职业生涯中从来就没有进入过这一阶段。

（二）“自我更新”阶段理论①

我国学者叶澜等人在参考国外教师专业发展研究成果的基础上，针对我国教师的专业发展过程，提出了以教师的自我更新为取向的五个发展阶段，即：非关注阶段、虚拟关注阶段、生存关注阶段、任务关注阶段、自我更新关注阶段。

1. 非关注阶段

这是指进入正式教师教育之前的阶段。在这一阶段，立志从教者在对教师专业发展“非关注”的状态下，无意识之中以非教师职业定向的形式形成了较为稳固的教育信念，具备了一些“直觉式”的“前科学”知识，这只是一种从教的可能性，谈不上什么专业发展。但与教师专业相关的一般能力很大部分是在这一阶段形成的。

2. 虚拟关注阶段

这一阶段反映的主要是职前学习阶段师范生的发展状况。职前师范生的学习阶段，师范生虽然有意识要做教师，也学习做教师必须具备的知识，但他们不接触中小学实际工作，没有真正从事教师的工作，使其教师专业的学习带有某种虚拟性。师范生缺少专业教师的体验，加上虚拟的专业学习环境，使得师范生的专业人员意识和自我专业发展意识淡薄。

3. 生存关注阶段

这是正式做教师的最初阶段。这一阶段要由师范生转换成正式教师，而且面临教学的压力，自己对教学尚不熟练，因此，“聚变与适应”是这一阶段突出的特点。这种环境的聚变激起了初任教师的自我专业发展的忧患意识，迫使他们特别关注教师专业发展中的最低要求——专业活动的生存技能，尚谈不上对自我更新能力的关注及其发展。

4. 任务关注阶段

在度过了初任期之后，决定留任的教师逐渐步入任务关注阶段。随着教学基本“生存”知识、技能的掌握，教师的自信心也日渐增强，由关注自我的生存转到更多地关注教学上来。这一阶段的专业发展由仅仅关注生存技能，转到更广阔的专业发展。但这一阶段教师的专业受职称晋升、他人评价影响大，发展的意识主要来自外界，自我发展的意识还比较弱，发展尚不成熟。

5. 自我更新关注阶段

经过了任务关注阶段的教师，已经完全掌握了教学机制和课堂管理策略，更加关注课堂内部的活动及其实效，关注学生是否真的在学习，关注教学内容是否真的适合学生，关注学生的差异。这一阶段教学由关注情境转入关注学生。随着专业技能的日渐成熟，教师有了更多的时间和机会对自己的专业发展进行反思，也有了明确的自我专业发展意识，这是一种自觉的意识，它指向教师内在专业结构的改进和提高。

---

①叶澜等：《教师角色与教师发展新探》，教育科学出版社，2001年版，第276－321页。

四、教师专业发展的方式

根据教师接受专业训练和专业学习的内容和形式的不同，可以在“理论性—实践性”和“集体性—个人性”两个维度上对教师专业发展的方式进行分析（见图 3-1）。

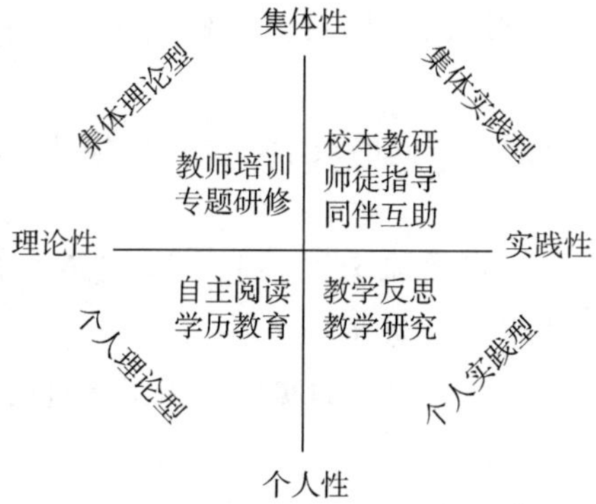

图 3-1 教师专业发展的方式

（一）教师培训和专题研修

教师参与培训和专题研修是教师以集体方式开展的专业理论知识的学习。

教师培训、专题研修是目前促进教师专业发展的重要方式，2012 年颁布的《国务院关于加强教师队伍建设的意见》规定，全员教师每 5 年为一周期，接受培训的学时不低于 360 学时；中小学教师参加政府主导的各类国培项目、省培项目和市培项目已经制度化和常态化。

（二）校本教研、师徒指导和同伴互助

校本教研和师徒指导是教师以集体方式开展的实践性知识学习或技能学习。

校本教研是中小学教师专业发展的重要途径，学校一般根据不同学科设置教研组，教师参加教研组的集体备课、听课、评课、教学观摩等活动，从而在真实的情境中学习教学实践知识和技能。

师徒指导是指新入职的教师和有经验的教师结成师徒，由有经验的教师作为师傅指导新教师的专业成长。学校一般会给新入职的青年教师安排有经验的教师作为教育教学的“师傅”，给予其专业指导，帮助他们解决日常教育教学工作中遇到的问题。

同伴互助是教师在日常教学之余，教师之间相互交换意见，彼此分享经验，通过平等对话，精诚协作，相互促进，实现共同成长。

（三）教学反思和教育研究

教学反思和教育研究是教师以个人形式开展实践性知识和技能学习。

教学反思是教师以自己的教学活动为思考对象，对自己做出的行为、决策以及由此所产生的结果进行审视和分析的过程。它的目标着眼于教学行为的改变，是理论与实践之间的对话，也是实现其沟通的桥梁。已有研究表明，教学反思是教师成长的基本途径。美国教育家

斯波纳采用“教师成长＝经验＋反思”来表达这种关系，在他看来，没有反思的经验是狭隘的经验，只能形成肤浅的知识。如果教师仅满足于获得经验而不对经验进行深入思考，他的发展将会受到很大的限制。

西班牙心理学家布鲁巴奇等人提出教师可采用四种方法来对自己的教学进行反思。

(1) 反思日记。即以日记的形式记录自己的教学经历，并与其指导教师或同行共同分析。

(2) 详细描述。即教师相互观摩彼此的教学，并详细描述所看到的情景，然后对此一起进行讨论分析。

(3) 交流讨论。来自不同学校的教师聚在一起，围绕课堂上提出的问题，讨论解决办法，以获得一个能为所有教师共享的行动方案。

(4) 行动研究。为知晓课堂上遇到问题的实质，探索改进的方案，教师参与具体的调查和实验研究，以获得教学实践的改进。

教师参与教学研究，有助于教师针对教学中的具体问题，灵活地运用教育理论探索解决。这将有利于教师构建自己对教学和学习的理解，缩短研究与实际教学之间的距离，可以使教师主动改善其教学能力，也是提高教师教学水平的一个有效途径。但是教师参与研究不应该变成盲目地尝试错误，一定要有理论指导，且对教师自身素质的要求也较高。为此，在起步阶段与专家合作不失为合适的方式。

(四) 学历教育和自主阅读

自主阅读和学历教育是教师以个人的方式开展的理论知识学习。

学历教育是指教师通过全日制或非全日制教育方式提升自己的学历水平。目前我国中小学教师学历教育规模正在逐渐扩大，特别是高校开展的教育硕士和教育博士培养，中小学教师参加研究生学历教育的比例在逐渐提高。

练习题三

一、单项选择题

1. 青年教师王老师为提高教学水平，从课堂教学设计、教学方法，乃至教学语言都严格认真模仿特级教师李老师的做法，但教学效果仍然不佳。导致王老师教学效果不佳的原因不包括（　　）。

A. 王老师缺乏反思意识　　B. 王老师忽视学生的差异性

C. 王老师缺乏教学创新　　D. 王老师缺乏诚恳的学习态度

2. 张老师在教学中经常考虑的问题是：“对班上不同层次的学生，我用哪些办法教学更有效呢?”“这些材料适不适合所有学生?”张老师所处的教师专业发展阶段是（　　）。

A. 关注发展阶段　　B. 关注生存阶段

C. 关注情境阶段　　D. 关注学生阶段

3. 吴老师把课堂教学中存在的突出问题归纳、提炼为若干主题进行研究，并发表系列论文。这表明吴老师具有（　　）。

A. 良好的教学研究能力　　B. 良好的课堂管理能力

C. 良好的课程开发能力　　D. 良好的校本研修能力

4. 邱老师在工作日志中写道："在今天的教研会上，我说做教研跟写论文的方法是一样的，居然没有得到认可。是我错了？还是大家不理解我？我得把这个问题搞清楚。"这表明邱老师（　　）。

A. 善于自我反思　　B. 缺乏探索精神

C. 缺乏问题意识　　D. 善于自我暗示

5. 邱老师经常梳理教学工作中遇到的问题，并运用教育学、心理学知识分析问题的成因，寻找解决策略，邱老师在这一过程中扮演的主要角色是（　　）。

A. 教育教学的研究者　　B. 行为规范的示范者

C. 心理健康的维护者　　D. 学生学习的组织者

6. 学校派骨干教师王老师外出参加培训。王老师说："我经常给别人做讲座，哪里还需要去接受培训？还是让刚参加工作的年轻人去吧！"关于此事的下列说法中，正确的是（　　）。

A. 王老师具有团队协作的意识　　B. 王老师具有专业发展的意识

C. 王老师缺乏终身学习的意识　　D. 王老师缺乏课程建设的意识

7. 青年教师小王老师每次课后都认真回顾整个教学过程，把成败之处记录下来，教学水平不断提高。这体现了小王老师注重（　　）。

A. 教学反馈　　B. 教学反思　　C. 教学创新　　D. 情境创设

8. 周老师入职以来，积极参加市里和学校组织的各种教研及培训活动，跟踪学科前沿发展动态，学习新知识、新方法，不断更新知识结构。这表明周老师具有（　　）。

A. 尊重学生的理念　　B. 终身学习的意识

C. 教学管理的能力　　D. 课程开发的能力

9. 黄老师向民间艺人学习地方戏曲，并将这些内容引入到音乐课教学中，这种做法体现了黄老师（　　）。

A. 校本教研的意识　　B. 课程开发的意识

C. 长善救失的意识　　D. 示范领导的意识

10. 黄老师上完课后看自己的课堂录像，找出上课过程中存在的问题，认真分析原因。该做法体现了教师专业发展的途径是（　　）。

A. 同伴互助　　B. 教学观摩　　C. 进修培训　　D. 教学反思

二、材料分析题

1. 阅读下面材料，回答问题。

下面是李老师的教学札记中的一篇。

上学期，在我任教的初三（2）班上，有一位男生特别聪明，但对我所教的物理不感兴趣，成绩较差。他特别喜欢操作计算机，有时装载一些新软件，有时诊断一下计算机运行中的问题，还时不时编写一些小程序……如果我能对这位学生加以引导，应该能调动其学习的积极性，恰好我也正在学习现代教育技术，于是我利用课间特意跑到班级，向他请教计算机方面的问题。

一次又一次，时间长了，他被我努力学习的精神所感动，我借机开导他："计算机方面你是老师，我是学生，在问你之前我对计算机方面的这些问题一窍不通，觉得很难，无从入手，但我觉得只要我多问多学，就一定能掌握计算机知识。同样的，如果你能把学习计算机的那股劲头放在学习物理上，你的成绩会像我的计算机水平一样突飞猛进。"经过多次谈心，他终于有所触动，不仅学习积极主动，而且经常与我探讨物理知识，期末时他的物理竟考了 95 分。

问题：请结合材料，从教师观的角度，评析李老师的教育行为。

2. 阅读下面材料，回答问题。

大学毕业后，曲老师到一所农村中学当历史老师，至今已有八年了。在此期间，有的同事调到条件更好的学校去了，有的则步入了职业倦怠期，有几所条件更好的城区学校想引进他，但他总是拒绝说："我从小在农村长大，明白农村孩子也需要良好的教育，这里的孩子离不开我。"

为了成为一名优秀的历史老师，曲老师经常翻阅各种期刊杂志，及时了解历史学科的新信息，他还经常向经验丰富的教师学习。为了提升自己分析和解决问题的能力，曲老师不断学习科学研究方法，并运用这些方法解决了一些教学问题。

曲老师说："台上一分钟，台下十年功，当教师仅靠大学时代所学的知识远远不够。"他坚持每天至少进行一个小时的阅读，多年来从未间断过，他的阅读范围很广，除了研读历史领域的经典著作之外，他还广泛学习法学、地理学、社会学、美学等各个领域的知识。

问题：请结合材料，从教师观的角度，评析曲老师的行为。

模块二 教师职业道德

第四章　教师职业道德

学习目标

1. 了解《中小学教师职业道德规范》，掌握教师职业道德规范的主要内容。
2. 理解《中小学班主任工作条例》的精神。
3. 能够独立分析教育活动中教师的道德问题，并提出解决方案。

第一节　教师职业道德概述

一、道德及其变化发展

道德是以善恶为评价方式，主要依靠社会舆论、传统习俗和内心信念来发挥作用的行为规范的总和。

（一）道德的起源

自古以来，人们就在探讨道德起源这一重大理论问题，并提出了种种见解或理论。“天意神启论”把道德起源归结于上天的命令或者神的旨意，试图以人之外的某种所谓客观意志来说明道德的起源；“先天人性论”把道德的起源或者归结为与生俱来的善性，或者归结为先天存在的良心、理念或精神；“情感欲望论”认为道德起源于人们的情感欲望，是人们为实现情感欲望而形成的行为要求；“动物本能论”则认为道德观念是动物本能的延续，进而把动物基于本能的活动与人类有目的、有意识的活动画上等号。可以说，在马克思主义产生之前，这些关于道德起源的观点，要么是主观唯心主义或客观唯心主义的注解，要么是旧唯物主义形而上学的分析，均无法正确揭示道德的起源。马克思主义道德观认为，人类社会的实际情况是，“物质生活的生产方式制约着整个社会生活、政治生活和精神生活的过程”。①因此，道德的起源问题，必须从这一实际出发来认识和把握。

劳动是道德起源的首要前提。道德是人类社会的特有现象，动物的本能行为中不存在真正的道德。劳动将人与动物区分开来，劳动创造了人和人类社会，也创造了道德。劳动创造了道德主体。劳动在创造人的同时也形成了人与人的关系，原始的劳动分工与协作使相互依赖、相互扶持自觉不自觉地成为当时最自然、最朴实的道德生活状态。随着劳动的进一步发展，劳动分工与协作不断增强，各种劳动关系逐步明确，人与人之间、群体与群体之间的利

---

①《马克思恩格斯文集》（第 2 卷），人民出版社，2009 年版，第 591 页。

益关系日渐清晰，包含自由、责任等内容的道德逐步得到确认。因此，劳动创造了人和人类社会，是道德起源的第一个历史前提。

社会关系是道德赖以产生的客观条件。在生产生活的实践活动中，人类必然要发生各种各样的人际交往和社会关系。随着社会分工的不断发展，个人利益、他人利益和社会利益的界限逐步明晰，各种利益关系更为凸显，要求规范、协调或制约利益冲突的意识更为强烈，由此促进了人类道德的不断进步和发展。可以说，正是社会关系的形成和发展产生了调节各种关系，特别是利益关系的需要，道德恰恰是适应社会关系调节的需要而产生的。①

人的自我意识是道德产生的主观条件。意识是道德产生的思想认识前提。人只有在社会实践中充分意识到自我作为社会成员与其他动物的根本区别，意识到自我在社会中的角色与地位，意识到自我与他人或集体不同的利益关系，并由此产生调节利益矛盾的迫切要求时，道德才得以产生。

马克思主义道德理论在人类思想史上第一次科学而全面地论述了道德的起源问题，为正确认识和理解道德的本质奠定了基础。

（二）道德的本质

道德属于上层建筑的范畴，是一种特殊的社会意识形态。正确理解道德的本质，应该把握经济基础对道德的决定作用，以及道德在一定条件下对经济基础的能动作用。

道德是反映社会经济关系的特殊意识形态。道德的产生、发展和变化，归根结底根源于社会经济关系。正如恩格斯所说的："人们自觉地或不自觉地，归根到底总是从他们阶级地位所依据的实际关系中——从他们进行生产和交换的经济关系中，获得自己的伦理观念。"②其一，道德的性质和基本原则、规范反映了与之相对应的社会经济关系的性质和内容。有什么样的社会经济关系，相应地就有什么样的道德。其二，道德随着社会经济关系的变化而变化。一般说来，新旧经济关系更替之后，新的道德必将取代旧道德而居于主导地位。在人类道德史上，一切道德上的兴衰起伏、进退消长，从根本上说是源于社会经济关系的变革。其三，道德作为一种社会意识，在阶级社会里总是反映着一定阶级的利益，因而不可避免地具有阶级性；同时，不同阶级之间的道德或多或少有一些共同之处，反映着道德的普遍性。正确把握道德的阶级性和普遍性及其辩证关系，是理解道德本质的一个重要方面。其四，作为社会意识的道德一经产生，便有相对独立性。这种相对独立性既表现为道德的历史继承性，也表现为道德对社会发展具有能动的反作用。

道德是社会利益关系的特殊调节方式。道德是一种调整人与人、人与社会、人与自然以及人与自身之间关系的特殊行为规范。这种行为规范与法律规范、政治规范的不同之处在于它是用善恶标准去评价，依靠社会舆论、传统习俗、内心信念来维持的，因此是一种非制度化的、柔性的规范。道德作为一种调节方式，主要不是被颁布、制定或规定出来的，而是处

---

①《思想道德修养与法律基础》，高等教育出版社，2018 版，第 90 页。

②《马克思恩格斯文集》（第 9 卷），人民出版社，2009 年版，第 99 页。

于同一社会或同一生活环境中的人们在长期的共同生活过程中逐渐积累形成的要求、秩序和理想，它通过社会的道德风尚和个人的道德风范来调节利益关系。

道德是一种实践精神。作为实践精神，道德是一种旨在通过把握世界的善恶现象而规范人们的行为，并通过人们的实践活动体现出来的社会意识。具体来说，道德是一种以指导人的行为为目的、以形成人的正确的行为方式为内容的精神，在本质上是知行合一的。道德把握世界的方式不是被动地反映世界，而是从人的需要出发，从特定的价值出发来改造世界；不是简单地再现世界或描述世界，而是对世界进行价值评价。道德立足现实而追求理想，并以理想来改造和提升现实。①

总之，道德作为一种实践精神，是特殊的意识信念、行为准则、评价选择等方面的总和，是调节社会关系、发展个人品质、提高精神境界等活动的动力。

二、教师职业道德的内涵和本质

（一）内涵

教师职业道德，又称“教师道德”或“师德”，指教师在其职业活动中，调节和处理与他人、集体、社会等关系所遵守的行为规范，以及在此基础上所表现出来的观念意识和行为品质。它是一般社会道德在教师职业中的特殊体现。

（二）本质

习近平指出：“做好老师，要有道德情操。老师是学生道德修养的镜子。好老师应该取法乎上、见贤思齐，不断提高道德修养，提升人格品质，并把正确的道德观传授给学生。”②

1. 教师职业道德是教师从事教育教学活动必须遵守的职业伦理

教师是人类灵魂的工程师，是青少年学生成长的引路人，教师的思想政治素质和职业道德水平直接关系到中小学德育工作状况和亿万青少年的健康成长，关系到国家的前途命运和民族的未来。《中小学教师职业道德规范（2008年修订）》（以下简称《规范》）指出，教师在教育教学活动中必须遵守职业伦理，这对于全面建成小康社会、构建社会主义和谐社会、实现中华民族伟大复兴具有十分重要的意义。

2. 教师职业道德体现为特定的道德规范体系

教师职业道德主要是要求教师树立正确的教育观，具有热爱教育的事业心和全心全意培养、教育学生的道德责任感以及良好的道德品质。

3. 教师职业道德是从教育活动的特殊利益关系中引申而出

教师在教学活动中给学生以实际教益是教师职业道德形成的基础，教师职业道德的特殊本质同教育劳动的本质紧密联系，教师职业道德是教育劳动过程中人与人之间关系的反映，

---

①《思想道德修养与法律基础》，高等教育出版社，2018版，第90页。

②习近平：《习近平在北京师范大学考察——号召全国广大教师做党和人民满意的好老师》，人民网，2014年9月10日。

是通过教育劳动得以表现的。

教师职业道德的特殊本质是造就一代新人，因此，教师必须按照党和国家规定的培养目标，引导学生健康成长，迅速成才，而不能凭教师自己的主观意志，随心所欲地去培养和造就学生。

三、教师职业道德的特点

由于教师职业劳动的目的、任务、对象、成果、手段、工具不同于其他职业，因此，教师职业道德具有自身的特点。

（一）教师职业道德教育的专门性

教师职业道德教育的专门性表现为教师职业道德对教育善恶的体现和专门要求，这是教师职业道德的一个基本特点。

教师职业道德的形成和发展与教师这一行业有着密切联系。教师职业的独特性决定了教师职业道德的针对性。可以说，教师职业道德是关于教育领域是非善恶的道德，它的一切理论都围绕教师职业展开。它不仅告诉人们教师职业何以为善的道理，而且指出了教师职业如何为善的途径。

（二）教师职业道德内容的全面性

教师职业道德内容建立在时代的基础上，体现着人类的智慧和文明，在我国，教师职业道德的内容继承了优良的文化传统和优秀的师德遗产，在内容上与时俱进、不断发展。当前教师职业道德从内容上一般由以下八个方面①组成。

1. 教师职业理想

教师职业理想是指教师对于未来工作类别的选择以及在教师工作上达到何种成就的向往和追求。忠于教育事业，努力做一名优秀教师，是教师的崇高职业理想，它体现教师职业道德的本质。要实现这个理想必须做到以下几点：一是热爱教育事业；二是热爱学生；三是献身教育事业；四是勇于同一切危害教育事业的行为进行坚决斗争；五是不断提高自身素质。

2. 教师职业态度

教师职业态度是指教师对自身职业劳动的看法和采取的行为，简而言之，就是指教师的劳动态度。教师职业道德在教育劳动中逐渐形成，而教师职业道德一旦形成，又必然反作用于教师的劳动态度，教师正确的劳动态度是教师职业道德的反映，教师职业道德又能够不断端正教师的劳动态度。

3. 教师职业纪律

教师职业纪律就是教师在从事教育劳动过程中应遵守的规章、条例、守则等。教师职业纪律是维持教育活动正常进行的保证，教师必须遵守而不能违反。这就要求教师：一是要有

---

①钟启泉：《综合素质（中学版）》，华东师范大学出版社，2017年版，第85页。

教师意识并不断强化这种意识；二是认真学习教师职业纪律的有关规定；三是教育劳动中恪守教师职业纪律；四是从一点一滴做起；五是虚心接受批评，勇于自我批评，善于改正错误；六是要有坚强的意志和持之以恒的决心。

4. 教师职业责任

教师职业责任是指教师必须承担的职责和任务，当前教师的职责是培养社会主义现代化事业的建设者和接班人。

5. 教师职业技能

教师职业技能集中地表现为教师教书育人的本领，教师教书育人活动的效果是教师职业技能的反映。教师提高职业技能应当做到以下几点：一是刻苦钻研业务，不断更新知识；二是懂得教育规律；三是具备一定的管理知识；四是勇于实践，不断创新。

6. 教师职业良心

教师职业良心是教师在对学生、学生家长、同事、社会以及学校履行义务的过程中所形成的特殊道德责任感和道德自我批评能力。教师职业良心在教师职业道德中有着特殊的意义。教师劳动的特殊性决定了教师职业良心的重要地位。培养和增强职业良心要具有对教育工作高度负责的精神，具有高尚的道德师德品质，还要有知耻心、自尊心、自爱心。

7. 教师职业作风

教师职业作风就是教师在自身职业活动中表现出来的一贯的态度和行为。主要有以下几点：一是实事求是，坚持真理；二是工作积极，认真负责；三是忠诚坦白，平等待人；四是发扬民主，团结互助。

8. 教师职业荣誉

教师职业荣誉是教师在履行职业义务后，社会所给予的赞扬和肯定，以及教师个人所产生的尊严和自豪感。教师努力创造职业荣誉需要做到以下几点：必须认真履行职业道德义务，用自己的实际行动和做出的贡献赢得社会的肯定和赞扬；必须具备良好的职业素质；要有团结协作的精神。

（三）教师职业道德意识的自觉性

意识的自觉性是指教师因职业劳动的特点所决定的在职业道德意识上的更高的自觉性，它是教师职业情感和职业行为的基础。

教师劳动的个体性要求教师要遵守教师职业道德的自觉性。个体性主要是指教师在教育教学过程中所表现出来的相对独立性和灵活性。对于教师个体劳动的质量考评，做到精准衡量有一定难度，利益的驱动可能在潜意识中影响教师的价值选择。思想觉悟的高低可能决定教师教育行为的付出多寡，这就要求教师具有高度的责任感和自觉性。

（四）教师职业道德行为的典范性和示范性

教育劳动的对象是可塑性和模仿性强、世界观和人生观以及性格品质正处于形成阶段的青少年学生，教师在他们心目中占有特殊的地位。尤其是低年级的学生，他们对讲台上的教师有一种神秘且仰慕的感觉，常常会不自觉地效仿教师的言论行为、为人处世的态度，乃至性格、气质和习惯，这就是学生的“向师性”。无论教师本人是否意识到，其一举一动、一言一行都在潜移默化之中感染并影响着学生。教育劳动对象的这一特点内在地决定了教师职业道德具有鲜明的示范性。要完成肩负的历史使命，每一位教师都必须努力在学生乃至整个社会面前建立起更高的道德威望和良好的道德形象，成为全社会的道德楷模和典范。

（五）教师职业道德影响的广泛性和深远性

1. 广泛性

所谓教师职业道德影响的广泛性，是指教师的思想道德不仅影响在校学生，而且会通过学生和家长进而影响整个社会。学校是社会主义精神文明建设的基地，教师是精神文明的倡导者和推行者，可以说教师职业道德建设是一件牵动千家万户并影响千秋万代的大事，具有重大意义。

2. 深远性

教师职业道德的影响深入学生心灵，不仅影响学生的今天，而且影响学生的明天，甚至影响学生一辈子，使学生终生难忘。这种影响具有潜在性，它所产生的效果不一定立竿见影，往往具有迟效性和后显性。教师职业道德的影响还具有广泛性。它不仅作用于每一个学生，而且会通过学生影响家庭和社会，在现代社会，普及义务教育已经是世界性潮流，每个人都要受到教师的培养，师德的作用也越来越大。

四、教师职业道德的功能

（一）对教师工作的促进功能

1. 对教师自身修养的引导

教师职业道德修养是教师在职业活动中按照一定的职业道德原则和规范，进行自我锻炼和自我改造，最后形成道德品质并达到道德境界，是教师把职业道德的原则和规范自觉地转化为内心的要求和信念，形成良好的职业习惯。因此，教师职业道德是提高教师自身修养的主要前提和保证，对教师的进步起着指明方向、矫正行为、保证修养目标实现的作用。

2. 对教师职业行为的调节

教师职业道德是教师正常的教育教学活动不可或缺的行为准则和依据。教师在从教过程中面临着众多复杂的关系，如师生关系、同事关系、领导与被领导的关系、教师与学生家长的关系等，教师职业道德调节着教师对待学生的方式、教师对待家长的态度，也调整着教师自己以怎样的方式处理日常事务。因此教师职业道德是教师正确处理各种矛盾、选择正确的教育行为、确保教育行为正常进行的前提和保证。

3. 对教师工作动力的激发

教师职业道德体现着社会对教师的职业要求和作为教师应有的职业行为，具有一种启动性的力量，激发、鼓励教师工作的积极性、主动性和创造性，促使教师不断提升自我修养，发展和完善自我，自觉地做好教师工作。

教师工作动力激发的三种实现形式如下。

(1) 社会以教师职业道德规范为准则，通过树立理想的榜样和评价等方式，塑造理想的教师职业人格，形成社会舆论，从而使教师在职业行为中向往、追求，并力图实现高尚的职业品质。

(2) 教师职业道德规范一旦被教师个体所理解和掌握，它便可以成为教师自我限制、自我约束的动力系统，促进教师的工作。

(3) 当教师职业道德被教师在工作中不断遵循、认识、体验，最后内化为教师人格的一部分时，它便成为一种精神力量，使教师在职业行为中按照教师职业道德规范去履行自己的职责，完全成为一种自动化的自觉行为。

4. 对教师工作评价的发挥

教师职业道德是一定社会为培养与之相适应的人才而对教师工作提出的道德要求。这些道德要求既是规范学校教师工作进行社会价值判断的准则，也是社会、学校和教师自己对教师工作进行社会价值判断的准则之一。

(二) 对教育对象的教育功能

教师职业工作的一个显著特点是教育主体与教育手段的合一性，教师既是教育主体又是教育手段，教师一举手一投足都会影响学生的成长。教师的这种影响是潜移默化的，但同时也是持久而深远的。一名具有良好的职业道德的教师，他自身道德品格的高尚以及他对于教育工作的热爱将深深地感染学生，对学生产生非常好的教育影响。教师的良好职业道德将影响学生的道德人格发展。具有良好师德的教师所表现出来的敬业精神、道德品质和人格修养将会极大地感染学生，有利于发展学生健全的人格品质和道德素养。①

(三) 对社会文明的示范功能

教师职业道德是一般社会道德在教师职业中的特殊体现，教师是社会道德的典范，被认为是社会文化使者、高尚道德的代表，他们对社会文明的示范功能通过三种途径表现出来：一是通过培养学生的优良品德而影响社会道德，学生是具有多重角色的个体，在校是学生，在社会上是公民，他们的多重身份更有利于社会文明的传播；二是通过教师参与各种社会活动而影响社会道德，当教师严格遵守教师职业道德，以高尚的道德面貌出现在社会中时，他们的道德风貌、人格形象便会对社会各方面产生积极影响；三是通过教师的家庭生活和社会生活促进社会主义新型人际关系的建立和发展。

五、教师职业道德的基本原则

教师职业道德的基本原则是教师调整个人与他人以及与社会的关系的根本指导原则，是

①檀传宝：《教师职业道德》，北京师范大学出版社，2015 年版，第 18 页。

区别于其他类型的社会道德的最根本的标志。它贯穿于教育劳动始终，体现出教师职业道德的本质属性，对教师行为起根本指导作用。

（一）忠于教育事业的原则

忠于教育事业原则是教师职业道德原则的核心内容，反映了教师职业道德的阶级本质和时代特征，是对社会主义道德中集体主义原则的具体化。

忠于教育事业的基本原则要求教师：一是要把教育工作当作一种崇高的事业来追求；二是要培育从事教育工作的光荣感和责任感；三是要有个人利益服从学生利益和人民利益的胸怀；四是要耐得住寂寞，自觉抵制来自外界的各种诱惑。

（二）教育民主的原则

教育民主是教师在教育劳动中应该信守的道德原则和采取的教育措施，既指在教育过程中教师之间平等协作地开展教育活动，也指教师采用民主的方式方法。

在教育活动中教育民主的必要性主要表现在以下方面：第一，教育民主是社会主义民主发展的必然要求。没有全民受教育程度的大幅度提高，就不可能有社会主义民主的真正实现。第二，教育民主有利于学生良好个性的养成。第三，教育者个人认识和实践能力的局限性以及教育者群体的特点决定了必须发扬教育民主。

（三）教育人道主义的原则

教育人道主义是所有教育工作者必须共同遵守的基本道德原则。教育人道主义原则对教师的要求主要表现在尊重学生，把学生视为与自己在人格上完全平等并具有自身个性特征的人来对待。不能因为学生在某些方面与自己差距较大而轻视他们，忽略其价值。教师对学生的尊重和理解要建立在平等的基础之上，没有平等也就没有尊重和理解。

应当指出，教师在同不尊重学生、侵犯学生正当权益的思想和行为做斗争时，要注意对有错误言行的学生、教师和其他教育活动参与者予以尊重和关心。要坚持实事求是，从实际出发，运用适宜的方式、方法和手段，通过适当的途径有效地解决问题。教育人道主义是人道主义在教育领域的具体体现和必然要求，是任何时期的学校教育都应当遵循的基本道德原则。

第二节　教师职业道德修养

一、修养和道德修养

修养的含义非常广泛，从词义上看，“修”是指整治、提高，“养”是指培养、陶冶。“修养”主要是指个人在思想、理论、道德品质和知识技能等方面所达到的水平，包括个人在行为举止、仪表风度、情感心态和待人处事方式上所表现出来的素质，既有修身养性、内化反省、感悟体验的意义，又有态度、能力和品质的内容。简言之，“修养”既是指一种境界，又指为达到这种境界而进行的锻炼、陶冶。其实质是使道德主体通过在不断改造、不断提高和不断完善的过程中，达到理想的品格和境界。

道德修养指人们依据一定社会或阶级的道德要求，对自身道德意识和道德行为所进行的自我审度、自我教育、自我改造、自我完善的活动。对个人来说，加强道德修养是把一定的社会道德准则转化为个体道德品质的重要手段和途径。对社会而言，道德修养是一定道德体系人格化和社会道德风尚得到改观的重要标准。二者的关系是：加强个体的道德修养，提高个体道德水平，有利于提高群体的道德素质。同时，社会整体道德风尚好、道德水平高，可以带动和促进个体道德修养水平的提高，从而形成良性循环，促进社会的物质文明、政治文明、精神文明、社会文明和生态文明的建设，促进人与人、人与社会、人与自然的和谐发展。道德修养的实质就是道德主体在社会生活实践中所进行的自我教育、自我锻炼、自我改造和自我提高的过程。①

二、教师职业道德修养的内涵

教师职业道德修养是指教师为培养良好的职业道德品质所进行的自我锻炼、自我陶冶、自我教育、自我改造的行为。教师职业道德修养的内驱力来源于教师内在的道德需要，是由教师内在道德需要所启动的自主、自觉的行为。

教师职业道德修养的内容包含两个方面：一是职业道德意识修养；二是职业道德行为修养。具体说来，教师职业道德修养主要包括职业道德理想、知识、情感、意志、信念、行为习惯六个方面。

（一）树立远大的职业道德理想

职业道德理想是职业道德要求的重要组成部分，有了崇高的职业道德理想才能产生遵守职业道德的行为，职业道德理想是社会理想在职业选择和实践中的具体体现，在人们的社会生活中占有重要位置。确立崇高的职业道德理想要做到：一是要把个人志愿与社会需要结合起来；二是要正确处理教师职业选择与教育才能的关系；三是要正确看待教师的社会地位和待遇；四是要正确看待教师工作的苦与乐。只有这样，教师才能树立崇高的职业道德理想，忠于人民的教育事业。职业道德理想体现了教师职业道德要求的本质。

（二）掌握正确的职业道德知识

职业道德知识是指人们对于客观存在的职业道德关系以及处理这种关系的道德原则、规范的认识，它包括职业道德观念的形成和职业道德行为判断能力的提高。

学习和掌握教师职业道德知识是教师职业道德修养的首要环节和最初阶段。职业道德知识是职业道德情感产生的依据，是职业道德意志锻炼的内在动力，是决定职业道德行为倾向的思想基础。事实证明，在教师职业活动中，有些人之所以出现违反职业道德的不良行为，

① 钱焕琦：《教师职业道德》，华东师范大学出版社，2015 年版，第 246 页。

其重要原因之一就是缺乏对教师职业道德的基本认识，缺乏起码的教师职业道德评价与选择能力。加强教师职业道德修养，提高教师职业道德认识水平，首先要学习教师职业道德理论、原则和规范的基本知识；其次要把职业道德理论学习和职业道德实践紧密地结合起来，在具体的教育活动中提高教师职业道德的认识水平。

（三）陶冶真诚的职业道德情感

职业道德情感是指人们对现实生活中职业道德关系和职业道德行为的好恶情绪，如人们通常对高尚的职业活动产生敬仰和尊重，对违反职业道德的行为产生愤恨和憎恶之情等。教师只有培养起真诚的职业道德情感，才会真正从内心热爱自己所从事的职业，潜心钻研业务，尽职尽责地做好本职工作。教师职业道德情感包括以下几方面内容。

1. 职业正义感

职业正义感是一种最基本、最高尚的道德情感。它要求教师以平等的态度来处理人与人、人与社会之间的职业道德关系，维护国家、集体和人民群众的正当合法权益，并坚决同一切危害国家、集体和人民群众的行为做斗争。

2. 职业责任感

职业责任感是教师在职业道德活动中形成的对他人或社会应负责任的内心体验和道德情感，它既是职业道德行为的出发点，又是激励教师实现某种职业道德目标的动力。

3. 职业义务感

职业义务感是教师在履行自己的职业责任的过程中产生的一种使命感。职业义务是社会道德义务的一部分，是社会道德义务在人们职业活动中的体现，是劳动者对本职工作、他人和社会所承担的道德上的使命和义务。教师只有具备了强烈的职业义务感才能真正热爱工作，否则会敷衍塞责。

4. 职业良心感

职业良心感是教师对自己的职业道德行为、对自己同他人及社会职业道德关系的自觉意识和自我评价能力，是一种对职业关系和职业活动是非、善恶的内心体验。它是教师职业责任感和义务感的发展，并与教师对职业道德行为的选择和职业道德实践紧密相连。职业良心对教师的职业活动具有重要的调节作用。

5. 职业荣誉感

职业荣誉感是教师自觉承担职业道德责任、履行职业道德义务之后，对社会因此而给予的肯定评价和褒奖赞扬所产生的喜悦和自豪等情感体验。职业荣誉的衡量不是以个人的财产、特权和地位为标准，而是以对人民、对社会进步事业所做出的实际贡献为标准。教师履行好自己的职责和义务便能受到社会的赞许和尊敬，就能得到崇高的职业荣誉。教师职业所提倡的职业荣誉同正直、谦虚的美德结伴同行，它排斥一切虚假和伪善。

6. 职业幸福感

职业幸福感是教师在履行职业责任及其义务、获得职业荣誉之后所产生的一种自我满足和愉悦的情感体验。它是教师从事职业活动最强大的精神动力和根本目的。在社会主义社会，教师应把参与职业活动、履行职业责任和义务视为自己生存发展的首要条件，并以此获得实实在在的职业幸福，每位教师都应该摒弃利己主义和享乐主义的人生观。

（四）磨炼坚强的职业道德意志

职业道德意志是人们在履行职业道德责任和义务的过程中所表现出来的克服困难和障碍的能力和毅力。它是职业道德行为持之以恒的重要精神力量，也是职业道德观念内化为人们职业道德品质的重要因素。它一方面体现在人们的道德意识活动中；另一方面体现在人们的道德行为活动中，能够排除各种困难和阻力，坚定不移地执行由职业道德动机所决定的职业道德行为。

是否具备坚强的职业道德意志是衡量教师职业道德素质高低的重要标志。只有道德意志坚强的人才能有力地控制自己的道德情感和道德行为。教师职业道德意志是产生职业道德信念和养成职业道德行为习惯的前提条件，是职业道德知识和情感转化为职业道德信念和行为的中介环节，也是教师培养良好职业道德品质的重要条件。

（五）确立坚定的职业道德信念

坚定教师职业道德信念，是教师职业道德修养的核心问题。教师职业道德信念是教师对职业理想、职业人格、职业原则、职业规范坚定不移的信仰，是深刻的职业道德认识、炽烈的职业道德情感和顽强的职业道德意志的统一，是把教师职业道德认识转变为教师职业道德行为的中间媒介和内驱力，并使教师职业道德行为表现出明确性和一贯性。它是正确的职业道德知识、真诚的职业道德情感和坚毅的职业道德意志的结合，也是形成职业道德行为的强大动力和精神支柱。只有形成坚定的职业道德信念，人们的职业道德知识、情感和意志才具有稳定性和一贯性，人们的职业道德行为才有坚定性。教师一旦牢固地树立了某种职业道德信念，就能以持之以恒、坚韧不拔的精神和对工作精益求精的态度，遵守职业道德规则，履行自己的职责和义务，并以此为标准去鉴定、评价自己和他人职业活动的是非与善恶。

（六）养成良好的职业道德行为习惯

职业道德行为是指人们在一定的职业道德知识、情感、意志、信念支配下所采取的自觉活动。职业道德行为的最大特点是自觉性和习惯性。被迫的行为即使有良好的效果，也不能算是道德行为，因为真正的道德行为往往带有习惯性。职业道德行为是衡量人们职业道德品质好坏、道德水平高低的客观依据。职业道德修养的最重要环节就是把职业道德原则和规范贯彻落实到职业道德行为之中，做到言行一致、知行统一。人们的职业道德知识、情感、意志毕竟都是主观意志的东西，只有将其贯穿并体现在人们的职业道德行为中才具有现实意义。

教师职业道德修养的最终目的是要养成良好的职业道德行为习惯，使教师在没有任何人监督的条件下也能长期自觉地按照职业道德原则和规范办事，积极主动地选择善良的职业道德行为，避免和杜绝邪恶的道德行为。善良的职业道德行为习惯不是偶然的、短暂的举措，而是自然而然、习以为常的行动，它标志着教师的职业道德修养达到了较高的境界。①

三、提升教师职业道德修养的原则

（一）知与行统一

所谓“知”就是指对教师职业道德的认识及其在这一基础上所形成的观念等，这是师德修养的前提。所谓“行”就是指行为，即教师把职业道德的理论认识付诸行动，这是师德修养的目的。

坚持知行统一的原则，就是要把学习道德理论、提高道德认识同自己的行动统一起来，使理论与实践相结合。教师在提高师德修养过程中更要注重品德实践，自觉培养道德行为习惯，真正成为道德高尚者。总之，只有坚持知和行的统一，才能真正提高师德修养。

（二）动机与效果统一

所谓“动机”，就是趋向于一定目的的主观意向和愿望。它是意识到了的行为动因，即激励人们行动的主观原因。所谓“效果”，就是人们行动所产生的客观结果和后果，它是人的行为的客观记录。

坚持动机和效果的统一，教师要不断进行道德理论和知识的学习，加深对师德修养意义和作用的理解，不断增强提升师德修养的动力；同时要善于通过各种方式把良好的道德动机转化为实际行动。在动机和效果的统一上实现师德境界的升华，既重视动机，又重视效果，不做“说话的巨人，行动的矮子”。在动机和效果的统一上对自己提出比较全面的要求，是提升师德修养中必须坚持的。

（三）自律与他律结合

所谓“自律”，是指自我控制，是指教师依靠发自内心的信念对自己教育行为的选择和调节，自觉主动地内化道德的有关原则规范和要求，并自觉地付诸行动。所谓“他律”，是指教师在接受职业道德的有关原则、规范和要求的过程中，其意志受到外在因素的干扰和驱使，凭借外在动力对其行为进行的调节和控制。

自律和他律的关系实质上就是内因和外因的关系。他律是教师提升道德修养的外在动力，外因是事物变化发展的外部力量，任何离开他律直接通向自律的修养都是不现实的、不客观的。他律要求教师主动接受各种师德教育，提高师德认识，陶冶师德情感，锻炼师德意识，规范师德行为。教师要主动接受社会和舆论的监督，自觉依靠各种制度、纪律等外在压力来规范自己、约束自己。自律依靠自身的内心信念来实现，这种内心信念是促使教师自觉提升修养的动因，有了内在的师德信念，教师一旦发现自己的行为不合乎师德要求，即使没有受到别人的指责和舆论的批评，也会受到自己良心的责备，感到羞愧不安，对自己的行为做出自我批评，从而纠正错误的行为，尽力避免在今后再发生类似的事。因此，自律是师德

---

①陈惠津，范士龙：《教师职业道德与教育法规》，华中师范大学出版社，2017 年版，第 51 页。

修养的内在基础，是任何其他力量都不能代替的。

总之，教师职业道德的修养既要用外在因素进行自我约束，又必须发挥主观能动性，做到自律和他律的结合。①

（四）继承与创新结合

中华民族历来十分重视道德修养，从倡导“克己”“养心”“慎独”到强调“诚意”“正心”“修身”“齐家”，自古及今，一代又一代甘于默默奉献的教师总是以自己高尚的德行为学生做出表率，服务于社会。

进入社会主义新时代，面对现代社会的巨大变迁，传统精神遭遇现代观念的巨大挑战，教师不仅要具备较高的专业素质和师德品质，完成教书育人的重任，还应具有创新精神和科学精神。我们既要继承中华民族几千年形成的师德传统，又要积极借鉴世界各国师德建设的成功经验和先进成果，使教师职业道德修养既体现优良传统，又反映新时代特点，始终充满生机与活力。

四、提升教师职业道德修养的方法

教师良好的师德修养并非与生俱来的，而是在科学理论的指导下，经过长期的社会实践，不断完善自身的结果，理论与实践相结合是提升师德修养的根本途径。

（一）加强学习，完善自我

加强学习是教师提升师德修养的必要途径。学习是修养的前提。第一，学习马克思主义基本理论，确立正确的世界观、人生观、价值观，深刻理解和掌握教师职业道德的精髓，自觉履行教师职业道德规范；第二，学习教师职业道德规范，提高遵守师德规范的自觉性，在实践中培养良好的职业品德；第三，学习先进模范人物的优秀品质，不断完善自我、超越自我。

（二）自省慎独，提升自我

自省作为自我检查、自我约束、自我教育、自我提高的重要方法，对于提高教师职业道德修养、提升师德境界具有重要作用。自省是教师职业道德修养从他律到自律的一个重要方法。慎独强调自律，要求在无人监督、一个人独处时，也能按照道德要求去做，严于律己，谨慎不苟。慎独是教师修身的重要方法，也是教师完善自我应追求的师德境界。

（三）注重细节，成就自我

细节决定成败，要加强师德修养，就必须从细微处严格要求。教师在培养和提升职业道德修养时必须做到防微杜渐、积善成德、持之以恒，养成高尚的德行。②

---

①付世秋：《教育政策法规与教师职业道德》，清华大学出版社，2016 年版，第 282 页。

②钟启泉：《综合素质（中学版）》，华东师范大学出版社，2017 年版，第 89 页。

第三节 《中小学教师职业道德规范》解读

改革开放以来，我国于1985年、1991年、1997年先后三次颁布和修订了《中小学教师职业道德规范》。2008年，教育部为进一步提高中小学教师的道德素质水平，在以往师德规范的基础上，重新修订了《中小学教师职业道德规范》，并于9月1日颁布实施，新规范体现了时代精神，可以使教师的思想行为得到规范，促使中小学教师真正成为人民满意的教育工作者。

一、《中小学教师职业道德规范》的内容

（一）爱国守法

热爱祖国，热爱人民，拥护中国共产党领导，拥护社会主义。全面贯彻国家教育方针，自觉遵守教育法律法规，依法履行教师职责权利。不得有违背党和国家方针政策的言行。

（二）爱岗敬业

忠诚于人民教育事业，志存高远，勤恳敬业，甘为人梯，乐于奉献。对工作高度负责，认真备课上课，认真批改作业，认真辅导学生，不得敷衍塞责。

（三）关爱学生

关心爱护全体学生，尊重学生人格，平等公正对待学生。对学生严慈相济，做学生的良师益友。保护学生安全，关心学生健康，维护学生权益。不讽刺、挖苦、歧视学生，不体罚或变相体罚学生。

（四）教书育人

遵循教育规律，实施素质教育。循循善诱，诲人不倦，因材施教。培养学生良好品行，激发学生创新精神，促进学生全面发展。不以分数作为评价学生的唯一标准。

（五）为人师表

坚守高尚情操，知荣明耻，严于律己，以身作则。衣着得体，语言规范，举止文明。关心集体，团结协作，尊重同事，尊重家长。作风正派，廉洁奉公。自觉抵制有偿家教，不利用职务之便谋取私利。

（六）终身学习

崇尚科学精神，树立终身学习理念，拓宽知识视野，更新知识结构。潜心钻研业务，勇于探索创新，不断提高专业素养和教育教学水平。

二、《中小学教师职业道德规范》解读

《中小学教师职业道德规范（2008年修订版）》（后面简称为《规范》）共六条，体现了

教师职业的特点、对师德的本质要求和时代特征，“爱”与“责任”是贯穿其中的核心和灵魂。

（一）爱国守法是教师职业的基本要求

爱国是教师的政治使命和社会责任，是做好本职工作的支撑点。教师应该把自己的教育使命与国家和民族的生存发展结合起来，将爱国主义精神贯彻于教育教学的全过程，为祖国和民族培养出优秀的建设者和接班人。

守法是公民的基本行为准则。公民要依照法律行使权利，履行义务活动。教师职业的典范性和神圣性，要求教师成为守法的榜样，并做到依法从教，提升全民族的法律意识和法律素质。

《规范》中关于“爱国守法”方面所规定的具体职业行为要求有以下几点。

1. 全面贯彻国家教育方针

教师代表国家从事人民的教育事业，教师爱国、爱中国共产党、爱社会主义，具体行为表现在全面贯彻国家教育方针。教师具有示范性，通过自己的言行可以熏陶、感染和教育学生。

2. 自觉遵守教育法律法规，依法履行教师职责权利

教师在教育教学过程中，要严格遵守《宪法》和其他法律、法规，使自己的教学法制化、规范化，教师需要掌握教育法律法规等相关知识，做遵法、学法、守法、用法的模范教师。

3. 不得有违背党和国家方针政策的言行

贯彻国家教育方针和遵守教育法律法规是“爱国守法”方面倡导性的职业行为，违背党和国家方针政策的言行则是禁止性的职业行为规定。陶行知曾说过：“教师的好坏简直可以影响国家的兴亡和世运的治乱。”教师对于党和国家的方针政策应该身体力行，做榜样和表率，使学生深受感染和效仿，养成守法、用法的思想和行为习惯。

（二）爱岗敬业是教师职业的本质要求

爱岗敬业是教师处理其与教育事业的关系时所应遵循的原则要求。爱岗是对本职工作所产生的一种热爱情绪和高度负责的工作态度。没有爱就没有教育，没有责任就办不好教育。爱岗就是热爱教育事业，具体表现为热爱工作和热爱学生。敬业是指教师对国家教育发展和学生成长的使命感和责任感，具体表现为对教育教学工作的认真负责、一丝不苟和精益求精，对学生热情关怀、尽心尽力。

《规范》中关于“爱岗敬业”方面所规定的具体职业行为要求有以下几点。

1. 忠诚于人民教育事业，志存高远

教师爱岗敬业，要对教育事业有一种强烈的使命感、责任感，兢兢业业、恪尽职守、心无旁骛，专心致志地把教书育人的工作做好，以积极的态度去从事教育教学活动。自觉抵制社会上的各种诱惑，淡泊名利、志存高远，对教育抱有忠诚之心。要有甘为人梯的胸怀，把

学生成长成才作为自己的人生价值追求。

2. 勤业敬业，严谨笃学

教师要对工作高度负责，勤业敬业，严谨笃学，不断提高教育教学质量。教师在职业行为上首先就要做到认真备课、上课。认真备课、上课，是要求教师认真备好每一节课，认真上好每一节课。其次，教师要认真地批改作业，准确地反馈学生的学习状态。最后，针对学生学习的个性化和个体差异，教师要将集体教学与个别辅导结合起来。

3. 乐于奉献，不得敷衍塞责

“不得敷衍塞责”是从禁止性方面强调教师的教育教学责任，也是原则性、概括性的规定。在教学方面，要及时更新新思想和新理念，紧跟时代步伐，无论是新入职的教师还是具有多年经验的老教师，都应该认真学习新课改精神，重视学生的创新意识培养，杜绝片面追求标准答案的行为。在育人方面，应树立全员育人、全过程育人的理念，关心学校的发展，协助学生处、班主任做好学生的日常教育管理工作。

（三）关爱学生是师德的灵魂

关爱学生是教师处理其与学生的关系时所应遵循的原则要求。教师与学生的关系是教师职业活动中发生的最重要的关系。教育活动主要就是在教师与学生之间发生的，教师所从事的教育活动的中心就是师生关系。

《规范》中关于“关爱学生”方面所规定的具体职业行为要求有以下几点。

1. 关心爱护全体学生，尊重学生人格，平等公正对待学生

首先，关爱学生的范围是全体学生，而不是某一部分学生。在实际教育活动中，有些教师不是不能给予学生关爱，而是往往不能给予全体学生关爱，这不符合教师职业行为要求。其次，关爱学生的核心，是尊重学生人格。尊重学生人格，就是把学生看作与自己一样有尊严、有利益诉求的人。最后，关爱学生的关键是做到对学生平等公正。平等，是师生之间的平等、生生之间的平等；公正，是指关爱每一个学生，不论这些学生的发展状况如何、社会背景和家庭背景如何。

2. 对学生严慈相济，做学生的良师益友

关爱学生要掌握好严格和宽容的尺度，发现学生存在的问题，要及时指出问题、分析问题、解决问题，帮助学生养成良好的行为习惯，提升道德水平。在解决问题过程中，要循循善诱、循序渐进地对学生加以教育，学生成长需要时间和过程，既要严格要求学生，又要充分尊重学生、信任学生。

3. 保护学生安全，关心学生健康，维护学生权益

保护学生安全，主要分为三个方面：首先，学生在校学习过程中，教师要充分保护他们的安全。其次，在由学校或教师组织学生参加的户外活动中，教师要保证学生的安全。最后，在出现灾难、突发事件等紧急情况时，教师要不惧危险，冲锋在前，保护学生的生命安全。

学生健康，包括学生的身体健康和心理健康两个方面。教师应按照规定，关注学生的文艺课程、体育锻炼、课余休息。安排适当的作业量，从学生情绪情感和行为举止等方面关注学生的健康。

4. 不讽刺、挖苦、歧视学生，不体罚或变相体罚学生

这是对教师在与学生关系上的禁止性规定。在语言上讽刺、挖苦学生，在态度上歧视学生，这是教师职业行为所不允许的。在教育学生的方法上，采用体罚和变相体罚，也是教师职业道德不允许的。教师要不断提升自己的人格修养，控制自己的不良情绪；在对待学生上，要以多样的方式和灵活的方法代替简单粗暴的方式。

（四）教书育人是教师的天职

教书育人是教师在处理其与职业劳动的关系时所遵循的原则要求。教师的职业劳动是具体的教育教学活动。教育教学活动从现象上看是“教书”，在教育教学活动中，教师要开展传递知识与技能的活动，知识与技能是教师直接操作的对象，但是，教师操作知识与技能的目的还与学生有关，“育人”是教师职业劳动的本质。

《规范》中关于“教书育人”方面所规定的具体职业行为要求有以下几点。

1. 遵循教育规律，实施素质教育

教育的本质要求是促进人健康全面发展，尊循教育规律就要实施素质教育。素质教育从根本上说，就是育人。教书是途径，育人是目的。当然两者不可偏废，没有教书，育人没有依托；没有育人，教书就失去了本来的意义。

2. 循循善诱，诲人不倦，因材施教

符合教书育人要求的教师职业劳动行为应当因材施教，尊重个体差异，将素质教育贯穿于教育教学的全过程中。一是注重基础知识和基础技能的双基教学，二是在教学中注重启发式教学和讨论式教学，激发学生独立思考和创新的能力，三是鼓励学生参加多种形式的课外实践活动，培养学生团队合作和解决实际问题的意识。

3. 培养学生良好品行，激发学生创新精神，促进学生全面发展

把育人作为目的的教育，把德育放在重要位置上，把教育学生成“人”放在首要位置上；育人也要把培养具有创新精神的现代人作为职业劳动的要求。以育人为目的的教育，必须实施全面发展的教育，最终要达到学生全面发展的目的。

4. 不以分数作为评价学生的唯一标准

在教书育人方面禁止的行为，就是背离“育人”目标的做法，或者说是应试教育的做法。教师头脑中必须明确，以分数作为评价学生唯一标准的做法，是教师职业行为明确禁止的。社会对人的要求正在向多元化转变，全面发展意味着更强的适应能力，学生群体存在个性差异，如果唯分数评价学生，导致学生的独特性被否定、独创性遭受打击，不利于学生的全面发展、健康成长。

（五）为人师表是教师职业的内在要求

教师是学生获取知识的导师和引路人，学生尊敬教师，教师的言行、知识见解、治学态

度以及他们的精神境界、信仰和品行，都会对学生产生潜移默化的作用。

《规范》中关于“为人师表”方面所规定的具体职业行为要求有以下几点。

1. 教师应该成为学生心中的模范

“学为人师，行为世范”是教师职业最基本的原则。教师是学生知识增长和思想进步的导师，一言一行、一举一动，都会对学生产生潜移默化的影响。教师只有以身作则，率先垂范，身体力行，才能达到育人的目的。

2. 教师形象应该文明得体

教师的仪表服饰应追求庄重、高雅、整洁、大方，体现职业应有的特点和美感，语言和行为符合时代文明要求，为学生做出榜样，进而达到亲其师、信其道的目的。

3. 教师应该懂得尊重他人

教师在工作中处理与家长的关系时应该做到：一是主动联系家长；二是听取家长的意见和建议；三是尊重家长的人格；四是教育学生尊重家长。教师之间要做到：一是谦虚谨慎，尊重同事，相互学习，相互帮助，维护教师群体在学生中的威信；二是关心集体，维护学校荣誉，共创文明校风。

4. 教师要自省自律

教师要自省自律，以身作则，言行一致。要求学生做的，首先自己要做到；禁止学生做的，自己坚决不做，为学生做出表率。

5. 教师要做到廉洁从教

作为一名教师，要抵制各种诱惑，树立高尚师德，做到廉洁从教。第一，要发扬奉献精神，淡泊名利，把教育工作作为一种崇高的事业。坚守高尚情操，发扬奉献精神，不利用职务之便牟取私利，是教师职业道德的明确要求。第二，要渗入情感态度，公正执教，用无私的爱关怀每一位学生，教师在教育教学活动中要公平、公正地对待每一位学生，这是廉洁从教的基础。第三，要坚持清廉自守，自觉抵制各种非正当利益的诱惑。廉洁从教，除了法规约束和社会舆论的监督引导外，主要靠教师用廉洁的标准来进行自我约束，自觉保持清廉纯洁的作风，这是廉洁从教的最深厚的思想基础。①

（六）终身学习是教师专业发展不竭的动力

终身学习是教师在处理与自己发展的关系时所应遵循的原则要求。教师与自己的发展，也属于教师与自己关系的范畴。但是，强调教师自己的发展，是说教师在教育活动中，不仅要把学生作为一种发展对象来看待，也要把自己作为一种发展对象来看待。教师的自我发展也是教师职业行为调节的对象。

《规范》中关于“终身学习”方面所规定的具体职业行为要求有以下几点。

1. 崇尚科学精神，树立终身学习理念，拓宽知识视野，更新知识结构

科学精神是求真的精神，是不断探索的精神。根据科学精神的要求，在一个终身学习的

①钟启泉：《综合素质（中学版）》，华东师范大学出版社，2017年版，第85页。

社会，教师应当具有终身学习的理念，在行为上能够自觉地继续学习，发展自己的知识。

2. 潜心钻研业务，勇于探索创新，不断提高专业素养和教育教学水平

加强教师的发展，特别是自己的专业发展。一名能够自觉地发展自己专业水平的教师，才能不断适应教育实践给自己提出的新要求。

倡导“终身学习”就是要求教师做终身学习的表率。终身学习是时代发展的要求，也是由教师职业特点所决定的。教师只有树立终身学习的理念，才能不断提高专业素养和教学水平。教师终身学习应涉及教师职业道德修养的养成、教师教育科研能力的发展、教师反思能力的培养以及现代信息技术的掌握。

一般认为，爱岗敬业、教书育人和为人师表是师德的核心内容，关爱学生是最基本的内容。这是社会对教师职业道德的最基本的要求。爱岗敬业是对一切职业的共同要求，没有爱岗敬业的精神，一切都无从谈起。因此，它是师德的基础。教书育人是对教师这一特殊职业的专业要求，它是教师工作的具体内容，师德所引发的效果如何，必须由此而体现，所以它是师德的载体。为人师表是社会对教师这一职业所承担的职责具有的特殊性而提出的比一般职业道德更高的要求，教师的人格、品行所具有的感召力由此得到充分表现，故而它是师德的支柱。三者形成有机整体，缺一不可。作为一位人民教师，必须信奉之、遵循之、笃行之，并在此基础上升华之，力求达到爱岗敬业、精神高尚，教书育人、水平高超，为人师表、品行高洁的“三高”境界。①

三、《规范》的特点

（一）坚持“以人为本”

《规范》充分体现了“教育以育人为本，以学生为主体”“办学以人才为本，以教师为主体”的理念，强调尊重教师，强调教师责任与权利的统一。

（二）坚持继承与创新相结合

《规范》汲取了原有《规范》中反映教师职业道德本质的基本要求，又充分考虑经济、社会和教育发展对师德提出的新要求，将优秀师德传统与时代要求有机结合。

（三）坚持广泛性与先进性相结合

广泛性是指“面向全体教师”，对教师职业道德提出基本要求；先进性是指“提出了反映社会主义核心价值体系的基本内容”的要求。《规范》将基本职业道德要求同先进的职业道德要求结合起来。

（四）倡导性要求与禁行性规定相结合

《规范》针对当前师德建设中的共性问题和突出问题做出了若干禁行性规定。

---

①香山教师资格考试命题中心：《综合素质》，首都师范大学出版社，2017 年版，第 197 页。

（五）他律与自律相结合

《规范》注重“他律”的同时强调“自律”，倡导广大教师自觉践行师德规范，把规范要求内化为自觉行为。

第四节　《中小学班主任工作规定》解读

2009年8月12日，为了进一步加强中小学班主任工作，发挥班主任在中小学教育中的重要作用，保障班主任的合法权益，全面推进素质教育，教育部印发了《中小学班主任工作规定》(以下简称《规定》)。

一、《规定》的特点

（一）明确了班主任工作量，使班主任教师有更多的时间来做班主任工作

《规定》要求："班主任工作量按当地教师标准课时工作量的一半计入教师基本工作量，各地要合理安排班主任的课时工作量，确保班主任做好班级管理工作。”明确了班主任教师应当把授课和做班主任工作都作为主业，要拿出一半的时间来做班主任工作，来关心每名学生的思想道德状况、身心健康状况及其他各方面的发展状况。

（二）提高了班主任经济待遇，使班主任有更多的热情来做班主任工作

自2009年起，国家实施义务教育学校绩效工资制度。根据国务院办公厅转发的《人力资源社会保障部、财政部、教育部关于义务教育学校实施绩效工资的指导意见》，这次出台的《规定》第十五条要求："将班主任津贴纳入绩效工资管理。在绩效工资分配中要向班主任倾斜。对于班主任承担超课时工作量的，以超课时补贴发放班主任津贴。”

（三）保证了班主任教育学生的权利，使班主任有更多的空间来做班主任工作

新出台的《规定》第十六条明确规定："班主任在日常教育教学管理中，有采取适当方式对学生进行批评教育的权利。”保证和维护了班主任教育学生的合法权利，使班主任在教育学生的过程中，在坚持以正面教育为主的同时，不再缩手缩脚，可以适当采取批评等方式教育和管理学生。

（四）强调了班主任在学校中的重要地位，使班主任有更多的信心来做班主任工作

《规定》从班主任的职业发展、职务晋升、参与学校管理、待遇保障、表彰奖励等多个方面强调了班主任在学校教育中的重要地位，充分体现了对班主任工作的尊重和认可，对广大班主任教师是一个极大的鼓舞和激励。强调班主任在学校教育中的重要地位，对于稳定班主任队伍，促进班主任专业成长，鼓励广大班主任长期、深入、细致地开展班主任工作有着积极的意义。

二、《规定》对班主任工作的要求

中小学班主任工作是一项复杂、细致，需要付出爱心、耐心和责任心，对学生健康成长起着重要作用的工作，要求班主任教师具有良好的思想道德品质、较高的教育理论素养和专业知识水平，身心健康、富有人格魅力，善于做思想教育工作。要适应新时期教育工作中出现的变化，及时改进班主任工作，在学校育人工作中发挥更大的作用。

（一）要坚持育人为本、德育为先的目标导向

要把学校教育目标落实到班级日常管理工作过程中，切实把德育放在首位，注重学生正确的世界观、人生观、价值观和社会主义荣辱观的培养和形成，培养学生健全、独立的人格。引导学生培养学习兴趣，树立正确的学习目标，促使学生全面协调健康发展。

（二）要注重公平，面向班集体每一名学生

班主任要关心每一名学生，了解他们的内心世界，根据每名学生的特点，精心设计相应的教育方案，引导、帮助每一名学生健康成长，要特别注意关注学生中的弱势群体和边缘群体，为每一名学生的终身发展奠定基础。

（三）要关心学生的全面发展

坚持以人为本，以学生的全面发展为班主任工作的根本出发点，不仅要关心他们的学习，更要关心他们的身体、心理、人格等各方面的发展状况。培养学生各方面的能力，提高学生各方面的素质，发挥学生的个性特长，充分发掘学生的潜能。

（四）要建立平等互信的师生关系

班主任要平等对待学生，建立和谐的、朋友式的新型师生关系。尊重学生，注重与学生交流沟通的方式，做学生人生路上的良师益友。

（五）遵循学生的年龄特点和身心发展规律

相信每个学生都有自己的优点，都有成才的强烈愿望，帮助每一个学生建立不断提高进步的目标；善于发现和激励学生的每一点进步，让学生始终在成功的喜悦中提高自己、发展自己。

（六）要建立完善的班级管理制度

通过建立科学合理的班级日常管理规范，培养学生良好习惯的养成。从小事、细微处着手，积极开展行为规范教育。加强学生自主管理，增进学生民主意识，培养学生独立处理问题的能力。

（七）要积极进行班集体文化建设

指导班集体通过开展班会、团队会、各种主题教育活动和丰富多彩的文体活动，丰富学生的生活，弘扬爱国主义、集体主义和民族精神，形成健康向上、积极进取的班风和有特色的班级文化，营造良好的育人环境。

（八）要指导和组织学生积极参加社会实践活动

充分开发社区、学校和班级的各种教育资源，组织学生积极参加有益于身心发展和道德养成的各种社会实践活动，增强道德体验，培养学生正确的劳动观念和劳动习惯。

（九）要充分发挥纽带作用

积极主动地与其他课程任课教师、少先队、团委、政教处沟通，步调一致，形成合力，充分发挥集体教育的作用。加强与家长的沟通交流，积极建立与家长沟通和交流的有效渠道，实现学校教育和家庭教育的有机结合。加强与社会、社区的联系，善于利用各种资源让学生了解社会、参与社会、适应社会、服务社会，也让全社会都来了解教育、关心教育、支持教育，营造良好的社会育人环境。

（十）要大胆创新工作方式

认真做好学生的综合素质评价工作，积极探索建立学生良好行为习惯的动态管理模式和综合考评制度，建立并填好学生成长档案和记录袋。在此基础上，积极探索深化教育改革背景下班主任工作的新特点、新要求，创新班级管理和建设的有效模式。

练习题四

单项选择题

1. 某学生家长给余老师送礼，想让余老师给其孩子安排最好的座位，余老师拒绝了。余老师的做法（　　）。
   A. 不正确，不利于取得家长信任
   B. 不正确，不符合家校沟通要求
   C. 正确，符合严慈相济的要求
   D. 正确，符合廉洁从教的要求
2. 蒋老师的亲戚开办了一家培训公司，希望蒋老师推荐自己班上的学生参加辅导班，或者提供班上学生的联系方式。面对这种情况，蒋老师应该（　　）。
   A. 推荐学生参加辅导班，促进学生全面发展
   B. 坚决拒绝亲戚的请求，并说明自己的理由
   C. 提供学生的联系方式，同时推荐学生参加辅导班
   D. 仅提供学生的联系方式，不推荐学生参加辅导班
3. 关于班主任，下列说法不正确的是（　　）。
   A. 教师担任一个班级的班主任，时间一般应该连续一学期以上
   B. 班主任津贴纳入绩效工资管理，在绩效工资分配中要向班主任倾斜
   C. 教师初次担任班主任应该接受岗前培训，符合选聘条件后学校方可聘用
   D. 合理安排班主任的课时工作量，按当地教师标准课时工作量的一半计入

4. 家境困难的马老师辅导学生的经验非常丰富，为了补贴家用，每周有4天晚上在家里辅导学生，但所收费用不高。由于精力不济，只能推脱学校安排的课外活动课程，马老师的做法（　　）。

A. 可以理解，因为学校的安排本就不合理

B. 无可厚非，因为生活所迫而且收费不高

C. 应予制止，这已影响了师生关系的和谐

D. 应予处理，违规违纪且影响了正常教学

5. 下列选项中，不违背教师职业道德规范的做法是（　　）。

A. 教师节接受学生自绘贺卡　　B. 出于爱心对学生严厉责骂

C. 规定学生买大量辅导资料　　D. 家有喜事时接受家长贺礼

6. 某中学规定：教师在课上不能穿超短、破洞牛仔裤等服装，这一规定是（　　）。

A. 对教师着装个性的规范　　B. 对教师教学行为的规范

C. 对教师仪表得当的规范　　D. 对教师举止文明的规范

7. 有位学生将几片纸屑随意扔在走廊上，王老师路过时顺手捡起并丢进垃圾桶，该学生满脸羞愧。王老师的行为体现的职业道德是（　　）。

A. 廉洁奉公　　B. 为人师表　　C. 爱岗敬业　　D. 热爱学生

第五章　教师职业行为

学习目标

1. 理解教师职业行为规范的要求。
2. 掌握教师在职业活动中处理人际关系的基本要求。
3. 在教育教学活动中，能够依据职业行为规范独立处理和解决问题。

教师职业行为是指教师在教育教学活动中涉及的各种行为，内容涵盖课堂教学、课外辅导、教学评价、教学研究、学术交流、仪容仪表、人际交往等各方面的行为。教师职业行为规范就是针对以上这些内容，对教师的职业行为提出的具体可行的要求。教师职业行为规范具有引导性、约束性、评价性和促进性等功能和价值，对于教师成长和教学发展具有促进作用。

教师职业行为是教师职业道德的表现方式，教师职业道德是教师职业行为的先导。教师职业道德较多立足于社会的准则和规范，侧重从思想、情感、态度的角度对教师提出要求。教师的全面发展不仅需要重视教师职业道德层面的要求，更需要重视教师职业行为层面的要求。

第一节　教师职业行为规范的基本要求

一、教师的思想行为规范

（1）热爱祖国，拥护中国共产党的领导，认真学习和宣传马克思列宁主义、毛泽东思想，热爱教育事业。

（2）认真执行教育方针，遵循教育规律，尽职尽责，教书育人。

（3）正直诚实，作风正派，为人师表，遵纪守法。

（4）树立正确的人生观和价值观，发扬无私奉献的精神，不做有损国格、人格的事。

（5）积极参加政治学习和宣传活动，做社会主义精神文明的建设者和传播者。

二、教师的教学行为规范

（1）要有端正的教学态度，严肃认真地对待教学工作中的每一项内容。

（2）钻研业务，熟悉教材，认真备课；要善于激发学生的求知欲，组织好课堂教学，创造生动活泼的课堂气氛，尽量避免对学生进行灌输性教学。

（3）精心编排练习，认真批改作业，及时纠正错误。定时做好检查教学质量工作，及时查漏补缺。

（4）按时上课下课，不迟到、不缺课、不拖堂。

（5）上课语言文明、清晰流畅，表达准确简洁，板书整洁规范，内容简练精确。

（6）既要严格要求学生，又要尊重学生，对待学生要一视同仁。热情、耐心地回答学生的提问。不能讽刺挖苦学生。

（7）教学计划应符合教学进度的要求，不能随意删增内容、加堂或缺课，不能占用学生的自习课或复习考试时间，增加学生的学习负担。

三、教师的人际行为规范

（1）教师与学生之间要做到：热爱学生，关心学生，尊重学生；严格要求，耐心教导，循循善诱，不偏不袒；不以师生关系谋取私利。

（2）教师之间要做到：互相尊重，切忌嫉妒；相互学习，取长补短；平等相待，不卑不亢；乐于助人，关心同事。

（3）教师与领导之间要做到：尊重领导，服从安排；顾全大局，遵守纪律；互相理解，互相支持；秉公办事，团结一致。

（4）教师与家长之间要做到：尊重家长，理解家长；经常家访，互通情况；密切配合，教育学生。

四、教师的仪表行为规范

（1）衣着整洁，朴实大方，服饰要符合职业特点，体现教师为人师表的好形象。

（2）举止稳重大方、潇洒自然、彬彬有礼。切忌轻浮粗俗、拘谨呆板。

五、教师的语言行为规范

（1）科学规范，准确简明，富有示范性。

（2）言行一致，表里如一，通俗诙谐，富有幽默感。

（3）语言文明，礼貌待人，富有层次感。

（4）准确生动，严谨纯洁，富有启发性和激励性。

（5）声音洪亮清晰，抑扬顿挫，富有节奏感。

（6）文雅流畅，讲究艺术，使用普通话，富有条理性。

第二节　教师职业活动中人际关系的处理

教师与学生、教师与学生家长、教师与同事、教师与教育管理者的关系是学校中最基本的人际关系。正确处理好这些关系，直接关系着教育活动开展的质量和效率。

一、教师与学生的关系

师生关系是指教师和学生在教育教学过程中结成的相互关系，包括彼此所处的地位、作用和相互对待的态度等。① 它是一种特殊的社会关系和人际关系，是教师和学生为实现教育目标，以各自独特的身份和地位通过教与学的直接交流活动而形成的多性质、多层次的关系体系。②

师生关系作为多性质、多层次的关系体系体现在：从关系内容上看，师生关系包括教师对学生进行教育教学管理的关系和教师为学生身心发展服务的关系，其中前者为后者服务，有效管理能更好地促进学生身心发展和教师的专业发展；从关系层次上看，师生关系首先是浅表性的行为关系，即教与学的关系，其次还涉及更进一步的情感交流的关系、心理交往的关系以及深层次蕴含的法律关系。

教师处理与学生关系的基本要求如下。

（一）热爱学生

热爱学生，这是教师处理与学生关系的根本出发点。没有对学生的爱，教师对于学生所发生的一切行为就没有道德可言。教师对学生的爱，不是对少数人的爱，不是有差别的爱，而是对全体学生的爱，对所有学生付出同样的爱。不论教师面对的学生成绩如何、家庭背景如何，教师都要能够付出自己的爱。教师对学生的爱，应当是无条件的。

（二）尊重学生

尊重学生，这是建立师生间平等关系的表现。尊重是对师生间平等地位的认可。在师生平等的交往关系中，教师的爱才是真爱，教师的爱才能够实现，学生也才能够感受到教师的爱，从而接受教师对自己的教育。

（三）对学生负责

爱学生，尊重学生，是为了学生的成长。学生的成长，需要在教育教学活动中实现。在教育教学活动中，教师自己的行为要符合教育教学的要求，学生的行为也要符合教育教学的要求。在教育教学活动中，教师要对自己严格要求，也要对学生严格要求。教师严格要求学生要做到：严而有理。教师对学生提出的要求必须从学生实际情况出发，在充分考虑教育条件的基础上，选择合适的教育方式，刚柔相济、寓刚于柔。这就是负责，也是一种负责任的爱。

（四）公平公正

教师的爱是面向一切学生的，学生所需要的爱也是没有差别的。因而公平公正地对待每

---

①张东娇：《师生关系新走向：双向式“师道尊严”》．《教育科学》，2007 年第 1 期，第 60－63 页。

②全国十二所重点师范大学联合编写：《教育学基础》，教育科学出版社，2002 年版，第 155 页。

一个学生，就是教师的爱给予每一个学生的保证。教师公正地对待学生要求教师要公正公平、不偏不倚、一视同仁。一方面，教师不能因为个人感情的好恶、私人关系、学生成绩的优劣等偏袒或轻视学生；另一方面，教师不能因为学生的性别、美丑、性格特征、身体条件、家庭出身等的不同而偏袒或轻视学生。公平公正地对待学生是树立正确的师生观的核心问题。

（五）保护学生

虽然学生应当是教师平等的交往对象，但是由于学生处在身心变化发展阶段，他们应对生活的能力与经验还不足，因而需要教师给予各个方面的保护。

（六）杜绝伤害

既然学生是教师工作的出发点，那么一切有碍、有害学生成长的行为，在教师方面都是不允许的，特别是体罚和变相体罚等行为。

二、教师与学生家长的关系

教师和学生家长作为两种不同的社会角色，因为学生的桥梁作用而产生了必然的联系。这种联系在学生接受教师直接的教育教学期间是始终存在的，是不以教师和学生家长的意志为转移的。一般意义上说，两者之间在教育目标上存在高度一致性。

这种教育目标的一致性或共同性主要表现为：一是教师和学生家长都殷切期望学生形成良好的思想品德，帮助学生在思想上、政治上健康成长；二是让学生掌握系统的文化科学知识，掌握必要的基本技能，发展他们的智力和能力；三是培养学生健康的身体素质和良好的生活习惯；四是培养学生具有正确的审美观和鉴赏能力。

教师与学生家长所掌握的学生信息不对等，教师仅了解学生在学校中的表现，而学生家长则了解学生在校外的情况，如果教师与学生家长之间的信息沟通不畅，会导致彼此之间缺乏理解和信任，阻碍教育的顺利开展，降低对学生的教育效果。因此，教师与学生家长只有紧密合作，才能发挥教育的积极作用，有利于学生健康成长。

教师处理与学生家长关系的基本要求如下。

（一）建立平等的沟通关系

教师和学生家长都是以教育好学生、促进学生身心全面发展为共同目标的，应该建立彼此信任、相互支持的平等关系。只有平等，才有沟通的可能；只有平等，双方才不会落入误区，不会出现扯皮、推诿、渎职等现象，才能齐心合力教育好学生。

（二）形成良好的沟通习惯

首先，教师要积极主动地与学生家长建立联系，通过家访、家长会、联系手册、电话、通信、网络等多种形式，与学生家长互通情况，共同商讨、协调教育方法、步骤。

其次，教师要树立服务意识，尊重学生家长，全面客观地介绍学生在校学习、生活的情况，热情、耐心地与学生家长进行沟通。

再次，教师要及时地通报学生的思想、学习、生活的动态，特别是出现异常情况或突发事件时，要第一时间与学生家长沟通，及时分析原因，商讨对策，共同实施最有效的教育方法。

最后，教师要认真听取学生家长的意见和建议。教师要放下“教育权威”的架子，经常向学生家长征求意见，虚心听取他们的批评和建议，找出和确立对学生进行有效教育的方法和途径，从而不断改进自己的工作。这样，学生家长会觉得教师可亲可信，有利于维护教师的威信。

（三）尊重学生家长的人格

在教师与学生家长的关系中，教师起主导作用，但教师和学生家长在人格上是完全平等的，不存在尊卑之分。因此，教师必须尊重学生家长的人格，特别是尊重社会地位低和所谓“差生”的家长的人格。教师要避免向学生家长“告状”，不要当众责备其子女，不要说侮辱学生家长人格的话和做出侮辱学生家长人格的行为。否则，会造成教师与学生家长的对立，不利于教育效果的提高。

（四）教育学生尊重学生家长

教师不仅要身体力行地尊重学生家长，还要教育学生尊重自己的父母。教师教育学生尊重家长，不但可以提高家长的威信，增强家庭教育的力量，而且当家长看到自己的孩子在教师的教育下健康成长，对自己又很尊敬时，会由衷地感谢教师，更加信任教师。

三、教师与同事的关系

在学校，教师之间的交往有正式的工作交往关系、非正式的工作交往关系、工作之外的私人交往关系，本书中所讲的同事关系主要指正式的工作交往关系。因为这是所有教师都需要面对并且是必须要协调处理好的关系，每位教师都将会面临与班主任，与科组教师，与同年级不同学科的教师，与学生处、教务处、总务处等学校部门的工作人员之间的交流与合作。协调处理好这些复杂多样的人际关系，才能更加顺利地完成各项教育教学任务。

教师处理与同事关系的基本要求如下。

（一）互相尊重

教师在集体中开展自己的专业性活动，对于共同开展教育教学活动的同事，在地位上是平等的，也是应当给予尊重的对象。

（二）彼此理解

教师在集体中开展工作，由于工作任务及性质上的差异，教师集体中也会产生矛盾与冲突，这就需要教师与同事能够互相理解。

（三）团结协作

教师在集体中共同完成教育教学工作，若想实现一定的教育目的，教师必须与同事进行协作，维护团结，相互理解，相互支持。

四、教师与教育管理者的关系

教师在教育组织中开展教育教学活动，要在教育管理者一定的管理下开展工作。从管理的角度看，教育管理者和教师的关系是管理与被管理的关系。但是，这种关系并不意味着地位的不平等，只是具体分工不同，实质上是他们在组织中承担不同的工作任务。

现实中，教师与教育管理者由于出发点不同、考虑问题的角度不同、所承担的责任不同，容易意见不一致。对教师而言，不但要担负教书育人的职责，钻研业务知识，而且要有大局观，关心学校的发展，围绕学校的目标和任务，树立主人翁意识，主动沟通，积极建言献策。

教师处理与教育管理者关系的要求如下。

（一）尊重

教育管理者的管理目标与教师的职业活动目标是一致的。教师应当尊重教育管理者为履行管理职责所开展的教育管理活动。

（二）支持

教师在学校组织中开展职业活动。每位教师根据自己对职责的承诺，完成学校组织管理者分配的任务，是学校组织实现教育目标的保障。学校组织教育目标的实现使学生的利益得到保障，因而教师应当在自己的职业行为上支持学校教育管理者对于学校管理工作的开展。

（三）服从

教育管理者与教师只是职务上的差异，人格上完全平等，因此，服从不是对教育管理者百依百顺，而是在与教育管理者意见不一致时，顾全大局。教师应服从教育管理者的工作安排，自觉接受教育管理者的检查和监督。

练习题五

一、单项选择题

1. 对教师“廉洁从教”要求的具体内容不包括（　　）。

   A. 不在学生面前抱怨自己的薪酬　　B. 不收取学生及家长的礼物

   C. 校外兼职不得影响本职工作　　D. 不贪占公共和他人钱物

2. 方老师和家长联系紧密，要求家长每天检查孩子的学习情况，还从专业的角度要求家长完全按老师说的方法教育孩子。每当学生犯错，就把家长请到学校，共谋对策。方老师的做法（　　）。

   A. 不可取，不应把家长当作教师的“助教”

   B. 不可取，不应把教育的责任推卸给家长

   C. 值得提倡，共同教育学生可以增强教育的效果

   D. 值得肯定，发挥了“闻道在先，学有专攻”的优势

3. 新学期开学，王老师在点名时，被“肖德枨”这个名字难住了。前两个字已经读出口了，第三个字到底读什么呢？他想凭感觉读一下，又怕读错了，一时间觉得非常尴尬。王老师的做法恰当的是（　　）。

A. 承诺课后查字典　　B. 当场用手机查询

C. 立即向学生请教　　D. 借打印不清掩饰

4. 一直受学生喜欢的韩老师每次板书后，习惯性地将剩余的粉笔头“潇洒地”投进教室后面的垃圾桶，只要一投中就会引起学生啧啧称赞，此举被很多学生模仿，现已成为学生们课后常玩的一个游戏——“旋风粉笔”。这表明韩老师要注重（　　）。

A. 加强职业归属感　　B. 道德心理优化

C. 增强职业安全感　　D. 道德行为内化

5. 初三（1）班的李凡考试成绩一直不佳。班主任召开家长会时说：“我们班有几个李凡这样的孩子，考试成绩一直落在全班后面，他们今后的发展堪忧啊！”这位班主任的做法（　　）。

A. 不恰当，应当私下提醒家长做好心理准备

B. 不恰当，应综合评价之后再与家长沟通

C. 恰当，能帮助家长正确认识孩子的发展

D. 恰当，能帮助李凡等学生准确定位自己

6. 高二（1）班的历史课上，杨老师与张军发生了语言冲突，双方争执不下。杨老师便把张军拉到班主任办公室。班主任应该（　　）。

A. 请政教处老师处理　　B. 问清缘由再行处理

C. 先让张军道歉再了解缘由　　D. 建议他们相互道歉握手言和

7. 上课时，程老师发现后排的一名学生在偷偷吃零食，刚开始程老师没有理会，但这名学生吃了很长时间也没停下。程老师忍无可忍，便快速走到这名学生跟前，抢过零食扔出窗外。程老师的做法（　　）。

A. 恰当，体现教师的严格要求

B. 恰当，符合学习的管理规定

C. 不恰当，不应简单粗暴处理问题

D. 不恰当，不应干预学生个人行为

8. 近来，班上流行大操大办过生日的风气，孩子过生日家长们纷纷比阔。在班会上，班主任孙老师对这种情况进行了批评，要求大家厉行节俭。孙老师的做法体现了教师是（　　）。

A. 文化知识的传播者　　B. 高尚情操的塑造者

C. 社会风气的改造者　　D. 学生品行的引导者

9. 李老师发现一些学生卫生习惯不好，经常在教室里面乱扔废纸。面对这种情况，李老师恰当的做法是（　　）。

A. 严肃教育学生，严重时将学生赶出教室

B. 建立惩罚机制，罚扔废纸的学生扫走廊

C. 不再强调卫生，只要学生成绩好即可

D. 批评教育学生，督促学生养成好习惯

10. 班主任田老师鼓励同学们开展兴趣小组活动，却招来了一些科任教师的反对，因为他们觉得这样做会影响学生的考试成绩。面对这种情况，田老师恰当的做法是（　　）。

A. 取得同事支持，继续指导学生活动

B. 尊重同事意见，暂停兴趣小组活动

C. 利用校长威信，平息同事反对意见

D. 接受科任老师意见，重视考试成绩

二、材料分析题

1. 阅读下面材料，回答问题。

我刚担任初一（2）班班主任时，班上的晓义经常打架、抽烟、旷课，一开学就和科任老师发生冲突。

几次家访后，我掌握了晓义的基本情况：他从小就调皮，爸爸经常打他，而且家长对他的学习不抱指望，久而久之，他的毛病越来越多。

我该怎么办呢？

我注意到晓义精力充沛，喜欢运动，于是决定让他担任体育委员。这个决定宣布后，学生一片哗然，当晚就有家长打电话表达不满。我耐心地向家长解释说："我会对所有孩子负责的，请您给我时间，也给晓义一个机会。"

刚开始，晓义并没有因为做了体育委员而格外兴奋，甚至有时在带领大家跑操时还有些满不在乎。一次跑操时，有个同学不小心摔了一跤。晓义马上过去扶了他一把，我抓住时机表扬了他，看得出来，晓义有所触动。

初三时，晓义代表学校参加了区运动会，还获得了铅球比赛第二名的好成绩，全班都为他欢呼，他不好意思地笑了。这是我第一次在他脸上看到这样的表情。

初中三年，我和晓义的谈话不计其数，我还经常与晓义的家长沟通，希望他们多鼓励晓义。

初中毕业三年后的一天，晓义再次出现在我面前，兴高采烈地告诉我："老师，我已经应征入伍了!"那一刻，我知道当初的决定是正确的。

问题：请结合材料，从教师职业道德的角度，评析"我"的教育行为。

2. 阅读下面材料，回答问题。

初一新生刚离开小学，进入陌生的新环境，往往摸不着头绪。为了让他们尽快适应，我在接管新班时，反复琢磨。采取了下列措施：

（1）建立家长微信群。一拿到学生信息，我马上建立了班级家长微信群，让家长第一时间了解孩子所在班级和班主任的情况，我也提前了解了学生和家长的情况。

（2）招募学生志愿者提前布置教室。为了让孩子和家长第一次进教室就能有种温馨

的感觉，我在班级里招募“志愿者”，请住得较近的孩子提前一天来校打扫布置教室，还特别招募几名有特长的学生为班级出第一期黑板报，呈现我的带班理念及经家长和学生讨论通过的班训和班名。劳动过程中，我一一拍照，并将照片发到微信群里。

(3) 引导学生树立集体观念，对一个新班而言，让孩子们树立集体观念是首要任务。开学前，我在微信群里发起讨论和交流，耐心听取家长的意见。开学第一天，我不急于向孩子们宣布班规，而是先讲解我们的班训和班名。

同时，我还设立了各种为班级服务的“志愿者”岗位，如领取教材“志愿者”、领取校服“志愿者”……孩子们积极报名认领岗位，每个学生都成了班级“志愿者”，班级每一项工作都有“志愿者”在服务。

这样，我班学生很快就凝聚了在一起，我班成为一个有灵魂的集体。

问题：请结合材料，从教师职业道德的角度，评析“我”的教育行为。

模块三　教育法律法规

第六章　教育法律法规概述

学习目标

1. 了解教育法律法规的概念、原则和体系结构。
2. 掌握教育法律关系的构成要素。
3. 了解教育法律责任类型。
4. 掌握教育法律救济的程序。

第一节　教育法概述

一、教育法的概念

广义的教育法是指由国家权力机关制定或认可，以国家强制力保证实施的调整教育活动中各种社会关系的法律规范的总称。具体而言，包括国家权力机关制定的教育法律，还包括国务院制定的教育行政法规、省级人民代表大会制定的地方性教育法规、国务院所属各部委制定的部门规章和省级人民政府制定的教育行政规定等。

狭义的教育法仅指由国家权力机关制定的有关教育的规范性文件，即教育法律。在我国是指由全国人民代表大会及其常务委员会制定的教育法律。

二、教育法的主要特征

（一）主要体现统治阶级的意志，并最终决定于物质生活条件

从法的本质上说，教育法所确定的行为规则主要体现统治阶级的意志，是统治阶级通过国家制定、认可并以国家强制力保证实施的。它是由统治阶级的物质生活条件所决定的，并根据统治阶级的利益标准和价值观念来调整相应的社会关系。因此，我国是工人阶级领导的，以工农联盟为基础的人民民主专政的社会主义国家，我国教育法是以工人阶级为领导的、以工农联盟为基础的广大人民在教育方面共同意志的体现。阶级性、国家性和人民性的高度统一是我国教育法的重要特征。

（二）为人们提供在教育活动中应遵循的行为规则

教育法为所有参加教育教学及相关活动的人们的行为提供标准和指明方向。教育法律涉及的法律关系主体和适用范围十分广泛。教育活动包括兴办教育、管理教育、实施教育、接受教育等多个环节，在这些环节里，涉及教育行政机关、其他国家机关、社会组织、学校、

社会团体和千万个家庭和公民个人。这些教育环节和参与主体都是教育法调整的对象。

（三）由国家制定认可，以国家强制力保证实施

从产生和实施方式来看，教育法是由国家权力机关通过法定程序所确定的行为规则，以国家政权的强制力来保证实施，教育法带有强烈的国家意志，与教育政策、职业道德以及各种政治规范等社会规范存在重要区别。

（四）以教育方面的权利和义务为重要内容

从内容构成角度看，教育法就是对教育关系主体在教育教学活动中享有的权利以及应履行的义务进行规定。比如，《中华人民共和国教育法》第二十九条、第三十条规定了学校享有的九项权利及应履行的六项义务，《中华人民共和国教师法》第七条规定教师享有的六项权利，第八条规定教师应履行的六项义务，以及《未成年人保护法》《义务教育法》等有关法律中规定了教育行政机关、学校、教师、学生及其监护人等方面的权利与义务。

三、教育法的基本原则

教育法的基本原则是指教育法律体系中所有法律法规应当维护和遵循的基本准则，它贯穿于一切教育法律规范之中，是教育立法、执法和研究的出发点及基本依据。我国教育法的基本原则既是我国教育法本质的表现，也是党的教育方针的集中体现，反映了我国社会主义教育的基本性质和教育基本制度的特点。

（一）教育必须坚持社会主义方向的原则

坚持教育的社会主义方向，是我国教育事业发展必须长期坚持的原则。该原则主要表现为：第一，必须保证教育权掌握在无产阶级手中；第二，必须保证培养社会主义事业的建设者和接班人。例如《中华人民共和国教育法》（以下简称《教育法》）第三条规定，国家坚持以马克思列宁主义、毛泽东思想和建设有中国特色的社会主义理论为指导，遵循宪法确定的基本原则，发展社会主义的教育事业。此原则在第五条、第六条、第七条中也都有所体现。

（二）教育的公共性原则

教育的公共性是指教育事业的过程和结果具有社会影响，符合国家和社会公共利益的要求，体现了教育直接使个人受益、间接使社会受益的功效。维护教育的公共性，要求举办教育要向国家和人民负责，要求在实施教育的过程中不侵犯社会公共利益，要求办学应该坚持公益性，不得以营利为目的来办学等。例如《教育法》第八条规定，教育活动必须符合国家和社会公共利益。国家实行教育与宗教相分离。任何组织和个人不得利用宗教进行妨碍国家教育制度的活动。此原则在第十二条、第二十六条中也有所体现。

（三）教育的保障性原则

教育属于公益性事业，国家必须保障教育事业的发展。例如《教育法》第四条规定，国家保障教育事业优先发展。全社会应当关心和支持教育事业的发展。全社会应当尊重教师。此原则在第十九条、第三十四条和第七章中也有所体现。

（四）教育平等性原则

平等性原则主要是指人们在教育方面享有平等的权利和义务，平等地承担法律责任，任何人不得拥有超越法律的特权。例如《教育法》第九条规定，中国公民有受教育的权利和义务。公民不分民族、种族、性别等，依法享有平等的受教育的机会。此原则在第十条、第三十七条和第三十八条中也有所体现。

（五）终身教育原则

终身性原则是指人的一生应当不断地接受教育，应当在任何阶段都有机会接受教育，教育应当面向所有的人。为了适应快速发展的社会，需要不断学习新的知识，我国确立了终身教育原则。例如《教育法》第十一条提及，国家应健全终身教育体系，提高教育现代化水平。此原则在第二十条、第四十二条中也有所体现。

四、教育法的体系

（一）纵向结构

根据制定机关的性质和法律地位不同，不同层级的教育法律文件可组成具有从属关系的纵向体系。

1. 宪法中有关教育的条款

宪法是我国的根本大法，在我国具有最高法律地位和法律效力，是我国教育法的基本法律渊源。任何形式的教育法律法规都不得与之相抵触，否则一律无效。宪法中有关教育的条款规定了教育法的基本指导思想和立法依据，以及教育教学活动的基本法律规范。

例如《宪法》第十九条规定，国家发展社会主义的教育事业，提高全国人民的科学文化水平。国家举办各种学校，普及初等义务教育，发展中等教育、职业教育和高等教育，并且发展学前教育。国家发展各种教育设施，扫除文盲，对工人、农民、国家工作人员和其他劳动者进行政治、文化、科学、技术、业务的教育，鼓励自学成才。国家鼓励集体经济组织、国家企业事业组织和其他社会力量依照法律规定举办各种教育事业。国家推广全国通用的普通话。第四十六条规定，中华人民共和国公民有受教育的权利和义务。国家培养青年、少年、儿童在品德、智力、体质等方面全面发展。

2. 教育法律

根据法律制定机关和调整对象的不同，教育法律可分为教育基本法和教育单行法两类。

教育基本法是由全国人民代表大会制定和发布，与宪法相配套，是制定其他教育法规的基本依据，对教育全局起宏观调控作用，被称为“教育宪法”“教育母法”。教育基本法律通常规定国家的教育基本方针、基本任务、基本制度以及教育活动中各主体的权利和义务。《教育法》是我国的教育基本法。

教育单行法是由全国人民代表大会常务委员会制定和修改，规定和调整教育领域内某一具体问题的规范性法律文件，其效力低于宪法和教育基本法。我国目前有六部教育单行法，包括《学位条例》《义务教育法》《教师法》《职业教育法》《高等教育法》《民办教育促进法》。

3. 教育行政法规

教育行政法规由最高行政机关即国务院制定，是关于教育行政管理活动方面的规范性文件，其效力仅次于宪法和教育法律。教育行政法规一般以条例、规定、办法或细则命名，例如《教师资格条例》、《高等教育管理职责暂行规定》和《中华人民共和国义务教育法实施细则》等。

4. 地方性教育法规

地方性教育法规是由地方国家权力机关及其常设机关，主要是指省、自治区、直辖市的人民代表大会或其常务委员会和有地方立法权的人民代表大会及其常务委员会，根据本行政区域实际需要而制定的规范性文件。地方性教育法规不得同宪法、法律和行政法规相抵触，只在该行政区域内有效，一般以条例、办法、规定、实施细则等命名，例如《湖南省教育督导条例》《上海市普及义务教育条例》《河南省义务教育实施办法》等。

5. 教育规章

教育规章包括部门教育规章和地方政府教育规章两类。部门教育规章是由国务院所属各部委制定的规范性教育法律文件，如《教育行政处罚暂行实施办法》。地方政府教育规章是由地方国家行政机关，即省、自治区、直辖市人民政府所在地和经国务院批准的较大的市的人民政府所制定的规范性教育法律文件，只在本行政区域内有效。例如《湖南省教育费附加和地方教育附加征收管理办法》。

除了上述内容以外，一般也将政府及相关行政部门制定的教育活动规范，以及党和政府制定的有关教育方向性的文件也纳入教育法规体系。

（二）横向结构

根据教育法律法规所调整的教育社会关系的特点或教育关系构成要素的不同，划分出若干处于相同层级的部门教育法，这是教育法律法规的横向体系。横向结构主要包括以下几类。

1. 教育基本法

教育基本法奠定了我国教育制度的基础，是我国教育的根本法。在我国，教育基本法是《中华人民共和国教育法》。

2. 基础教育法

基础教育法是学前教育、义务教务、初等教育、高等教育、特殊教育等教育领域的教育法律的总称。《中华人民共和国义务教育法》就属于基础教育法。

3. 高等教育法

高等教育法是以高等教育为调整对象，主要涵盖大学专科、本科、研究生教育以及非学历高等教育的法律法规的总称，即《中华人民共和国高等教育法》。

4. 职业教育法

职业教育法是以各级各类职业技术教育和培训为调整对象的教育法律法规的总称，即《中华人民共和国职业教育法》。

5. 成人教育法或社会教育法

此类法律主要以各类在职人员和开除公职人员的教育为调整对象，包括成人教育、继续教育、终身教育等。

6. 学位法

学位法主要就学位工作的领导和管理、学位的等级、学位授予的条件和程序等做出规定，即《中华人民共和国学位条例》。

7. 教师法

教师法是以各级各类学校教育教学人员的地位、权利、义务、职称、考评等为调整对象的教育法律法规。在我国，教师法是指《中华人民共和国教师法》。

8. 教育投入法或教育财政法

此类法律主要是以教育经费的来源、分配、使用、核算和教育基建，以及教学设备等物质保障为调整对象的教育法律法规。

五、教育法的作用

（一）教育法的规范作用

1. 指引作用

法律对社会关系的调整是通过法律规范实现的。法律能够为人们提供一种既定的行为模式，从而引导人们在法律范围内活动。教育法律规范明确地规定了应该如何开展教育教学活动、禁止某些教育教学活动和可以如何开展教育教学活动，从而为教育主体开展教育教学行为指出了方向。

2. 评价作用

法律作为一种行为规范，它是判断、衡量人们的行为是否合法的标准。在教育教学活动中，教育法律法规能对教育活动参与者的行为进行合法与否的评价。

3. 教育作用

法律通过其规定和实施影响人们思想，培养和提高人们的法律意识。法律是人们的行为规范，其教育作用主要体现在：一是法律做出相关规定，通过人们对法律的了解和学习，发挥教育作用；二是对违法行为进行制裁，既教育违法者本人，也威慑和警示一般社会成员；三是通过对合法行为的确认和保护，对人们的行为起示范和鼓励作用。教育法律法规的教育功能也是如此，能教育人们依法开展和参与教育教学活动，约束自身行为。

4. 预测作用

法律通过其规定，告知人们某种行为所具有的、为法律所肯定或否定的性质以及它所导致的法律后果，使人们可以预先估计行为的法律后果。根据教育法律法规，人们可以预先知晓应该如何合法合理地开展教育活动，能有目的地调整教育教学行为。

5. 强制作用

法律的强制作用是指法律能运用国家强制力制裁违法犯罪行为，保障法律得以实施。法律的强制作用是法律其他作用的保障。对违反教育法律法规的行为，教育法律的制裁形式是多种多样的，包括行政制裁，也包括民事制裁和刑事制裁，这些制裁都具有强制功能。

（二）教育法的社会作用

1. 保证我国教育的正确方向

我国教育法的首要作用就在于通过立法的形式切实保障教育为社会主义建设服务的方向，即保障我国教育的社会主义性质，保障党对教育事业的领导，保障培养出适合社会主义建设需要的人才，提高劳动者和全民族的素质。

2. 保障和促进我国教育事业的发展

教育法对我国教育事业的发展起着重要的保障与促进作用，对有关教育的各个方面都进行了较为详细的规定，例如开展教育教学过程的各个环节、保障和落实教育经费等。

3. 保障依照教育规律办事

由于我国教育法的社会主义性质与教育的客观规律在本质上是完全一致的，所以教育法是教育客观规律的体现，通过教育立法将按照教育规律办教育的一般要求转化为法律规范，保障在教育活动中按教育规律办事。

4. 保障有关各方在教育上的合法权益

在教育活动中，教育法明确规定了教育法律关系主体享有的权利和承担的义务，以便保障有关各方的合法权益，充分发挥其积极性，同时可以防止和制裁违法行为。

第二节　教育法律关系

一、教育法律关系的概念

法律关系是指人们在社会生活中，依照法律的规定，相互之间所形成的一定的社会关系，即法律规范在调整人们的行为过程中所形成的法律上的权利和义务关系。法律关系的形成必须以法律规范为前提，社会生活中有各种各样的关系，如政治、经济、家庭、爱情、邻里等，这些都不由法律规范进行调整，因此都不是法律关系。只有由法律所调整的关系，才具有法律关系的性质。

教育法律关系是指由教育法律规范所确认和调整的，表现为教育法律关系主体之间权利和义务的关系。在教育领域内，因为有相应的法律规定，学校与政府、学校与社会、学校与教师、学校与学生的关系都属于教育法律关系。

二、教育法律关系的特征

教育法律关系是依教育法形成的社会关系，是教育法律法规在教育活动中的体现。教育法律关系与教育法律规范有着不可分割的联系。教育法律关系根植于社会物质生活条件，并由教育关系和教育法律的性质和内容所决定。教育法律关系是由国家强制力保证执行的社会关系，对违反和破坏教育法律关系的行为，需要承担否定性的法律后果，并予以相应制裁。某种教育法律关系的存在，总是以相应的现行的教育法律为前提。

三、教育法律关系的类型

就其性质而言，教育法律关系可分为两类。一类是纵向性的法律关系，即教育行政法律关系；另一类是横向性的法律关系，即教育民事法律关系。

（一）教育行政法律关系

教育行政法律关系是指教育行政主体在实施教育行政管理过程中，与教育行政管理相对人之间形成的具有教育法律权利与义务内容的行政关系。这是国家行政机关在教育行政过程中发生的关系，其实质是国家如何领导、组织和管理教育活动。这一关系中，教育行政主体与其相对人的法律地位是不平等的。教育行政主体处于管理的、领导的和主动的法律地位，而其管理的相对人则处于被管理的、被领导的和被动的法律地位。

在我国的教育活动中，教育行政法律关系主要表现为教育行政机关与学校等教育机构在对教育实施行政管理的过程中，与广大教师、学生之间形成的具有教育法律权利与义务内容的行政关系，主要包括教育行政机关与学校之间，教育行政机关与教师、学生之间，学校与教师、学生之间的因教育行政主体实施法律、法规授予的行政管理职权所发生的各种行政法律关系。例如教育行政部门与学校的关系主要表现为政府依法对各级各类学校进行行政管理、行政干预和施加行政影响，学校则处于服从地位，必须履行行政命令所规定的义务。但学校可以依法享有独立自主的办学权利，并可以对政府行使以批评建议为中心内容的监督权。

（二）教育民事法律关系

教育民事法律关系是由教育民事法律规范所调整的在教育活动中发生的人与人之间的关系，即不具有行政隶属关系的学校与行政机关、企事业组织、集体经济组织、社会团体、个人之间在教育活动过程中发生的关系。这类关系是在平等的基础上建立起来的，主要是一种合同关系。这是一类具有教育特征和民事性质的教育法律关系，随着教育民主化的发展，这种平权性的教育法律关系的范围将会逐步扩大。

四、教育法律关系的构成要素

教育法律关系包括三个构成要素，三者相互制约，缺一不可。

（一）教育法律关系的主体

教育法律关系的主体是指教育法律关系的参加者，即在具体的教育法律关系中享有权利和承担义务的自然人和法人等。教育行政机关，其他国家机关，学校及其他教育机构、教育者、学生及其他受教育者、企事业单位、社会组织和其他公民等，在华的外国人、无国籍人，财团法人都可以成为我国教育法律关系的主体。

教育法律关系中最重要的主体是学生和教师，二者之间的法律关系是产生教师和学生权利义务的基础。教师与学生之间的法律关系包括教育和被教育的关系、管理和被管理的关系、保护和被保护的关系，以及互相尊重的平等关系。

（二）教育法律关系的客体

教育法律关系的客体是指法律关系主体的权利义务所指向的共同对象，即教育法律关系客观化的表现形式，又称为权利客体和义务客体，包括物、行为和智力成果等。

1. 物

物可分为不动产和动产两大类，不动产主要包括学校的场地、校舍和其他建筑设施以及场馆等。动产主要包括学校的资金、教学仪器设备等。

2. 行为

行为是指教育法律关系主体实现权利义务的作为与不作为，主要包括教育行政机关的行政行为，学校和其他教育机构的管理行为，教育者与受教育者之间的教育教学行为，还有学生家长、各种社会组织参与、支持教育活动的各种行为。

3. 智力成果

智力成果属于非物质财富，是人脑力劳动创造的精神财富，在教育教学活动领域，主要包括各种教材、著作，以及具有知识产权保护价值的各种教案、教法、教具等。

（三）教育法律关系的内容

教育法律关系的内容是指教育法律关系的主体依据法律规定享有的权利与义务。权利和义务是法律关系的核心，互相依存，不可分割。

法律上的权利是指法律关系主体依法享有的某种利益或资格，表现为权利享有者可以做出一定的作为或不作为。一切法定的权利，国家都以其强制力给予保障，当法定的权利受到侵害时，权利的享有者有权向有关国家机关请求法律保障。一般而言，权利当中的利益可以放弃，但是当权利与职责相关联时，权利就不能随意放弃。

法律上的义务是指法律关系主体依法承担的责任，表现为义务承担者必须依法实施一定的作为或不作为。一切法定的义务，国家都以其强制力强制其履行，当义务的承担者拒绝履行时，就会受到相应制裁。

五、教育法律关系的变动

（一）教育法律关系变动的原因

教育法律关系的变动，即教育法律关系的产生、变更和消灭，是需要一定的法律事实的。所谓法律事实，就是由法律规定的能够引起法律关系产生、变更和消灭的客观情况。根据事实是否与人的意志有关，法律事实可以分为法律事件与法律行为两大类。法律事件不以人的意志为转移，例如时间流逝、地震海啸等情况。法律行为则是依照当事人的意志而产生的活动，如聘用教师、招收学生等行为。这些行为都会导致教育法律关系产生、变更与消灭。

（二）教育法律关系变动的情形

1. 教育法律关系的产生

教育法律关系的产生是指教育法律关系主体开始取得某项权利或承担某项义务，即在教育法律关系主体之间构成了一定的权利与义务关系。

2. 教育法律关系的变更

教育法律关系的变更是指教育法律关系构成要素的变更，即主体、内容或客体三要素中的某一个发生了改变。

3. 教育法律关系的消灭

教育法律关系的消灭是指教育法律关系主体不再享有某项权利或承担某项义务，即教育法律关系主体间的权利与义务关系的终止。

第三节　教育法律责任

一、教育法律责任的概念

法律责任是法律主体没有履行或者没有适当履行其法定或约定义务的特定的法律事实所导致的由法律强制其必须加以履行的以补救或补偿为特色的第二性的法律义务。

教育法律责任是指教育法律关系主体因实施了违反教育法律法规的行为，依法应当承担的带有强制性和惩罚性的法律后果，通常以对于学生、教师人身损害的赔偿、补偿或接受以教育法律的制裁与惩罚的形式表现出来。

二、教育法律责任的特征

（1）教育法律责任与违法行为紧密相连。存在违反教育法律法规的行为，是教育法律责任的前提。

（2）法律后果的承担者，是有遵守教育法律法规义务的特定教育法律关系主体。无论是自然人还是法人，均必须处在教育法律关系中，其行为侵犯教育法规定的权利和违反教育法规定的义务，才能导致教育法律责任。

（3）教育法律责任与法律制裁紧密相连，表现为一种否定性的法律后果。

三、教育法律责任的构成要件

教育法律责任的构成要件是指行为人承担教育法律责任所必须具备的标准或条件。教育法律关系主体只有具备以下四个教育法律责任的构成要件，才被认定为教育法律责任主体，承担相应的法律后果。

（一）有损害事实的存在

即行为人有侵害教育管理、教学秩序及从事教育教学活动的公民、法人和其他组织的合法权益的客观事实存在。损害是指因一定的行为或事件造成的某人财产或人身上的确定的不利益，这种不利益通常表现为财产减少、生命丧失、身体残疾、名誉受损、精神痛苦等。损害是侵害合法权益的结果，其内涵比较宽泛，既包括违法行为造成的实际损害，也包括违法行为虽然未造成实际损害，但已经存在损害的可能性的情况。损害后果既包括物质性后果，也包括非物质性后果。

（二）行为违反教育法律

即行为人实施了违反教育法律法规的行为。这一条件包含两个方面的含义，一方面是行为必须违反了现行法律法规的相关规定；另一方面是违法行为必须已经付诸行动，而非仅停留在思想层面。

（三）行为人主观上有过错

主观上的过错关涉行为人在实施行为时的心理状态，通常可分为故意和过失两种。故意包括直接故意和间接故意，是指行为人预见到自己的行为结果，却仍然希望或者放任这一有害结果的发生。过失包括疏忽大意的过失和过于自信的过失，是指行为人应当预见自己的行为可能发生不良后果而没有预见，或者虽然预见到了却轻信可以避免有害结果的心理状态。

（四）违法行为和损害事实之间存在因果联系

因果联系是指行为人的违法行为和损害事实之间存在着法律上的内在必然联系。前者引起后者的发生，后者是前者的必然结果。

四、教育法律责任的类型

根据违法主体的法律地位、违法行为的性质和危害程度，教育法律责任主要分为行政法律责任、民事法律责任和刑事法律责任三种。

（一）行政法律责任

行政法律责任是指教育法律关系主体因实施了违反行政法规而应承担的法律责任。因为现行教育法律法规具有行政法的属性，常常以政府及其教育行政部门为一方来调整教育活动中的行政关系。因此在实际工作中，对于违反教育法律法规的行为追究责任，大多是追究行政法律责任。

承担违反教育法的行政法律责任的方式主要包括行政处分和行政处罚两种。行政处分是由国家机关或企事业单位对其所属人员予以的惩罚措施。教育行政处分主要包括对教育行政机关公务员的行政处分和对学校教职工的行政处分两种，种类主要包括警告、记过、记大过等。

教育行政处罚是教育行政主体对违反教育行政法律规范，但尚未构成犯罪的外部相对人进行的制裁措施，主要包括申诫罚、财产罚、能力罚三个种类。申诫罚的主要形式是警告。财产罚的主要形式有罚款和没收违法所得。教育领域的能力罚基本上为该领域所特有，主要形式包括撤销违法的学校和其他教育机构，取消颁发学历、学位和其他学业证书的资格，吊销办学许可证等。

（二）民事法律责任

教育法上的民事法律责任是指教育法律关系主体因实施违反民事法律法规所应承担的法

律责任，是一种以财产为主要内容的责任。承担民事责任的方式主要有停止侵害、排除妨碍、消除危险、返还财产、恢复原状、赔偿损失、支付违约金、赔礼道歉等，这些方式可以单独适用，也可以合并适用。《教育法》《义务教育法》《未成年人保护法》等法律中有相应的细化规定，例如侵占、破坏学校场地、房屋和设备；侮辱、殴打教师、学生和体罚学生等行为应当承担相应的民事责任。

（三）刑事法律责任

刑事法律责任是指教育法律关系主体因实施违反刑事法律规定的行为，情节严重达到犯罪程度时，所应承担的法律责任。《教育法》《义务教育法》及其《实施细则》对侵占、挪用、克扣教育经费，扰乱学校教育教学秩序，侵占或者破坏校舍、场地和设备，侮辱、殴打教师、学生，体罚学生，玩忽职守致使校舍倒塌、造成师生伤亡事故等行为追究刑事责任做了明确规定。刑事法律责任是惩罚最为严厉的法律责任。追究刑事法律责任往往表现为给予行为人刑事制裁，即人民法院依法对行为人运用刑罚手段。

第四节　教育法律救济

一、教育法律救济的概念

教育法律救济是指教育法律关系主体的合法权益受到侵犯并造成损害时，通过制止或矫正侵权行为，使其权利获得恢复，利益得到补救的法律制度。

二、教育法律救济的作用

教育法律救济能保护教育法律关系主体，保障教师、学生及学校等教育法律关系主体在教育活动中的合法权益不受侵害，或者权益受到侵害时，补救受害者的合法权益。教育法律救济能维护教育法律的权威，能预防控制教育行政主体及相关人员的职务违法侵权行为，促进教育行政部门依法行政，也有利于推进教育法治建设。

三、教育法律救济的途径

教育法律救济的途径是指相对人合法权益受损害时，请求救济的渠道和方式。教育法律救济的途径主要有行政渠道、司法渠道、仲裁渠道和调解渠道。

（一）行政渠道

行政救济是指法律关系主体认为具体行政行为直接侵害其合法权益，依法向相应国家机关请求纠正违法或不当行为，以保护行政相对人合法权益的法律救济途径。行政救济是教育法律救济的主要方式，主要包括行政申诉和行政复议两种方式。

1. 行政申诉

我国实行教育行政申诉制度。教育行政申诉是指公民在其教育法律法规所赋予的合法权益受到侵害时，向教育行政机关诉明理由，请求获得救济的制度。教育行政申诉主要有教师申诉和学生申诉。

(1) 教师申诉

教师申诉是指教师对学校或者其他教育机构以及政府有关行政部门的处理不服，或认为侵犯了其合法权益，依法向主管行政机关申诉，请求处理。

教师申诉程序包括以下三个环节：①提出申诉。教师提出申诉时，要符合法定申诉范围，有明确、具体的理由和请求，以书面申诉书形式提出。②受理申诉。主管教育行政部门在接到申诉书后，要认真审查申诉人资格和申诉条件，针对不同情况做出相应处理。对于符合条件的应予以受理。不符合申诉条件的，及时答复申诉人不予受理。如果申诉书未说明理由和要求，应要求申诉人重新递交申诉书。③处理申诉。受理机关受理申诉后，应展开全面调查，在接到申诉的 30 日内作出处理。逾期未作处理或者久拖不决的，申诉人可以依照相关法律规定，提起行政复议或者行政诉讼。受理机关的申诉处理决定书应发送给当事人，自送达之日起生效。如果当事人不服，可以向原处理机关隶属的人民政府申请复核或依法提起行政复议或行政诉讼。

(2) 学生申诉

学生申诉是指学生对学校给予的处分不服，或认为学校、教师侵犯了他们的合法权益，依法向主管的行政机关提出申诉理由，请求处理。学生申诉范围主要包括：对学校做出的各种处分，如勒令退学、开除学籍等不服，以及对学校或教师侵犯其人身权和财产权的行为，如在教育活动中对其进行体罚，或者非法没收其财物等。

与教师申诉制度的程序一样，学生申诉制度也包括提出申诉、受理申诉和处理申诉三个环节。在提出申诉时，学生可以选择书面或口头形式提出，也需要说明被申诉人、申诉理由、事实经过和申诉要求。在主管机关接到学生申诉后，依据不同的情况做出不同的处理。对符合申诉条件的予以受理；对不符合申诉条件的，告知不能申诉；对不属于本部门处理范围的，告知学生向其他相关部门申诉；对申诉理由和要求不清的，要求重新说明或再次提交申诉书等。主管机关决定受理后，应对申诉事件展开调查核实工作，根据不同情况做出不同处理：原行为或处分事实清楚，符合法律规定，维持原有行为或处分；原行为或处分违反法律法规，侵害了申诉人的合法权益，撤销原处分决定或者责令被申诉人限期改正；具体行为或处分决定某部分运用法律法规出错或者事实不清的，责令原机构重新处理或撤销部分原决定等。学生对申诉结果不服，可依法就特定范围内的事项向法院提起诉讼。

2. 行政复议

教育行政复议是指教育管理相对人认为教育行政机关做出的具体行政行为侵犯其合法权益，依法向做出该行为机关的上一级教育行政机关或者该机关所属的本级人民政府提出申诉，请求对该具体行政行为进行复查并做出决定的制度。

根据教育法律法规和行政复议法的有关规定，可以申请教育行政复议的主要包括：对教育行政处罚决定不服的；对教育行政强制措施不服的；对教育行政不作为不服的；对教育行政机关变更、中止、撤销有关证书的规定不服的；认为教育行政机关违法要求履行义务的等。

教育行政复议的程序包括以下几个环节：①申请复议。教育行政复议申请可以用口头形式提出，也可以在60日内以复议申请书的形式提出申请。②受理复议。教育行政复议机关经审查，认为相对人的复议申请符合条件，准备审理。③审理复议。复议机关应当在受理之日起7日内将复议申请书副本发送给被申请人，被申请人在收到副本之日起10日内进行答辩，逾期不答辩的，不影响复议。④做出决定。复议机关在审理后，判明具体行政行为的合法性和合理性，应当在受理之日起60日内，根据不同的情况做出复议决定。常见的复议决定有维持决定、补正程序决定、撤销和变更决定、责令履行职责决定和赔偿决定等。⑤执行决定。复议决定一经生效就有国家强制力，复议双方应自觉履行，否则将强制执行。除法律规定终结的复议以外，申请人对复议处分不服的，可以在收到复议决定书15日内向法院提起诉讼。

（二）司法渠道

司法渠道又称为诉讼渠道。教育行政诉讼是指教育行政管理相对人认为行政机关的具体行政行为侵犯了其教育法律法规所保护的合法权益，以行政机关为被告提出诉讼，由人民法院进行审理并做出判决的诉讼活动和制度。

教育行政诉讼的程序主要包括以下环节：①起诉和受理。公民、法人或者其他组织依法向人民法院提出诉讼请求。人民法院经审查，应当在接到起诉状之日起7日内立案或者裁定不予受理，当事人对不予受理裁定不服，可以提起上诉。②审理和判决。我国现有诉讼制度实行两审终审制。案件经二审后发现确有错误，启动审判监督程序予以纠正。③执行。对于发生法律效力的法院判决或裁定，当事人必须在规定的期限内依法履行相关义务，否则法院有权采取强制措施。

（三）仲裁渠道

仲裁是在双方自愿平等协商一致的基础上，由仲裁机构以中立的第三方身份对争议进行评判并做出裁决的活动。教育仲裁是指根据教育法律法规的相关规定，当教育主体之间发生纠纷或者对学校处理和处分不服时，依法向专门设置的教育仲裁机构申请，由教育仲裁委员会进行评判、裁决的活动。

（四）调解渠道

调解是指中立的第三方在产生纠纷的当事人之间调停疏导，促成当事人在民主协商基础上解决纠纷的活动。根据主体的不同，调解包括司法调解、行政调解和民间调解三种形式。

练习题六

一、单项选择题

1. 赵某违反学校管理制度，被校长在全校教师会议上点名批评，赵某听说后，不辨是非，将校长打成重伤，应依法对赵某追究（　　）。

   A. 违宪责任　　B. 行政责任　　C. 刑事责任　　D. 一般责任

2. 教师张某对学校给予的处分不服，依据相关法律，他可以采取的法律救济途径是（　　）。

A. 教师申诉　　B. 刑事诉讼　　C. 申请仲裁　　D. 民事诉讼

3. “教育活动必须符合国家和社会公共利益”，这句话体现的原则是（　　）。

A. 国家性原则　　B. 公共性原则　　C. 方向性原则　　D. 强制性原则

4. 下列关于教师与学生之间法律关系的说法，不正确的是（　　）。

A. 教育和被教育的关系　　B. 管理和被管理的关系

C. 保护和被保护的关系　　D. 控制和被控制的关系

二、材料分析题

1. 阅读下面材料，回答问题。

程某，男，18 岁，某中学高三在读学生。2019 年 6 月 14 日晚上 22 点，程某翻墙进入初中部的某栋男生宿舍，对十几名学生实施殴打，造成学生不同程度的轻伤，并索要财物共计 600 余元。事发后，学校及时将情况反映给上级各有关部门，三天后公安局将程某收审，责令其退还强行索要的财物，赔偿了伤者的医药费和其他费用，并处以 15 天拘留。

问题：分析本案中的教育法律关系。

2. 阅读下面材料，回答问题。

某初中生于某，在教学楼内玩球，踢坏了一个价值三千元的电子屏幕。学校在查明事实经过后，依据相关的规章制度，对于某做出的处理决定如下：一是给予警告处分，二是照价赔偿电子屏幕，三是罚款一千元。学生及家长对此表示异议。

问题：分析本案中学校对于某的处理决定的合法性。

3. 阅读下面材料，回答问题。

多名家长投诉，高二教师庄某经常出现上课迟到甚至缺席现象，上课没有教案、没有板书，不批改学生作业和试卷，没有完成教学计划，导致班级学生考试成绩在年级排名垫底。对学生疏于管教、对个别学生打架斗殴等不良行为毫不知情等。经查，家长反映的情况属实。学校对庄某进行多次教育、谈话，庄某依旧毫无改变。经研究，学校最终决定解聘庄某，在全体教师大会上宣布，并向教育局进行书面报告。庄某向教育局申诉，认为学校提前解除与他的聘任合同侵犯了他的合法权益。

问题：分析本案中教育局能否实施解聘行为，庄某能否获得法律救济。

第七章　教育法律法规解读

学习目标

了解我国主要的教育法律法规，如《中华人民共和国教育法》《中华人民共和国义务教育法》《中华人民共和国教师法》《中华人民共和国未成年人保护法》《中华人民共和国预防未成年人犯罪法》《学生伤害事故处理办法》等。了解《中国教育现代化 2035》的相关内容。

第一节　《中华人民共和国教育法》解读

一、《中华人民共和国教育法》的性质和地位

《中华人民共和国教育法》（以下简称《教育法》）由全国人民代表大会审议通过，是位于《中华人民共和国宪法》之下的国家基本法律之一。《教育法》是我国教育法律法规中的基本法，在教育法体系中具有最高法律效力，是我国的“教育宪法”。各种教育单行法的制定和实施，都应以《教育法》为依据，不得与《教育法》确立的原则和规范相抵触。

二、《教育法》的重要意义

《教育法》的颁布，标志着我国进入了全面依法治教的新时期，为我国教育事业的改革和发展提供了坚实的法律保障，落实了优先发展教育的战略地位，保证了我国教育的社会主义方向，维护了教育主体的合法权益，能巩固教育改革成果和促进教育改革深化，对我国教育事业的改革和发展起着极大的促进作用。

三、《教育法》的结构和内容

《教育法》包括三个部分，共十章八十六条，规定了我国教育的基本方针、基本任务、基本制度以及教育活动中各主体的权利义务。总则是对我国教育活动的总体规定，包括立法目的、适用范围、指导思想等内容。分则是对我国教育活动各个领域的分别规定，包括教育基本制度、办学机构、教育者权利和义务、受教育者权利和义务等。附则是对未尽表达事项的补充规定和说明。

《中华人民共和国教育法》

（1995 年 3 月 18 日颁布，2009 年 8 月 27 日第一次修正，2015 年 12 月 27 日第二次修正，2021 年 4 月 29 日第三次修正）

第一章 总 则

第一条 为了发展教育事业，提高全民族的素质，促进社会主义物质文明和精神文明建设，根据宪法，制定本法。

第二条 在中华人民共和国境内的各级各类教育，适用本法。

第三条 国家坚持中国共产党的领导，坚持以马克思列宁主义、毛泽东思想、邓小平理论、“三个代表”重要思想、科学发展观、习近平新时代中国特色社会主义思想为指导，遵循宪法确定的基本原则，发展社会主义的教育事业。

第四条 教育是社会主义现代化建设的基础，对提高人民综合素质、促进人的全面发展、增强中华民族创新创造活力、实现中华民族伟大复兴具有决定性意义，国家保障教育事业优先发展。

全社会应当关心和支持教育事业的发展。

全社会应当尊重教师。

第五条 教育必须为社会主义现代化建设服务、为人民服务，必须与生产劳动和社会实践相结合，培养德智体美劳全面发展的社会主义建设者和接班人。

第六条 教育应当坚持立德树人，对受教育者加强社会主义核心价值观教育，增强受教育者的社会责任感、创新精神和实践能力。

国家在受教育者中进行爱国主义、集体主义、中国特色社会主义的教育，进行理想、道德、纪律、法治、国防和民族团结的教育。

第七条 教育应当继承和弘扬中华优秀传统文化、革命文化、社会主义先进文化，吸收人类文明发展的一切优秀成果。

第八条 教育活动必须符合国家和社会公共利益。

国家实行教育与宗教相分离。任何组织和个人不得利用宗教进行妨碍国家教育制度的活动。

第九条 中华人民共和国公民有受教育的权利和义务。

公民不分民族、种族、性别、职业、财产状况、宗教信仰等，依法享有平等的受教育机会。

第十条 国家根据各少数民族的特点和需要，帮助各少数民族地区发展教育事业。

国家扶持边远贫困地区发展教育事业。

国家扶持和发展残疾人教育事业。

第十一条 国家适应社会主义市场经济发展和社会进步的需要，推进教育改革，推动各级各类教育协调发展、衔接融通，完善现代国民教育体系，健全终身教育体系，提高教育现代化水平。

国家采取措施促进教育公平，推动教育均衡发展。

国家支持、鼓励和组织教育科学研究，推广教育科学研究成果，促进教育质量提高。

第十二条 国家通用语言文字为学校及其他教育机构的基本教育教学语言文字，学校及其他教育机构应当使用国家通用语言文字进行教育教学。

民族自治地方以少数民族学生为主的学校及其他教育机构，从实际出发，使用国家通用语言文字和本民族或者当地民族通用的语言文字实施双语教育。国家采取措施，为少数民族学生为主的学校及其他教育机构实施双语教育提供条件和支持。

第十三条　国家对发展教育事业做出突出贡献的组织和个人，给予奖励。

第十四条　国务院和地方各级人民政府根据分级管理、分工负责的原则，领导和管理教育工作。

中等及中等以下教育在国务院领导下，由地方人民政府管理。

高等教育由国务院和省、自治区、直辖市人民政府管理。

中等及中等以下教育在国务院领导下，由地方人民政府管理。

高等教育由国务院和省、自治区、直辖市人民政府管理。

第十五条　国务院教育行政部门主管全国教育工作，统筹规划、协调管理全国的教育事业。

县级以上地方各级人民政府教育行政部门主管本行政区域内的教育工作。

县级以上各级人民政府其他有关部门在各自的职责范围内，负责有关的教育工作。

第十六条　国务院和县级以上地方各级人民政府应当向本级人民代表大会或者其常务委员会报告教育工作和教育经费预算、决算情况，接受监督。

第二章　教育基本制度

第十七条　国家实行学前教育、初等教育、中等教育、高等教育的学校教育制度。

国家建立科学的学制系统。学制系统内的学校和其他教育机构的设置、教育形式、修业年限、招生对象、培养目标等，由国务院或者由国务院授权教育行政部门规定。

第十八条　国家制定学前教育标准，加快普及学前教育，构建覆盖城乡，特别是农村的学前教育公共服务体系。

各级人民政府应当采取措施，为适龄儿童接受学前教育提供条件和支持。

第十九条　国家实行九年制义务教育制度。

各级人民政府采取各种措施保障适龄儿童、少年就学。

适龄儿童、少年的父母或者其他监护人以及有关社会组织和个人有义务使适龄儿童、少年接受并完成规定年限的义务教育。

第二十条　国家实行职业教育制度和继续教育制度。

各级人民政府、有关行政部门和行业组织以及企业事业组织应当采取措施，发展并保障公民接受职业学校教育或者各种形式的职业培训。

国家鼓励发展多种形式的继续教育，使公民接受适当形式的政治、经济、文化、科学、技术、业务等方面的教育，促进不同类型学习成果的互认和衔接，推动全民终身学习。

第二十一条　国家实行国家教育考试制度。

国家教育考试由国务院教育行政部门确定种类，并由国家批准的实施教育考试的机构承办。

第二十二条　国家实行学业证书制度。

经国家批准设立或者认可的学校及其他教育机构按照国家有关规定，颁发学历证书或者其他学业证书。

第二十三条　国家实行学位制度。

学位授予单位依法对达到一定学术水平或者专业技术水平的人员授予相应的学位，颁发学位证书。

第二十四条　各级人民政府、基层群众性自治组织和企业事业组织应当采取各种措施，开展扫除文盲的教育工作。

按照国家规定具有接受扫除文盲教育能力的公民，应当接受扫除文盲的教育。

第二十五条　国家实行教育督导制度和学校及其他教育机构教育评估制度。

第三章　学校及其他教育机构

第二十六条　国家制定教育发展规划，并举办学校及其他教育机构。

国家鼓励企业事业组织、社会团体、其他社会组织及公民个人依法举办学校及其他教育机构。

国家举办学校及其他教育机构，应当坚持勤俭节约的原则。

以财政性经费、捐赠资产举办或者参与举办的学校及其他教育机构不得设立为营利性组织。

第二十七条　设立学校及其他教育机构，必须具备下列基本条件：

（一）有组织机构和章程；

（二）有合格的教师；

（三）有符合规定标准的教学场所及设施、设备等；

（四）有必备的办学资金和稳定的经费来源。

第二十八条　学校及其他教育机构的设立、变更和终止，应当按照国家有关规定办理审核、批准、注册或者备案手续。

第二十九条　学校及其他教育机构行使下列权利：

（一）按照章程自主管理；

（二）组织实施教育教学活动；

（三）招收学生或者其他受教育者；

（四）对受教育者进行学籍管理，实施奖励或者处分；

（五）对受教育者颁发相应的学业证书；

（六）聘任教师及其他职工，实施奖励或者处分；

（七）管理、使用本单位的设施和经费；

（八）拒绝任何组织和个人对教育教学活动的非法干涉；

（九）法律、法规规定的其他权利。

国家保护学校及其他教育机构的合法权益不受侵犯。

第三十条　学校及其他教育机构应当履行下列义务：

（一）遵守法律、法规；

（二）贯彻国家的教育方针，执行国家教育教学标准，保证教育教学质量；（三）维护受教育者、教师及其他职工的合法权益；

（四）以适当方式为受教育者及其监护人了解受教育者的学业成绩及其他有关情况提供便利；

（五）遵照国家有关规定收取费用并公开收费项目；

（六）依法接受监督。

第三十一条　学校及其他教育机构的举办者按照国家有关规定，确定其所举办的学校或者其他教育机构的管理体制。

学校及其他教育机构的校长或者主要行政负责人必须由具有中华人民共和国国籍、在中国境内定居、并具备国家规定任职条件的公民担任，其任免按照国家有关规定办理。学校的教学及其他行政管理，由校长负责。

学校及其他教育机构应当按照国家有关规定，通过以教师为主体的教职工代表大会等组织形式，保障教职工参与民主管理和监督。

第三十二条　学校及其他教育机构具备法人条件的，自批准设立或者登记注册之日起取得法人资格。

学校及其他教育机构在民事活动中依法享有民事权利，承担民事责任。

学校及其他教育机构中的国有资产属于国家所有。

学校及其他教育机构兴办的校办产业独立承担民事责任。

第四章　教师和其他教育工作者

第三十三条　教师享有法律规定的权利，履行法律规定的义务，忠诚于人民的教育事业。

第三十四条　国家保护教师的合法权益，改善教师的工作条件和生活条件，提高教师的社会地位。

教师的工资报酬、福利待遇，依照法律、法规的规定办理。

第三十五条　国家实行教师资格、职务、聘任制度，通过考核、奖励、培养和培训，提高教师素质，加强教师队伍建设。

第三十六条　学校及其他教育机构中的管理人员，实行教育职员制度。

学校及其他教育机构中的教学辅助人员和其他专业技术人员，实行专业技术职务聘任制度。

第五章　受教育者

第三十七条　受教育者在入学、升学、就业等方面依法享有平等权利。

学校和有关行政部门应当按照国家有关规定，保障女子在入学、升学、就业、授予学位、派出留学等方面享有同男子平等的权利。

第三十八条　国家、社会对符合入学条件、家庭经济困难的儿童、少年、青年，提供各种形式的资助。

第三十九条　国家、社会、学校及其他教育机构应当根据残疾人身心特性和需要实施教育，并为其提供帮助和便利。

第四十条　国家、社会、家庭、学校及其他教育机构应当为有违法犯罪行为的未成年人接受教育创造条件。

第四十一条　从业人员有依法接受职业培训和继续教育的权利和义务。

国家机关、企业事业组织和其他社会组织，应当为本单位职工的学习和培训提供条件和便利。

第四十二条　国家鼓励学校及其他教育机构、社会组织采取措施，为公民接受终身教育创造条件。

第四十三条　受教育者享有下列权利：

（一）参加教育教学计划安排的各种活动，使用教育教学设施、设备、图书资料；

（二）按照国家有关规定获得奖学金、贷学金、助学金；

（三）在学业成绩和品行上获得公正评价，完成规定的学业后获得相应的学业证书、学位证书；

（四）对学校给予的处分不服向有关部门提出申诉，对学校、教师侵犯其人身权、财产权等合法权益，提出申诉或者依法提起诉讼；

（五）法律、法规规定的其他权利。

第四十四条　受教育者应当履行下列义务：

（一）遵守法律、法规；

（二）遵守学生行为规范，尊敬师长，养成良好的思想品德和行为习惯；

（三）努力学习，完成规定的学习任务；

（四）遵守所在学校或者其他教育机构的管理制度。

第四十五条　教育、体育、卫生行政部门和学校及其他教育机构应当完善体育、卫生保健设施，保护学生的身心健康。

第六章　教育与社会

第四十六条　国家机关、军队、企业事业组织、社会团体及其他社会组织和个人，应当依法为儿童、少年、青年学生的身心健康成长创造良好的社会环境。

第四十七条　国家鼓励企业事业组织、社会团体及其他社会组织同高等学校、中等职业学校在教学、科研、技术开发和推广等方面进行多种形式的合作。

企业事业组织、社会团体及其他社会组织和个人，可以通过适当形式，支持学校的建设，参与学校管理。

第四十八条　国家机关、军队、企业事业组织及其他社会组织应当为学校组织的学生实习、社会实践活动提供帮助和便利。

第四十九条　学校及其他教育机构在不影响正常教育教学活动的前提下，应当积极参加当地的社会公益活动。

第五十条　未成年人的父母或者其他监护人应当为其未成年子女或者其他被监护人受教育提供必要条件。

未成年人的父母或者其他监护人应当配合学校及其他教育机构，对其未成年子女或者其他被监护人进行教育。

学校、教师可以对学生家长提供家庭教育指导。

第五十一条　图书馆、博物馆、科技馆、文化馆、美术馆、体育馆（场）等社会公共文化体育设施，以及历史文化古迹和革命纪念馆（地），应当对教师、学生实行优待，为受教育者接受教育提供便利。

广播、电视台（站）应当开设教育节目，促进受教育者思想品德、文化和科学技术素质的提高。

第五十二条　国家、社会建立和发展对未成年人进行校外教育的设施。

学校及其他教育机构应当同基层群众性自治组织、企业事业组织、社会团体相互配合，加强对未成年人的校外教育工作。

第五十三条　国家鼓励社会团体、社会文化机构及其他社会组织和个人开展有益于受教育者身心健康的社会文化教育活动。

第七章　教育投入与条件保障

第五十四条　国家建立以财政拨款为主、其他多种渠道筹措教育经费为辅的体制，逐步增加对教育的投入，保证国家举办的学校教育经费的稳定来源。

企业事业组织、社会团体及其他社会组织和个人依法举办的学校及其他教育机构，办学经费由举办者负责筹措，各级人民政府可以给予适当支持。

第五十五条　国家财政性教育经费支出占国民生产总值的比例应当随着国民经济的发展和财政收入的增长逐步提高。具体比例和实施步骤由国务院规定。

全国各级财政支出总额中教育经费所占比例应当随着国民经济的发展逐步提高。

第五十六条　各级人民政府的教育经费支出，按照事权和财权相统一的原则，在财政预算中单独列项。

各级人民政府教育财政拨款的增长应当高于财政经常性收入的增长，并使按在校学生人数平均的教育费用逐步增长，保证教师工资和学生人均公用经费逐步增长。

第五十七条　国务院及县级以上地方各级人民政府应当设立教育专项资金，重点扶持边远贫困地区、少数民族地区实施义务教育。

第五十八条　税务机关依法足额征收教育费附加，由教育行政部门统筹管理，主要用于实施义务教育。

省、自治区、直辖市人民政府根据国务院的有关规定，可以决定开征用于教育的地方附加费，专款专用。

第五十九条　国家采取优惠措施，鼓励和扶持学校在不影响正常教育教学的前提下开展勤工俭学和社会服务，兴办校办产业。

第六十条　国家鼓励境内、境外社会组织和个人捐资助学。

第六十一条　国家财政性教育经费、社会组织和个人对教育的捐赠，必须用于教育，不得挪用、克扣。

第六十二条　国家鼓励运用金融、信贷手段，支持教育事业的发展。

第六十三条　各级人民政府及其教育行政部门应当加强对学校及其他教育机构教育经费

的监督管理，提高教育投资效益。

第六十四条　地方各级人民政府及其有关行政部门必须把学校的基本建设纳入城乡建设规划，统筹安排学校的基本建设用地及所需物资，按照国家有关规定实行优先、优惠政策。

第六十五条　各级人民政府对教科书及教学用图书资料的出版发行，对教学仪器、设备的生产和供应，对用于学校教育教学和科学研究的图书资料、教学仪器、设备的进口，按照国家有关规定实行优先、优惠政策。

第六十六条　国家推进教育信息化，加快教育信息基础设施建设，利用信息技术促进优质教育资源普及共享，提高教育教学水平和教育管理水平。

县级以上人民政府及其有关部门应当发展教育信息技术和其他现代化教学方式，有关行政部门应当优先安排，给予扶持。

国家鼓励学校及其他教育机构推广运用现代化教学方式。

第八章　教育对外交流与合作

第六十七条　国家鼓励开展教育对外交流与合作，支持学校及其他教育机构引进优质教育资源，依法开展中外合作办学，发展国际教育服务，培养国际化人才。

教育对外交流与合作坚持独立自主、平等互利、相互尊重的原则，不得违反中国法律，不得损害国家主权、安全和社会公共利益。

第六十八条　中国境内公民出国留学、研究、进行学术交流或者任教，依照国家有关规定办理。

第六十九条　中国境外个人符合国家规定的条件并办理有关手续后，可以进入中国境内学校及其他教育机构学习、研究、进行学术交流或者任教，其合法权益受国家保护。

第七十条　中国对境外教育机构颁发的学位证书、学历证书及其他学业证书的承认，依照中华人民共和国缔结或者加入的国际条约办理，或者按照国家有关规定办理。

第九章　法律责任

第七十一条　违反国家有关规定，不按照预算核拨教育经费的，由同级人民政府限期核拨；情节严重的，对直接负责的主管人员和其他直接责任人员，依法给予处分。

违反国家财政制度、财务制度，挪用、克扣教育经费的，由上级机关责令限期归还被挪用、克扣的经费，并对直接负责的主管人员和其他直接责任人员，依法给予处分；构成犯罪的，依法追究刑事责任。

第七十二条　结伙斗殴、寻衅滋事，扰乱学校及其他教育机构教育教学秩序或者破坏校舍、场地及其他财产的，由公安机关给予治安管理处罚；构成犯罪的，依法追究刑事责任。

侵占学校及其他教育机构的校舍、场地及其他财产的，依法承担民事责任。

第七十三条　明知校舍或者教育教学设施有危险，而不采取措施，造成人员伤亡或者重大财产损失的，对直接负责的主管人员和其他直接责任人员，依法追究刑事责任。

第七十四条　违反国家有关规定，向学校或者其他教育机构收取费用的，由政府责令退还所收费用；对直接负责的主管人员和其他直接责任人员，依法给予处分。

第七十五条　违反国家有关规定，举办学校或者其他教育机构的，由教育行政部门或者其他有关行政部门予以撤销；有违法所得的，没收违法所得；对直接负责的主管人员和其他直接责任人员，依法给予处分。

第七十六条 学校或者其他教育机构违反国家有关规定招收学生的，由教育行政部门或者其他有关行政部门责令退回招收的学生，退还所收费用；对学校、其他教育机构给予警告，可以处违法所得五倍以下罚款；情节严重的，责令停止相关招生资格一年以上三年以下，直至撤销招生资格、吊销办学许可证；对直接负责的主管人员和其他直接责任人员，依法给予处分；构成犯罪的，依法追究刑事责任。

第七十七条 在招收学生工作中滥用职权、玩忽职守、徇私舞弊的，由教育行政部门或者其他有关行政部门责令退回招收的不符合入学条件的人员；对直接负责的主管人员和其他直接责任人员，依法给予处分；构成犯罪的，依法追究刑事责任。

盗用、冒用他人身份，顶替他人取得的入学资格的，由教育行政部门或者其他有关行政部门责令撤销入学资格，并责令停止参加相关国家教育考试二年以上五年以下；已经取得学位证书、学历证书或者其他学业证书的，由颁发机构撤销相关证书；已经成为公职人员的，依法给予开除处分；构成违反治安管理行为的，由公安机关依法给予治安管理处罚；构成犯罪的，依法追究刑事责任。

与他人串通，允许他人冒用本人身份，顶替本人取得的入学资格的，由教育行政部门或者其他有关行政部门责令停止参加相关国家教育考试一年以上三年以下；有违法所得的，没收违法所得；已经成为公职人员的，依法给予处分；构成违反治安管理行为的，由公安机关依法给予治安管理处罚；构成犯罪的，依法追究刑事责任。

组织、指使盗用或者冒用他人身份，顶替他人取得的入学资格的，有违法所得的，没收违法所得；属于公职人员的，依法给予处分；构成违反治安管理行为的，由公安机关依法给予治安管理处罚；构成犯罪的，依法追究刑事责任。

入学资格被顶替权利受到侵害的，可以请求恢复其入学资格。

第七十八条 学校及其他教育机构违反国家有关规定向受教育者收取费用的，由教育行政部门或者其他有关行政部门责令退还所收费用；对直接负责的主管人员和其他直接责任人员，依法给予处分。

第七十九条 考生在国家教育考试中有下列行为之一的，由组织考试的教育考试机构工作人员在考试现场采取必要措施予以制止并终止其继续参加考试；组织考试的教育考试机构可以取消其相关考试资格或者考试成绩；情节严重的，由教育行政部门责令停止参加相关国家教育考试一年以上三年以下；构成违反治安管理行为的，由公安机关依法给予治安管理处罚；构成犯罪的，依法追究刑事责任：

（一）非法获取考试试题或者答案的；

（二）携带或者使用考试作弊器材、资料的；

（三）抄袭他人答案的；

（四）让他人代替自己参加考试的；

（五）其他以不正当手段获得考试成绩的作弊行为。

第八十条　任何组织或者个人在国家教育考试中有下列行为之一，有违法所得的，由公安机关没收违法所得，并处违法所得一倍以上五倍以下罚款；情节严重的，处五日以上十五日以下拘留；构成犯罪的，依法追究刑事责任；属于国家机关工作人员的，还应当依法给予处分：

（一）组织作弊的；

（二）通过提供考试作弊器材等方式为作弊提供帮助或者便利的；

（三）代替他人参加考试的；

（四）在考试结束前泄露、传播考试试题或者答案的；

（五）其他扰乱考试秩序的行为。

第八十一条　举办国家教育考试，教育行政部门、教育考试机构疏于管理，造成考场秩序混乱、作弊情况严重的，对直接负责的主管人员和其他直接责任人员，依法给予处分；构成犯罪的，依法追究刑事责任。

第八十二条　学校或者其他教育机构违反本法规定，颁发学位证书、学历证书或者其他学业证书的，由教育行政部门或者其他有关行政部门宣布证书无效，责令收回或者予以没收；有违法所得的，没收违法所得；情节严重的，责令停止相关招生资格一年以上三年以下，直至撤销招生资格、颁发证书资格；对直接负责的主管人员和其他直接责任人员，依法给予处分。

前款规定以外的任何组织或者个人制造、销售、颁发假冒学位证书、学历证书或者其他学业证书，构成违反治安管理行为的，由公安机关依法给予治安管理处罚；构成犯罪的，依法追究刑事责任。

以作弊、剽窃、抄袭等欺诈行为或者其他不正当手段获得学位证书、学历证书或者其他学业证书的，由颁发机构撤销相关证书。购买、使用假冒学位证书、学历证书或者其他学业证书，构成违反治安管理行为的，由公安机关依法给予治安管理处罚。

第八十三条　违反本法规定，侵犯教师、受教育者、学校或者其他教育机构的合法权益，造成损失、损害的，应当依法承担民事责任。

第十章　附　则

第八十四条　军事学校教育由中央军事委员会根据本法的原则规定。

宗教学校教育由国务院另行规定。

第八十五条　境外的组织和个人在中国境内办学和合作办学的办法，由国务院规定。

第八十六条　本法自1995年9月1日起施行。

第二节　《中华人民共和国义务教育法》解读

一、《义务教育法》的性质和地位

《中华人民共和国义务教育法》（以下简称《义务教育法》）属于教育单行法，是新中国成立以来颁布的第一部基础教育方面的法律，是促进和保障我国基础教育健康发展的基本法。

二、《义务教育法》的意义

它的颁布与实施有力地推动了我国基础教育的普及和全民素质的提高，标志着我国义务教育制度的正式确立。它的颁布意味着我国开始实施九年制义务教育，使我国普及义务教育的工作走上依法治教轨道。它指明了义务教育均衡发展的方向，回归了义务教育免费的本质，保障了受教育者的平等权利，对义务教育、教育法制建设和中国教育事业都具有深远意义。

三、《义务教育法》的结构和内容

《义务教育法》包括三部分，共八章六十三条，规定了我国义务教育的强制性、免费性、普及性等基本特征，还涉及增加教育投入、实现教育均衡、义务教育免费等问题。总则是对义务教育活动的总体规定，高度概括了我国义务教育的基本内涵和特点，明确了适龄少年儿童接受义务教育的义务，以及政府及有关部门、适龄少年儿童监护人、学校、其他社会组织和个人的义务。分则是对义务教育活动各个方面的分别规定，包括学生、学校、教师、教育教学、经费保障和法律责任。附则是对未尽表达事项的补充规定和说明。

《中华人民共和国义务教育法》

（1986 年 4 月 12 日第六届全国人民代表大会第四次会议通过；2006 年 6 月 29 日修订；2015 年 4 月 24 日第一次修正；2018 年 12 月 29 日第二次修正）

第一章　总则

第一条【立法宗旨】为了保障适龄儿童、少年接受义务教育的权利，保证义务教育的实施，提高全民族素质，根据宪法和教育法，制定本法。

第二条【制度概述】国家实行九年义务教育制度。

义务教育是国家统一实施的所有适龄儿童、少年必须接受的教育，是国家必须予以保障的公益性事业。

实施义务教育，不收学费、杂费。

国家建立义务教育经费保障机制，保证义务教育制度实施。

第三条【实施目标】义务教育必须贯彻国家的教育方针，实施素质教育，提高教育质量，使适龄儿童、少年在品德、智力、体质等方面全面发展，为培养有理想、有道德、有文化、有纪律的社会主义建设者和接班人奠定基础。

第四条【适用对象】凡具有中华人民共和国国籍的适龄儿童、少年，不分性别、民族、种族、家庭财产状况、宗教信仰等，依法享有平等接受义务教育的权利，并履行接受义务教育的义务。

第五条【各方义务】各级人民政府及其有关部门应当履行本法规定的各项职责，保障适龄儿童、少年接受义务教育的权利。

适龄儿童、少年的父母或者其他法定监护人应当依法保证其按时入学接受并完成义务教育。

依法实施义务教育的学校应当按照规定标准完成教育教学任务，保证教育教学质量。

社会组织和个人应当为适龄儿童、少年接受义务教育创造良好的环境。

第六条【保障措施】国务院和县级以上地方人民政府应当合理配置教育资源，促进义务教育均衡发展，改善薄弱学校的办学条件，并采取措施，保障农村地区、民族地区实施义务教育，保障家庭经济困难的和残疾的适龄儿童、少年接受义务教育。

国家组织和鼓励经济发达地区支援经济欠发达地区实施义务教育。

第七条【管理体制】义务教育实行国务院领导，省、自治区、直辖市人民政府统筹规划实施，县级人民政府为主管理的体制。

县级以上人民政府教育行政部门具体负责义务教育实施工作；县级以上人民政府其他有关部门在各自的职责范围内负责义务教育实施工作。

第八条【督导制度】人民政府教育督导机构对义务教育工作执行法律法规情况、教育教学质量以及义务教育均衡发展状况等进行督导，督导报告向社会公布。

第九条【问责制度】任何社会组织或者个人有权对违反本法的行为向有关国家机关提出检举或者控告。

发生违反本法的重大事件，妨碍义务教育实施，造成重大社会影响的，负有领导责任的人民政府或者人民政府教育行政部门负责人应当引咎辞职。

第十条【奖励制度】对在义务教育实施工作中做出突出贡献的社会组织和个人，各级人民政府及其有关部门按照有关规定给予表彰、奖励。

第二章　学生

第十一条【入学条件】凡年满六周岁的儿童，其父母或者其他法定监护人应当送其入学接受并完成义务教育；条件不具备的地区的儿童，可以推迟到七周岁。

适龄儿童、少年因身体状况需要延缓入学或者休学的，其父母或者其他法定监护人应当提出申请，由当地乡镇人民政府或者县级人民政府教育行政部门批准。

第十二条【免试就近入学】适龄儿童、少年免试入学。地方各级人民政府应当保障适龄儿童、少年在户籍所在地学校就近入学。

父母或者其他法定监护人在非户籍所在地工作或者居住的适龄儿童、少年，在其父母或者其他法定监护人工作或者居住地接受义务教育的，当地人民政府应当为其提供平等接受义务教育的条件。具体办法由省、自治区、直辖市规定。

县级人民政府教育行政部门对本行政区域内的军人子女接受义务教育予以保障。

第十三条【保障入学】县级人民政府教育行政部门和乡镇人民政府组织和督促适龄儿童、少年入学，帮助解决适龄儿童、少年接受义务教育的困难，采取措施防止适龄儿童、少年辍学。

居民委员会和村民委员会协助政府做好工作，督促适龄儿童、少年入学。

第十四条【社会义务】禁止用人单位招用应当接受义务教育的适龄儿童、少年。

根据国家有关规定经批准招收适龄儿童、少年进行文艺、体育等专业训练的社会组织，应当保证所招收的适龄儿童、少年接受义务教育；自行实施义务教育的，应当经县级人民政府府教育行政部门批准。

第三章　学校

第十五条【学校规划】县级以上地方人民政府根据本行政区域内居住的适龄儿童、少年的数量和分布状况等因素，按照国家有关规定，制定、调整学校设置规划。新建居民区需要设置学校的，应当与居民区的建设同步进行。

第十六条【学校建设】学校建设，应当符合国家规定的办学标准，适应教育教学需要；应当符合国家规定的选址要求和建设标准，确保学生和教职工安全。

第十七条【寄宿学校设置】县级人民政府根据需要设置寄宿制学校，保障居住分散的适龄儿童、少年入学接受义务教育。

第十八条【民族学校设置】国务院教育行政部门和省、自治区、直辖市人民政府根据需要，在经济发达地区设置接收少数民族适龄儿童、少年的学校（班）。

第十九条【特殊教育】县级以上地方人民政府根据需要设置相应的实施特殊教育的学校（班），对视力残疾、听力语言残疾和智力残疾的适龄儿童、少年实施义务教育。特殊教育学校（班）应当具备适应残疾儿童、少年学习、康复、生活特点的场所和设施。

普通学校应当接收具有接受普通教育能力的残疾适龄儿童、少年随班就读，并为其学习、康复提供帮助。

第二十条【严重不良行为学生的义务教育】县级以上地方人民政府根据需要，为具有预防未成年人犯罪法规定的严重不良行为的适龄少年设置专门的学校实施义务教育。

第二十一条【保障未成年犯的义务教育】对未完成义务教育的未成年犯和被采取强制性教育措施的未成年人应当进行义务教育，所需经费由人民政府予以保障。

第二十二条【均衡发展与性质不变】县级以上人民政府及其教育行政部门应当促进学校均衡发展，缩小学校之间办学条件的差距，不得将学校分为重点学校和非重点学校。学校不得分设重点班和非重点班。

县级以上人民政府及其教育行政部门不得以任何名义改变或者变相改变公办学校的性质。

第二十三条【校园周边安全】各级人民政府及其有关部门依法维护学校周边秩序，保护学生、教师、学校的合法权益，为学校提供安全保障。

第二十四条【安全保障】学校应当建立、健全安全制度和应急机制，对学生进行安全教育，加强管理，及时消除隐患，预防发生事故。

县级以上地方人民政府定期对学校校舍安全进行检查；对需要维修、改造的，及时予以维修、改造。

学校不得聘用曾经因故意犯罪被依法剥夺政治权利或者其他不适合从事义务教育工作的人担任工作人员。

第二十五条【不得违法获利】学校不得违反国家规定收取费用，不得以向学生推销或者变相推销商品、服务等方式谋取利益。

第二十六条【校长负责制】学校实行校长负责制。校长应当符合国家规定的任职条件。

校长由县级人民政府教育行政部门依法聘任。

第二十七条【批评教育】对违反学校管理制度的学生，学校应当予以批评教育，不得开除。

第四章 教师

第二十八条【教师权利与义务】教师享有法律规定的权利，履行法律规定的义务，应当为人师表，忠诚于人民的教育事业。

全社会应当尊重教师。

第二十九条【教师行为】教师在教育教学中应当平等对待学生，关注学生的个体差异，因材施教，促进学生的充分发展。

教师应当尊重学生的人格，不得歧视学生，不得对学生实施体罚、变相体罚或者其他侮辱人格尊严的行为，不得侵犯学生合法权益。

第三十条【教师资格和职务】教师应当取得国家规定的教师资格。

国家建立统一的义务教育教师职务制度。教师职务分为初级职务、中级职务和高级职务。

第三十一条【教师待遇】各级人民政府保障教师工资福利和社会保险待遇，改善教师工作和生活条件；完善农村教师工资经费保障机制。

教师的平均工资水平应当不低于当地公务员的平均工资水平。

特殊教育教师享有特殊岗位补助津贴。在民族地区和边远贫困地区工作的教师享有艰苦贫困地区补助津贴。

第三十二条【教师培养】县级以上人民政府应当加强教师培养工作，采取措施发展教师教育。

县级人民政府教育行政部门应当均衡配置本行政区域内学校师资力量，组织校长、教师的培训和流动，加强对薄弱学校的建设。

第三十三条【鼓励支教】国务院和地方各级人民政府鼓励和支持城市学校教师和高等学校毕业生到农村地区、民族地区从事义务教育工作。

国家鼓励高等学校毕业生以志愿者的方式到农村地区、民族地区缺乏教师的学校任教。县级人民政府教育行政部门依法认定其教师资格，其任教时间计入工龄。

第五章 教育教学

第三十四条【教育目标】教育教学工作应当符合教育规律和学生身心发展特点，面向全体学生，教书育人，将德育、智育、体育、美育等有机统一在教育教学活动中，注重培养学生独立思考能力、创新能力和实践能力，促进学生全面发展。

第三十五条【素质教育】国务院教育行政部门根据适龄儿童、少年身心发展的状况和实际情况，确定教学制度、教育教学内容和课程设置，改革考试制度，并改进高级中等学校招生办法，推进实施素质教育。

学校和教师按照确定的教育教学内容和课程设置开展教育教学活动，保证达到国家规定的基本质量要求。

国家鼓励学校和教师采用启发式教育等教育教学方法，提高教育教学质量。

第三十六条【德育为先】学校应当把德育放在首位，寓德育于教育教学之中，开展与学生年龄相适应的社会实践活动，形成学校、家庭、社会相互配合的思想道德教育体系，促进学生养成良好的思想品德和行为习惯。

第三十七条【课外活动】学校应当保证学生的课外活动时间，组织开展文化娱乐等课外活动。社会公共文化体育设施应当为学校开展课外活动提供便利。

第三十八条【教材编写】教科书根据国家教育方针和课程标准编写，内容力求精简，精选必备的基础知识、基本技能，经济实用，保证质量。

国家机关工作人员和教科书审查人员，不得参与或者变相参与教科书的编写工作。

第三十九条【教材审定】国家实行教科书审定制度。教科书的审定办法由国务院教育行政部门规定。

未经审定的教科书，不得出版、选用。

第四十条【教材定价】教科书价格由省、自治区、直辖市人民政府价格行政部门会同同级出版主管部门按照微利原则确定。

第四十一条【教材使用】国家鼓励教科书循环使用。

第六章　经费保障

第四十二条【经费的行政保障】国家将义务教育全面纳入财政保障范围，义务教育经费由国务院和地方各级人民政府依照本法规定予以保障。

国务院和地方各级人民政府将义务教育经费纳入财政预算，按照教职工编制标准、工资标准和学校建设标准、学生人均公用经费标准等，及时足额拨付义务教育经费，确保学校的正常运转和校舍安全，确保教职工工资按照规定发放。

国务院和地方各级人民政府用于实施义务教育财政拨款的增长比例应当高于财政经常性收入的增长比例，保证按照在校学生人数平均的义务教育费用逐步增长，保证教职工工资和学生人均公用经费逐步增长。

第四十三条【学生人均公用经费标准】学校的学生人均公用经费基本标准由国务院财政部门会同教育行政部门制定，并根据经济和社会发展状况适时调整。制定、调整学生人均公用经费基本标准，应当满足教育教学基本需要。

省、自治区、直辖市人民政府可以根据本行政区域的实际情况，制定不低于国家标准的学校学生人均公用经费标准。

特殊教育学校（班）学生人均公用经费标准应当高于普通学校学生人均公用经费标准。

第四十四条【经费体制】义务教育经费投入实行国务院和地方各级人民政府根据职责共同负担，省、自治区、直辖市人民政府负责统筹落实的体制。农村义务教育所需经费，由各级人民政府根据国务院的规定分项目、按比例分担。

各级人民政府对家庭经济困难的适龄儿童、少年免费提供教科书并补助寄宿生生活费。

义务教育经费保障的具体办法由国务院规定。

第四十五条【经费预算】地方各级人民政府在财政预算中将义务教育经费单列。

县级人民政府编制预算，除向农村地区学校和薄弱学校倾斜外，应当均衡安排义务教育经费。

第四十六条【财政转移支付】国务院和省、自治区、直辖市人民政府规范财政转移支付制度，加大一般性转移支付规模和规范义务教育专项转移支付，支持和引导地方各级人民政府增加对义务教育的投入。地方各级人民政府确保将上级人民政府的义务教育转移支付资金按照规定用于义务教育。

第四十七条【专项资金】国务院和县级以上地方人民政府根据实际需要，设立专项资金，扶持农村地区、民族地区实施义务教育。

第四十八条【经费来源】国家鼓励社会组织和个人向义务教育捐赠，鼓励按照国家有关基金会管理的规定设立义务教育基金。

第四十九条【经费使用】义务教育经费严格按照预算规定用于义务教育；任何组织和个人不得侵占、挪用义务教育经费，不得向学校非法收取或者摊派费用。

第五十条【经费审计】县级以上人民政府建立健全义务教育经费的审计监督和统计公告制度。

第七章 法律责任

第五十一条【未履行经费保障职责的责任】国务院有关部门和地方各级人民政府违反本法第六章的规定，未履行对义务教育经费保障职责的，由国务院或者上级地方人民政府责令限期改正；情节严重的，对直接负责的主管人员和其他直接责任人员依法给予行政处分。

第五十二条【地方政府担责情形】县级以上地方人民政府有下列情形之一的，由上级人民政府责令限期改正；情节严重的，对直接负责的主管人员和其他直接责任人员依法给予行政处分：

（一）未按照国家有关规定制定、调整学校的设置规划的；

（二）学校建设不符合国家规定的办学标准、选址要求和建设标准的；

（三）未定期对学校校舍安全进行检查，并及时维修、改造的；

（四）未依照本法规定均衡安排义务教育经费的。

第五十三条【教育行政部门担责情形】县级以上人民政府或者其教育行政部门有下列情形之一的，由上级人民政府或者其教育行政部门责令限期改正、通报批评；情节严重的，对直接负责的主管人员和其他直接责任人员依法给予行政处分：

（一）将学校分为重点学校和非重点学校的；

（二）改变或者变相改变公办学校性质的。

县级人民政府教育行政部门或者乡镇人民政府未采取措施组织适龄儿童、少年入学或者防止辍学的，依照前款规定追究法律责任。

第五十四条【违规使用、收取费用的责任】有下列情形之一的，由上级人民政府或者上级人民政府教育行政部门、财政部门、价格行政部门和审计机关根据职责分工责令限期改正；情节严重的，对直接负责的主管人员和其他直接责任人员依法给予处分：

（一）侵占、挪用义务教育经费的；

（二）向学校非法收取或者摊派费用的。

第五十五条【违反其他法律的责任】学校或者教师在义务教育工作中违反教育法、教师法规定的，依照教育法、教师法的有关规定处罚。

第五十六条【违规获利的责任】学校违反国家规定收取费用的，由县级人民政府教育行政部门责令退还所收费用；对直接负责的主管人员和其他直接责任人员依法给予处分。

学校以向学生推销或者变相推销商品、服务等方式谋取利益的，由县级人民政府教育行政部门给予通报批评；有违法所得的，没收违法所得；对直接负责的主管人员和其他直接责任人员依法给予处分。

国家机关工作人员和教科书审查人员参与或者变相参与教科书编写的，由县级以上人民政府或者其教育行政部门根据职责权限责令限期改正，依法给予行政处分；有违法所得的，没收违法所得。

第五十七条【学校担责情形】学校有下列情形之一的，由县级人民政府教育行政部门责令限期改正；情节严重的，对直接负责的主管人员和其他直接责任人员依法给予处分：

（一）拒绝接收具有接受普通教育能力的残疾适龄儿童、少年随班就读的；

（二）分设重点班和非重点班的；

（三）违反本法规定开除学生的；

（四）选用未经审定的教科书的。

第五十八条【家长担责情形】适龄儿童、少年的父母或者其他法定监护人无正当理由未依照本法规定送适龄儿童、少年入学接受义务教育的，由当地乡镇人民政府或者县级人民政府教育行政部门给予批评教育，责令限期改正。

第五十九条【行政责任】有下列情形之一的，依照有关法律、行政法规的规定予以处罚：

（一）胁迫或者诱骗应当接受义务教育的适龄儿童、少年失学、辍学的；

（二）非法招用应当接受义务教育的适龄儿童、少年的；

（三）出版未经依法审定的教科书的。

第六十条【刑事责任】违反本法规定，构成犯罪的，依法追究刑事责任。

第八章 附则

第六十一条【不收杂费】对接受义务教育的适龄儿童、少年不收杂费的实施步骤，由国务院规定。

第六十二条【民办学校】社会组织或者个人依法举办的民办学校实施义务教育的，依照民办教育促进法有关规定执行；民办教育促进法未作规定的，适用本法。

第六十三条【实施时间】本法自 2006 年 9 月 1 日起施行。

第三节 《中华人民共和国教师法》解读

一、《教师法》的性质和地位

《中华人民共和国教师法》(以下简称《教师法》)是教育单行法，也是我国教育史上第一部关于教师的单行法律，是集教师的行业管理和教师权益保护为一体的综合性专门法律。

二、《教师法》的结构和内容

《教师法》包括三部分，共九章四十三条，对于教师培养、教师职业活动和教师管理等方面进行了规定，促进了社会主义教育事业的发展。总则规定了《教师法》的宗旨和法律适用范围，明确了教师的专业职责等。分则主要规定了教师的六项权利和义务、教师资格和任用、培训、考核、法律责任等具体问题。附则是对未尽表达事项的补充规定和说明。

《中华人民共和国教师法》

(1993 年 10 月 31 日第八届全国人民代表大会常务委员会第四次会议通过；2009 年 8 月 27 日修正)

第一章　总则

第一条【立法宗旨】为了保障教师的合法权益，建设具有良好思想品德修养和业务素质的教师队伍，促进社会主义教育事业的发展，制定本法。

第二条【适用对象】本法适用于在各级各类学校和其他教育机构中专门从事教育教学工作的教师。

第三条【教师职责】教师是履行教育教学职责的专业人员，承担教书育人、培养社会主义事业建设者和接班人、提高民族素质的使命。教师应当忠诚于人民的教育事业。

第四条【政府职责】各级人民政府应当采取措施，加强教师的思想政治教育和业务培训，改善教师的工作条件和生活条件，保障教师的合法权益，提高教师的社会地位。

全社会都应当尊重教师。

第五条【管理体制】国务院教育行政部门主管全国的教师工作。

国务院有关部门在各自职权范围内负责有关的教师工作。

学校和其他教育机构根据国家规定，自主进行教师管理工作。

第六条【教师节日】每年九月十日为教师节。

第二章　权利和义务

第七条【教师权利】教师享有下列权利：

(一)进行教育教学活动，开展教育教学改革和实验；

(二)从事科学研究、学术交流，参加专业的学术团体，在学术活动中充分发表意见；

(三)指导学生的学习和发展，评定学生的品行和学业成绩；

(四)按时获取工资报酬，享受国家规定的福利待遇以及寒暑假期的带薪休假；

（五）对学校教育教学、管理工作和教育行政部门的工作提出意见和建议，通过教职工代表大会或者其他形式，参与学校的民主管理；

（六）参加进修或者其他方式的培训。

第八条【教师义务】教师应当履行下列义务：

（一）遵守宪法、法律和职业道德，为人师表；

（二）贯彻国家的教育方针，遵守规章制度，执行学校的教学计划，履行教师聘约，完成教育教学工作任务；

（三）对学生进行宪法所确定的基本原则的教育和爱国主义、民族团结的教育，法制教育以及思想品德、文化、科学技术教育，组织、带领学生开展有益的社会活动；

（四）关心、爱护全体学生，尊重学生人格，促进学生在品德、智力、体质等方面全面发展；

（五）制止有害于学生的行为或者其他侵犯学生合法权益的行为，批评和抵制有害于学生健康成长的现象；

（六）不断提高思想政治觉悟和教育教学业务水平。

第九条【保障机制】为保障教师完成教育教学任务，各级人民政府、教育行政部门、有关部门、学校和其他教育机构应当履行下列职责：

（一）提供符合国家安全标准的教育教学设施和设备；

（二）提供必需的图书、资料及其他教育教学用品；

（三）对教师在教育教学、科学研究中的创造性工作给以鼓励和帮助；

（四）支持教师制止有害于学生的行为或者其他侵犯学生合法权益的行为。

第三章　资格和任用

第十条【资格制度】国家实行教师资格制度。

中国公民凡遵守宪法和法律，热爱教育事业，具有良好的思想品德，具备本法规定的学历或者经国家教师资格考试合格，有教育教学能力，经认定合格的，可以取得教师资格。

第十一条【学历要求】取得教师资格应当具备的相应学历是：

（一）取得幼儿园教师资格，应当具备幼儿师范学校毕业及其以上学历；

（二）取得小学教师资格，应当具备中等师范学校毕业及其以上学历；

（三）取得初级中学教师、初级职业学校文化、专业课教师资格，应当具备高等师范专科学校或者其他大学专科毕业及其以上学历；

（四）取得高级中学教师资格和中等专业学校、技工学校、职业高中文化课、专业课教师资格，应当具备高等师范院校本科或者其他大学本科毕业及其以上学历；取得中等专业学校、技工学校和职业高中学生实习指导教师资格应当具备的学历，由国务院教育行政部门规定；

（五）取得高等学校教师资格，应当具备研究生或者大学本科毕业学历；

（六）取得成人教育教师资格，应当按照成人教育的层次、类别，分别具备高等、中等学校毕业及其以上学历。

不具备本法规定的教师资格学历的公民，申请获取教师资格，必须通过国家教师资格考试。国家教师资格考试制度由国务院规定。

第十二条【学历要求补充】本法实施前已经在学校或者其他教育机构中任教的教师，未具备本法规定学历的，由国务院教育行政部门规定教师资格过渡办法。

第十三条【资格认定】中小学教师资格由县级以上地方人民政府教育行政部门认定。中等专业学校、技工学校的教师资格由县级以上地方人民政府教育行政部门组织有关主管部门认定。普通高等学校的教师资格由国务院或者省、自治区、直辖市教育行政部门或者由其委托的学校认定。

具备本法规定的学历或者经国家教师资格考试合格的公民，要求有关部门认定其教师资格的，有关部门应当依照本法规定的条件予以认定。

取得教师资格的人员首次任教时，应当有试用期。

第十四条【资格限制】受到剥夺政治权利或者故意犯罪受到有期徒刑以上刑事处罚的，不能取得教师资格；已经取得教师资格的，丧失教师资格。

第十五条【任教规定】各级师范学校毕业生，应当按照国家有关规定从事教育教学工作。

国家鼓励非师范高等学校毕业生到中小学或者职业学校任教。

第十六条【职务制度】国家实行教师职务制度，具体办法由国务院规定。

第十七条【教师聘任】学校和其他教育机构应当逐步实行教师聘任制。教师的聘任应当遵循双方地位平等的原则，由学校和教师签订聘任合同，明确规定双方的权利、义务和责任。

实施教师聘任制的步骤、办法由国务院教育行政部门规定。

第四章　培养和培训

第十八条【培养制度】各级人民政府和有关部门应当办好师范教育，并采取措施，鼓励优秀青年进入各级师范学校学习。各级教师进修学校承担培训中小学教师的任务。

非师范学校应当承担培养和培训中小学教师的任务。

各级师范学校学生享受专业奖学金。

第十九条【培训规划】各级人民政府教育行政部门、学校主管部门和学校应当制定教师培训规划，对教师进行多种形式的思想政治、业务培训。

第二十条【社会协助】国家机关、企业事业单位和其他社会组织应当为教师的社会调查和社会实践提供方便，给予协助。

第二十一条【政府措施】各级人民政府应当采取措施，为少数民族地区和边远贫困地区培养、培训教师。

第五章　考核

第二十二条【考核内容】学校或者其他教育机构应当对教师的政治思想、业务水平、工作态度和工作成绩进行考核。

教育行政部门对教师的考核工作进行指导、监督。

第二十三条【考核要求】考核应当客观、公正、准确，充分听取教师本人、其他教师以及学生的意见。

第二十四条【考核结果】教师考核结果是受聘任教、晋升工资、实施奖惩的依据。

第六章 待遇

第二十五条【教师工资】教师的平均工资水平应当不低于或者高于国家公务员的平均工资水平，并逐步提高。建立正常晋级增薪制度，具体办法由国务院规定。

第二十六条【教师津贴】中小学教师和职业学校教师享受教龄津贴和其他津贴，具体办法由国务院教育行政部门会同有关部门制定。

第二十七条【教师补贴】地方各级人民政府对教师以及具有中专以上学历的毕业生到少数民族地区和边远贫困地区从事教育教学工作的，应当予以补贴。

第二十八条【教师住房】地方各级人民政府和国务院有关部门，对城市教师住房的建设、租赁、出售实行优先、优惠。

县、乡两级人民政府应当为农村中小学教师解决住房提供方便。

第二十九条【医疗保险】教师的医疗同当地国家公务员享受同等的待遇；定期对教师进行身体健康检查，并因地制宜安排教师进行休养。

医疗机构应当对当地教师的医疗提供方便。

第三十条【退休或退职待遇】教师退休或者退职后，享受国家规定的退休或者退职待遇。

县级以上地方人民政府可以适当提高长期从事教育教学工作的中小学退休教师的退休金比例。

第三十一条【政府保障】各级人民政府应当采取措施，改善国家补助、集体支付工资的中小学教师的待遇，逐步做到在工资收入上与国家支付工资的教师同工同酬，具体办法由地方各级人民政府根据本地区的实际情况规定。

第三十二条【社会力量保障】社会力量所办学校的教师的待遇，由举办者自行确定并予以保障。

第七章 奖励

第三十三条【奖励机制】教师在教育教学、培养人才、科学研究、教学改革、学校建设、社会服务、勤工俭学等方面成绩优异的，由所在学校予以表彰、奖励。

国务院和地方各级人民政府及其有关部门对有突出贡献的教师，应当予以表彰、奖励。

对有重大贡献的教师，依照国家有关规定授予荣誉称号。

第三十四条【其他奖励】国家支持和鼓励社会组织或者个人向依法成立的奖励教师的基金组织捐助资金，对教师进行奖励。

第八章 法律责任

第三十五条【侮辱、殴打教师的责任】侮辱、殴打教师的，根据不同情况，分别给予行政处分或者行政处罚；造成损害的，责令赔偿损失；情节严重，构成犯罪的，依法追究刑事责任。

第三十六条【打击报复教师的责任】对依法提出申诉、控告、检举的教师进行打击报复的，由其所在单位或者上级机关责令改正；情节严重的，可以根据具体情况给予行政处分。

国家工作人员对教师打击报复构成犯罪的，依照刑法第一百四十六条的规定追究刑事责任。

第三十七条【教师不当行为的处理】教师有下列情形之一的，由所在学校、其他教育机构或者教育行政部门给予行政处分或者解聘：

（一）故意不完成教育教学任务给教育教学工作造成损失的；

（二）体罚学生，经教育不改的；

（三）品行不良、侮辱学生，影响恶劣的。

教师有前款第（二）项、第（三）项所列情形之一，情节严重，构成犯罪的，依法追究刑事责任。

第三十八条【政府担责的情形】地方人民政府对违反本法规定，拖欠教师工资或者侵犯教师其他合法权益的，应当责令其限期改正。

违反国家财政制度、财务制度，挪用国家财政用于教育的经费，严重妨碍教育教学工作，拖欠教师工资，损害教师合法权益的，由上级机关责令限期归还被挪用的经费，并对直接责任人员给予行政处分；情节严重，构成犯罪的，依法追究刑事责任。

第三十九条【教师申诉】教师对学校或者其他教育机构侵犯其合法权益的，或者对学校或者其他教育机构作出的处理不服的，可以向教育行政部门提出申诉，教育行政部门应当在接到申诉的三十日内，作出处理。

教师认为当地人民政府有关行政部门侵犯其根据本法规定享有的权利的，可以向同级人民政府或者上一级人民政府有关部门提出申诉，同级人民政府或者上一级人民政府有关部门应当作出处理。

第九章　附则

第四十条【名词释义】本法下列用语的含义是：

（一）各级各类学校，是指实施学前教育、普通初等教育、普通中等教育、职业教育、普通高等教育以及特殊教育、成人教育的学校。

（二）其他教育机构，是指少年宫以及地方教研室、电化教育机构等。

（三）中小学教师是指幼儿园、特殊教育机构、普通中小学、成人初等中等教育机构、职业中学以及其他教育机构的教师。

第四十一条【教育教学辅助人员】学校和其他教育机构中的教育教学辅助人员，其他类型的学校的教师和教育教学辅助人员，可以根据实际情况参照本法的有关规定执行。

军队所属院校的教师和教育教学辅助人员，由中央军事委员会依照本法制定有关规定。

第四十二条【外籍教师聘任】外籍教师的聘任办法由国务院教育行政部门规定。

第四十三条【实施时间】本法自 1994 年 1 月 1 日起施行。

第四节　《中华人民共和国未成年人保护法》解读

一、《未成年人保护法》的性质和意义

《中华人民共和国未成年人保护法》（以下简称《未成年人保护法》）一般被视为教育单行法。此部法律的颁布，规范和落实了对未成年人的保护，确定了未成年人保护工作应当遵循的基本原则，保障未成年人的合法权益，将全社会对未成年人的保护纳入法制化轨道。

二、《未成年人保护法》的结构和内容

《未成年人保护法》包括三部分，共九章一百三十二条，从未成年人的健康成长需要出发，制定了保护未成年人成长的法律规范，涉及多方面保护，其目的在于保护未成年人身心健康，保障未成年人的合法权益，促进未成年人全面发展。总则规定了本法制定的目的和依据、未成年人的定义、未成年人工作的基本原则以及各个相关部门的职责等。分则涉及对未成年人的各种保护，包括学校、家庭、社会、网络、政府和司法保护六部分，还涉及相关法律责任。附则涉及词语释义、实施时间等未尽表达事项。

《中华人民共和国未成年人保护法》

（1991年9月4日第七届全国人民代表大会常务委员会第二十一次会议通过；2006年12月29日第一次修订；2012年10月26日修正；2020年10月17日第二次修订）

第一章　总则

第一条【立法目的】为了保护未成年人身心健康，保障未成年人合法权益，促进未成年人德智体美劳全面发展，培养有理想、有道德、有文化、有纪律的社会主义建设者和接班人，培养担当民族复兴大任的时代新人，根据宪法，制定本法。

第二条【适用对象】本法所称未成年人是指未满十八周岁的公民。

第三条【未成年人的权利】国家保障未成年人的生存权、发展权、受保护权、参与权等权利。

未成年人依法平等地享有各项权利，不因本人及其父母或者其他监护人的民族、种族、性别、户籍、职业、宗教信仰、教育程度、家庭状况、身心健康状况等受到歧视。

第四条【基本原则】保护未成年人，应当坚持最有利于未成年人的原则。处理涉及未成年人事项，应当符合下列要求：

（一）给予未成年人特殊、优先保护；

（二）尊重未成年人人格尊严；

（三）保护未成年人隐私权和个人信息；

（四）适应未成年人身心健康发展的规律和特点；

（五）听取未成年人的意见；

（六）保护与教育相结合。

第五条【加强多种教育】国家、社会、学校和家庭应当对未成年人进行理想教育、道德教育、科学教育、文化教育、法治教育、国家安全教育、健康教育、劳动教育，加强爱国主义、集体主义和中国特色社会主义的教育，培养爱祖国、爱人民、爱劳动、爱科学、爱社会主义的公德，抵制资本主义、封建主义和其他腐朽思想的侵蚀，引导未成年人树立和践行社会主义核心价值观。

第六条【社会共同责任】保护未成年人，是国家机关、武装力量、政党、人民团体、企业事业单位、社会组织、城乡基层群众性自治组织、未成年人的监护人以及其他成年人的共同责任。

国家、社会、学校和家庭应当教育和帮助未成年人维护自身合法权益，增强自我保护的意识和能力。

第七条【履行监护职责】未成年人的父母或者其他监护人依法对未成年人承担监护职责。

国家采取措施指导、支持、帮助和监督未成年人的父母或者其他监护人履行监护职责。

第八条【政府规划预算】县级以上人民政府应当将未成年人保护工作纳入国民经济和社会发展规划，相关经费纳入本级政府预算。

第九条【工作协调机制】县级以上人民政府应当建立未成年人保护工作协调机制，统筹、协调、督促和指导有关部门在各自职责范围内做好未成年人保护工作。协调机制具体工作由县级以上人民政府民政部门承担，省级人民政府也可以根据本地实际情况确定由其他有关部门承担。

第十条【社会团体职责】共产主义青年团、妇女联合会、工会、残疾人联合会、关心下一代工作委员会、青年联合会、学生联合会、少年先锋队以及其他人民团体、有关社会组织，应当协助各级人民政府及其有关部门、人民检察院、人民法院做好未成年人保护工作，维护未成年人合法权益。

第十一条【检举、控告和报告】任何组织或者个人发现不利于未成年人身心健康或者侵犯未成年人合法权益的情形，都有权劝阻、制止或者向公安、民政、教育等有关部门提出检举、控告。

国家机关、居民委员会、村民委员会、密切接触未成年人的单位及其工作人员，在工作中发现未成年人身心健康受到侵害、疑似受到侵害或者面临其他危险情形的，应当立即向公安、民政、教育等有关部门报告。

有关部门接到涉及未成年人的检举、控告或者报告，应当依法及时受理、处置，并以适当方式将处理结果告知相关单位和人员。

第十二条【鼓励科学研究】国家鼓励和支持未成年人保护方面的科学研究，建设相关学科、设置相关专业，加强人才培养。

第十三条【统计调查制度】国家建立健全未成年人统计调查制度，开展未成年人健康、受教育等状况的统计、调查和分析，发布未成年人保护的有关信息。

第十四条【表彰和奖励】国家对保护未成年人有显著成绩的组织和个人给予表彰和奖励。

第二章　家庭保护

第十五条【家庭环境和教育】未成年人的父母或者其他监护人应当学习家庭教育知识，接受家庭教育指导，创造良好、和睦、文明的家庭环境。

共同生活的其他成年家庭成员应当协助未成年人的父母或者其他监护人抚养、教育和保护未成年人。

第十六条【监护职责的内容】未成年人的父母或者其他监护人应当履行下列监护职责：

（一）为未成年人提供生活、健康、安全等方面的保障；

（二）关注未成年人的生理、心理状况和情感需求；

（三）教育和引导未成年人遵纪守法、勤俭节约，养成良好的思想品德和行为习惯；

（四）对未成年人进行安全教育，提高未成年人的自我保护意识和能力；

（五）尊重未成年人受教育的权利，保障适龄未成年人依法接受并完成义务教育；

（六）保障未成年人休息、娱乐和体育锻炼的时间，引导未成年人进行有益身心健康的活动；

（七）妥善管理和保护未成年人的财产；

（八）依法代理未成年人实施民事法律行为；

（九）预防和制止未成年人的不良行为和违法犯罪行为，并进行合理管教；

（十）其他应当履行的监护职责。

第十七条【禁止实施行为】未成年人的父母或者其他监护人不得实施下列行为：

（一）虐待、遗弃、非法送养未成年人或者对未成年人实施家庭暴力；

（二）放任、教唆或者利用未成年人实施违法犯罪行为；

（三）放任、唆使未成年人参与邪教、迷信活动或者接受恐怖主义、分裂主义、极端主义等侵害；

（四）放任、唆使未成年人吸烟（含电子烟，下同）、饮酒、赌博、流浪乞讨或者欺凌他人；

（五）放任或者迫使应当接受义务教育的未成年人失学、辍学；

（六）放任未成年人沉迷网络，接触危害或者可能影响其身心健康的图书、报刊、电影、广播电视节目、音像制品、电子出版物和网络信息等；

（七）放任未成年人进入营业性娱乐场所、酒吧、互联网上网服务营业场所等不适宜未成年人活动的场所；

（八）允许或者迫使未成年人从事国家规定以外的劳动；

（九）允许、迫使未成年人结婚或者为未成年人订立婚约；

（十）违法处分、侵吞未成年人的财产或者利用未成年人牟取不正当利益；

（十一）其他侵犯未成年人身心健康、财产权益或者不依法履行未成年人保护义务的行为。

第十八条【人身安全保护】未成年人的父母或者其他监护人应当为未成年人提供安全的家庭生活环境，及时排除引发触电、烫伤、跌落等伤害的安全隐患；采取配备儿童安全座椅、教育未成年人遵守交通规则等措施，防止未成年人受到交通事故的伤害；提高户外安全保护意识，避免未成年人发生溺水、动物伤害等事故。

第十九条【尊重和听取未成年人意见】未成年人的父母或者其他监护人应当根据未成年人的年龄和智力发展状况，在作出与未成年人权益有关的决定前，听取未成年人的意见，充分考虑其真实意愿。

第二十条【保护和报告义务】未成年人的父母或者其他监护人发现未成年人身心健康受到侵害、疑似受到侵害或者其他合法权益受到侵犯的，应当及时了解情况并采取保护措施；情况严重的，应当立即向公安、民政、教育等部门报告。

第二十一条【谨慎适当监护】未成年人的父母或者其他监护人不得使未满八周岁或者由于身体、心理原因需要特别照顾的未成年人处于无人看护状态，或者将其交由无民事行为能力、限制民事行为能力、患有严重传染性疾病或者其他不适宜的人员临时照护。

未成年人的父母或者其他监护人不得使未满十六周岁的未成年人脱离监护单独生活。

第二十二条【适当委托监护】未成年人的父母或者其他监护人因外出务工等原因在一定期限内不能完全履行监护职责的，应当委托具有照护能力的完全民事行为能力人代为照护；无正当理由的，不得委托他人代为照护。

未成年人的父母或者其他监护人在确定被委托人时，应当综合考虑其道德品质、家庭状况、身心健康状况、与未成年人生活情感上的联系等情况，并听取有表达意愿能力未成年人的意见。具有下列情形之一的，不得作为被委托人：

（一）曾实施性侵害、虐待、遗弃、拐卖、暴力伤害等违法犯罪行为；

（二）有吸毒、酗酒、赌博等恶习；

（三）曾拒不履行或者长期怠于履行监护、照护职责；

（四）其他不适宜担任被委托人的情形。

第二十三条【委托监护中的沟通和干预】未成年人的父母或者其他监护人应当及时将委托照护情况书面告知未成年人所在学校、幼儿园和实际居住地的居民委员会、村民委员会，加强和未成年人所在学校、幼儿园的沟通；与未成年人、被委托人至少每周联系和交流一次，了解未成年人的生活、学习、心理等情况，并给予未成年人亲情关爱。

未成年人的父母或者其他监护人接到被委托人、居民委员会、村民委员会、学校、幼儿园等关于未成年人心理、行为异常的通知后，应当及时采取干预措施。

第二十四条【离婚父母注意事宜】未成年人的父母离婚时，应当妥善处理未成年子女的抚养、教育、探望、财产等事宜，听取有表达意愿能力未成年人的意见。不得以抢夺、藏匿未成年子女等方式争夺抚养权。

未成年人的父母离婚后，不直接抚养未成年子女的一方应当依照协议、人民法院判决或者调解确定的时间和方式，在不影响未成年人学习、生活的情况下探望未成年子女，直接抚养的一方应当配合，但被人民法院依法中止探望权的除外。

第三章　学校保护

第二十五条【促进全面发展】学校应当全面贯彻国家教育方针，坚持立德树人，实施素质教育，提高教育质量，注重培养未成年学生认知能力、合作能力、创新能力和实践能力，促进未成年学生全面发展。

学校应当建立未成年学生保护工作制度，健全学生行为规范，培养未成年学生遵纪守法的良好行为习惯。

第二十六条【关注幼儿成长】幼儿园应当做好保育、教育工作，遵循幼儿身心发展规律，实施启蒙教育，促进幼儿在体质、智力、品德等方面和谐发展。

第二十七条【尊重人格尊严】学校、幼儿园的教职员工应当尊重未成年人人格尊严，不得对未成年人实施体罚、变相体罚或者其他侮辱人格尊严的行为。

第二十八条【保障受教育权】学校应当保障未成年学生受教育的权利，不得违反国家规定开除、变相开除未成年学生。

学校应当对尚未完成义务教育的辍学未成年学生进行登记并劝返复学；劝返无效的，应当及时向教育行政部门书面报告。

第二十九条【关爱帮助学生】学校应当关心、爱护未成年学生，不得因家庭、身体、心理、学习能力等情况歧视学生。对家庭困难、身心有障碍的学生，应当提供关爱；对行为异常、学习有困难的学生，应当耐心帮助。

学校应当配合政府有关部门建立留守未成年学生、困境未成年学生的信息档案，开展关爱帮扶工作。

第三十条【开展多样教育】学校应当根据未成年学生身心发展特点，进行社会生活指导、心理健康辅导、青春期教育和生命教育。

第三十一条【组织适宜劳动】学校应当组织未成年学生参加与其年龄相适应的日常生活劳动、生产劳动和服务性劳动，帮助未成年学生掌握必要的劳动知识和技能，养成良好的劳动习惯。

第三十二条【培养节约意识】学校、幼儿园应当开展勤俭节约、反对浪费、珍惜粮食、文明饮食等宣传教育活动，帮助未成年人树立浪费可耻、节约为荣的意识，养成文明健康、绿色环保的生活习惯。

第三十三条【合理减负】学校应当与未成年学生的父母或者其他监护人互相配合，合理安排未成年学生的学习时间，保障其休息、娱乐和体育锻炼的时间。

学校不得占用国家法定节假日、休息日及寒暑假期，组织义务教育阶段的未成年学生集体补课，加重其学习负担。

幼儿园、校外培训机构不得对学龄前未成年人进行小学课程教育。

第三十四条【卫生保健】学校、幼儿园应当提供必要的卫生保健条件，协助卫生健康部门做好在校、在园未成年人的卫生保健工作。

第三十五条【安全保障】学校、幼儿园应当建立安全管理制度，对未成年人进行安全教育，完善安保设施、配备安保人员，保障未成年人在校、在园期间的人身和财产安全。

学校、幼儿园不得在危及未成年人人身安全、身心健康的校舍和其他设施、场所中进行教育教学活动。

学校、幼儿园安排未成年人参加文化娱乐、社会实践等集体活动，应当保护未成年人的身心健康，防止发生人身伤害事故。

第三十六条【校车安全】使用校车的学校、幼儿园应当建立健全校车安全管理制度，配备安全管理人员，定期对校车进行安全检查，对校车驾驶人进行安全教育，并向未成年人讲解校车安全乘坐知识，培养未成年人校车安全事故应急处理技能。

第三十七条【处理意外事件】学校、幼儿园应当根据需要，制定应对自然灾害、事故灾难、公共卫生事件等突发事件和意外伤害的预案，配备相应设施并定期进行必要的演练。

未成年人在校内、园内或者本校、本园组织的校外、园外活动中发生人身伤害事故的，学校、幼儿园应当立即救护，妥善处理，及时通知未成年人的父母或者其他监护人，并向有关部门报告。

第三十八条【禁止商业性活动】学校、幼儿园不得安排未成年人参加商业性活动，不得向未成年人及其父母或者其他监护人推销或者要求其购买指定的商品和服务。

学校、幼儿园不得与校外培训机构合作为未成年人提供有偿课程辅导。

第三十九条【防止校园欺凌】学校应当建立学生欺凌防控工作制度，对教职员工、学生等开展防治学生欺凌的教育和培训。

学校对学生欺凌行为应当立即制止，通知实施欺凌和被欺凌未成年学生的父母或者其他监护人参与欺凌行为的认定和处理；对相关未成年学生及时给予心理辅导、教育和引导；对相关未成年学生的父母或者其他监护人给予必要的家庭教育指导。

对实施欺凌的未成年学生，学校应当根据欺凌行为的性质和程度，依法加强管教。对严重的欺凌行为，学校不得隐瞒，应当及时向公安机关、教育行政部门报告，并配合相关部门依法处理。

第四十条【防止性侵害、性骚扰】学校、幼儿园应当建立预防性侵害、性骚扰未成年人工作制度。对性侵害、性骚扰未成年人等违法犯罪行为，学校、幼儿园不得隐瞒，应当及时向公安机关、教育行政部门报告，并配合相关部门依法处理。

学校、幼儿园应当对未成年人开展适合其年龄的性教育，提高未成年人防范性侵害、性骚扰的自我保护意识和能力。对遭受性侵害、性骚扰的未成年人，学校、幼儿园应当及时采取相关的保护措施。

第四十一条【相关机构职责】婴幼儿照护服务机构、早期教育服务机构、校外培训机构、校外托管机构等应当参照本章有关规定，根据不同年龄阶段未成年人的成长特点和规律，做好未成年人保护工作。

第四章　社会保护

第四十二条【关心爱护未成年人】全社会应当树立关心、爱护未成年人的良好风尚。

国家鼓励、支持和引导人民团体、企业事业单位、社会组织以及其他组织和个人，开展有利于未成年人健康成长的社会活动和服务。

第四十三条【居委会、村委会职责】居民委员会、村民委员会应当设置专人专岗负责未成年人保护工作，协助政府有关部门宣传未成年人保护方面的法律法规，指导、帮助和监督未成年人的父母或者其他监护人依法履行监护职责，建立留守未成年人、困境未成年人的信息档案并给予关爱帮扶。

居民委员会、村民委员会应当协助政府有关部门监督未成年人委托照护情况，发现被委托人缺乏照护能力、怠于履行照护职责等情况，应当及时向政府有关部门报告，并告知未成年人的父母或者其他监护人，帮助、督促被委托人履行照护职责。

第四十四条【相关场所支持】爱国主义教育基地、图书馆、青少年宫、儿童活动中心、儿童之家应当对未成年人免费开放；博物馆、纪念馆、科技馆、展览馆、美术馆、文化馆、社区公益性互联网上网服务场所以及影剧院、体育场馆、动物园、植物园、公园等场所，应当按照有关规定对未成年人免费或者优惠开放。

国家鼓励爱国主义教育基地、博物馆、科技馆、美术馆等公共场馆开设未成年人专场，为未成年人提供有针对性的服务。

国家鼓励国家机关、企业事业单位、部队等开发自身教育资源，设立未成年人开放日，为未成年人主题教育、社会实践、职业体验等提供支持。

国家鼓励科研机构和科技类社会组织对未成年人开展科学普及活动。

第四十五条【交通出行优惠】城市公共交通以及公路、铁路、水路、航空客运等应当按照有关规定对未成年人实施免费或者优惠票价。

第四十六条【设置便利设施】国家鼓励大型公共场所、公共交通工具、旅游景区景点等设置母婴室、婴儿护理台以及方便幼儿使用的坐便器、洗手台等卫生设施，为未成年人提供便利。

第四十七条【不得限制享受优惠】任何组织或者个人不得违反有关规定，限制未成年人应当享有的照顾或者优惠。

第四十八条【文化传播支持】国家鼓励创作、出版、制作和传播有利于未成年人健康成长的图书、报刊、电影、广播电视节目、舞台艺术作品、音像制品、电子出版物和网络信息等。

第四十九条【新闻媒体职责】新闻媒体应当加强未成年人保护方面的宣传，对侵犯未成年人合法权益的行为进行舆论监督。新闻媒体采访报道涉及未成年人事件应当客观、审慎和适度，不得侵犯未成年人的名誉、隐私和其他合法权益。

第五十条【禁止制作、传播含不良内容作品】禁止制作、复制、出版、发布、传播含有宣扬淫秽、色情、暴力、邪教、迷信、赌博、引诱自杀、恐怖主义、分裂主义、极端主义等危害未成年人身心健康内容的图书、报刊、电影、广播电视节目、舞台艺术作品、音像制品、电子出版物和网络信息等。

第五十一条【作品提示义务】任何组织或者个人出版、发布、传播的图书、报刊、电影、广播电视节目、舞台艺术作品、音像制品、电子出版物或者网络信息，包含可能影响未成年人身心健康内容的，应当以显著方式作出提示。

第五十二条【禁止传播、持有相关淫秽物品和信息】禁止制作、复制、发布、传播或者持有有关未成年人的淫秽色情物品和网络信息。

第五十三条【禁止不适宜广告】任何组织或者个人不得刊登、播放、张贴或者散发含有危害未成年人身心健康内容的广告；不得在学校、幼儿园播放、张贴或者散发商业广告；不得利用校服、教材等发布或者变相发布商业广告。

第五十四条【禁止对未成年人实施犯罪】禁止拐卖、绑架、虐待、非法收养未成年人，禁止对未成年人实施性侵害、性骚扰。

禁止胁迫、引诱、教唆未成年人参加黑社会性质组织或者从事违法犯罪活动。

禁止胁迫、诱骗、利用未成年人乞讨。

第五十五条【相关厂商的安全保障义务】生产、销售用于未成年人的食品、药品、玩具、用具和游戏游艺设备、游乐设施等，应当符合国家或者行业标准，不得危害未成年人的人身安全和身心健康。上述产品的生产者应当在显著位置标明注意事项，未标明注意事项的不得销售。

第五十六条【公众场所的安全保障义务】未成年人集中活动的公共场所应当符合国家或者行业安全标准，并采取相应安全保护措施。对可能存在安全风险的设施，应当定期进行维护，在显著位置设置安全警示标志并标明适龄范围和注意事项；必要时应当安排专门人员看管。

大型的商场、超市、医院、图书馆、博物馆、科技馆、游乐场、车站、码头、机场、旅游景区景点等场所运营单位应当设置搜寻走失未成年人的安全警报系统。场所运营单位接到求助后，应当立即启动安全警报系统，组织人员进行搜寻并向公安机关报告。

公共场所发生突发事件时，应当优先救护未成年人。

第五十七条【住宿经营者义务】旅馆、宾馆、酒店等住宿经营者接待未成年人入住，或者接待未成年人和成年人共同入住时，应当询问父母或者其他监护人的联系方式、入住人员的身份关系等有关情况；发现有违法犯罪嫌疑的，应当立即向公安机关报告，并及时联系未成年人的父母或者其他监护人。

第五十八条【娱乐场所义务】学校、幼儿园周边不得设置营业性娱乐场所、酒吧、互联网上网服务营业场所等不适宜未成年人活动的场所。营业性歌舞娱乐场所、酒吧、互联网上网服务营业场所等不适宜未成年人活动场所的经营者，不得允许未成年人进入；游艺娱乐场所设置的电子游戏设备，除国家法定节假日外，不得向未成年人提供。经营者应当在显著位置设置未成年人禁入、限入标志；对难以判明是不是未成年人的，应当要求其出示身份证件。

第五十九条【禁止烟、酒、彩票】学校、幼儿园周边不得设置烟、酒、彩票销售网点。禁止向未成年人销售烟、酒、彩票或者兑付彩票奖金。烟、酒和彩票经营者应当在显著位置设置不向未成年人销售烟、酒或者彩票的标志；对难以判明是不是未成年人的，应当要求其出示身份证件。

任何人不得在学校、幼儿园和其他未成年人集中活动的公共场所吸烟、饮酒。

第六十条【禁止提供管制刀具】禁止向未成年人提供、销售管制刀具或者其他可能致人严重伤害的器具等物品。经营者难以判明购买者是不是未成年人的，应当要求其出示身份证件。

第六十一条【禁止违法招工】任何组织或者个人不得招用未满十六周岁的未成年人，国家另有规定的除外。

营业性娱乐场所、酒吧、互联网上网服务营业场所等不适宜未成年人活动的场所不得招用未满十六周岁的未成年人。

招用未满十六周岁未成年人的单位和个人应当执行国家在工种、劳动时间、劳动强度和保护措施等方面的规定，不得安排其从事过重、有毒、有害等危害未成年人身心健康的劳动或者危险作业。

任何组织或者个人不得组织未成年人进行危害其身心健康的表演等活动。经未成年人的父母或者其他监护人同意，未成年人参与演出、节目制作等活动，活动组织方应当根据国家有关规定，保障未成年人合法权益。

第六十二条【审查应聘者资质】密切接触未成年人的单位招聘工作人员时，应当向公安机关、人民检察院查询应聘者是否具有性侵害、虐待、拐卖、暴力伤害等违法犯罪记录；发现其具有前述行为记录的，不得录用。

密切接触未成年人的单位应当每年定期对工作人员是否具有上述违法犯罪记录进行查询。通过查询或者其他方式发现其工作人员具有上述行为的，应当及时解聘。

第六十三条【保护未成年人隐私】任何组织或者个人不得隐匿、毁弃、非法删除未成年人的信件、日记、电子邮件或者其他网络通讯内容。

除下列情形外，任何组织或者个人不得开拆、查阅未成年人的信件、日记、电子邮件或者其他网络通讯内容：

（一）无民事行为能力未成年人的父母或者其他监护人代未成年人开拆、查阅；

（二）因国家安全或者追查刑事犯罪依法进行检查；

（三）紧急情况下为了保护未成年人本人的人身安全。

第五章　网络保护

第六十四条【加强网络素养】国家、社会、学校和家庭应当加强未成年人网络素养宣传教育，培养和提高未成年人的网络素养，增强未成年人科学、文明、安全、合理使用网络的意识和能力，保障未成年人在网络空间的合法权益。

第六十五条【支持健康网络创作】国家鼓励和支持有利于未成年人健康成长的网络内容的创作与传播，鼓励和支持专门以未成年人为服务对象、适合未成年人身心健康特点的网络技术、产品、服务的研发、生产和使用。

第六十六条【强化网络监督】网信部门及其他有关部门应当加强对未成年人网络保护工作的监督检查，依法惩处利用网络从事危害未成年人身心健康的活动，为未成年人提供安全、健康的网络环境。

第六十七条【网络信息分类】网信部门会同公安、文化和旅游、新闻出版、电影、广播电视等部门，根据保护不同年龄阶段未成年人的需要，确定可能影响未成年人身心健康网络信息的种类、范围和判断标准。

第六十八条【预防沉迷网络】新闻出版、教育、卫生健康、文化和旅游、网信等部门应当定期开展预防未成年人沉迷网络的宣传教育，监督网络产品和服务提供者履行预防未成年人沉迷网络的义务，指导家庭、学校、社会组织互相配合，采取科学、合理的方式对未成年人沉迷网络进行预防和干预。

任何组织或者个人不得以侵害未成年人身心健康的方式对未成年人沉迷网络进行干预。

第六十九条【采取网络安全保护措施】学校、社区、图书馆、文化馆、青少年宫等场所为未成年人提供的互联网上网服务设施，应当安装未成年人网络保护软件或者采取其他安全保护技术措施。

智能终端产品的制造者、销售者应当在产品上安装未成年人网络保护软件，或者以显著方式告知用户未成年人网络保护软件的安装渠道和方法。

第七十条【控制和帮助引导】学校应当合理使用网络开展教学活动。未经学校允许，未成年学生不得将手机等智能终端产品带入课堂，带入学校的应当统一管理。

学校发现未成年学生沉迷网络的，应当及时告知其父母或者其他监护人，共同对未成年学生进行教育和引导，帮助其恢复正常的学习生活。

第七十一条【监护人管理引导】未成年人的父母或者其他监护人应当提高网络素养，规范自身使用网络的行为，加强对未成年人使用网络行为的引导和监督。

未成年人的父母或者其他监护人应当通过在智能终端产品上安装未成年人网络保护软件、选择适合未成年人的服务模式和管理功能等方式，避免未成年人接触危害或者可能影响其身心健康的网络信息，合理安排未成年人使用网络的时间，有效预防未成年人沉迷网络。

第七十二条【信息处理者义务】信息处理者通过网络处理未成年人个人信息的，应当遵循合法、正当和必要的原则。处理不满十四周岁未成年人个人信息的，应当征得未成年人的父母或者其他监护人同意，但法律、行政法规另有规定的除外。

未成年人、父母或者其他监护人要求信息处理者更正、删除未成年人个人信息的，信息处理者应当及时采取措施予以更正、删除，但法律、行政法规另有规定的除外。

第七十三条【网络服务提供者义务】网络服务提供者发现未成年人通过网络发布私密信息的，应当及时提示，并采取必要的保护措施。

第七十四条【网络产品和服务提供者义务】网络产品和服务提供者不得向未成年人提供诱导其沉迷的产品和服务。

网络游戏、网络直播、网络音视频、网络社交等网络服务提供者应当针对未成年人使用其服务设置相应的时间管理、权限管理、消费管理等功能。

以未成年人为服务对象的在线教育网络产品和服务，不得插入网络游戏链接，不得推送广告等与教学无关的信息。

第七十五条【网络游戏服务提供者义务】网络游戏经依法审批后方可运营。

国家建立统一的未成年人网络游戏电子身份认证系统。网络游戏服务提供者应当要求未成年人以真实身份信息注册并登录网络游戏。

网络游戏服务提供者应当按照国家有关规定和标准，对游戏产品进行分类，作出适龄提示，并采取技术措施，不得让未成年人接触不适宜的游戏或者游戏功能。

网络游戏服务提供者不得在每日二十二时至次日八时向未成年人提供网络游戏服务。

第七十六条【网络直播服务提供者义务】网络直播服务提供者不得为未满十六周岁的未成年人提供网络直播发布者账号注册服务；为年满十六周岁的未成年人提供网络直播发布者账号注册服务时，应当对其身份信息进行认证，并征得其父母或者其他监护人同意。

第七十七条【禁止网络欺凌】任何组织或者个人不得通过网络以文字、图片、音视频等形式，对未成年人实施侮辱、诽谤、威胁或者恶意损害形象等网络欺凌行为。

遭受网络欺凌的未成年人及其父母或者其他监护人有权通知网络服务提供者采取删除、屏蔽、断开链接等措施。网络服务提供者接到通知后，应当及时采取必要的措施制止网络欺凌行为，防止信息扩散。

第七十八条【接受投诉和举报】网络产品和服务提供者应当建立便捷、合理、有效的投诉和举报渠道，公开投诉、举报方式等信息，及时受理并处理涉及未成年人的投诉、举报。

第七十九条【公众投诉举报】任何组织或者个人发现网络产品、服务含有危害未成年人身心健康的信息，有权向网络产品和服务提供者或者网信、公安等部门投诉、举报。

第八十条【网络服务提供者义务】网络服务提供者发现用户发布、传播可能影响未成年人身心健康的信息且未作显著提示的，应当作出提示或者通知用户予以提示；未作出提示的，不得传输相关信息。

网络服务提供者发现用户发布、传播含有危害未成年人身心健康内容的信息的，应当立即停止传输相关信息，采取删除、屏蔽、断开链接等处置措施，保存有关记录，并向网信、公安等部门报告。

网络服务提供者发现用户利用其网络服务对未成年人实施违法犯罪行为的，应当立即停止向该用户提供网络服务，保存有关记录，并向公安机关报告。

第六章 政府保护

第八十一条【专人专岗负责】县级以上人民政府承担未成年人保护协调机制具体工作的职能部门应当明确相关内设机构或者专门人员，负责承担未成年人保护工作。

乡镇人民政府和街道办事处应当设立未成年人保护工作站或者指定专门人员，及时办理未成年人相关事务；支持、指导居民委员会、村民委员会设立专人专岗，做好未成年人保护工作。

第八十二条【加强家庭教育指导】各级人民政府应当将家庭教育指导服务纳入城乡公共服务体系，开展家庭教育知识宣传，鼓励和支持有关人民团体、企业事业单位、社会组织开展家庭教育指导服务。

第八十三条【保障受教育权】各级人民政府应当保障未成年人受教育的权利，并采取措施保障留守未成年人、困境未成年人、残疾未成年人接受义务教育。

对尚未完成义务教育的辍学未成年学生，教育行政部门应当责令其父母或者其他监护人将其送入学校接受义务教育。

第八十四条【关注托育、学前教育】各级人民政府应当发展托育、学前教育事业，办好婴幼儿照护服务机构、幼儿园，支持社会力量依法兴办母婴室、婴幼儿照护服务机构、幼儿园。

县级以上地方人民政府及其有关部门应当培养和培训婴幼儿照护服务机构、幼儿园的保教人员，提高其职业道德素质和业务能力。

第八十五条【发展职前教育】各级人民政府应当发展职业教育，保障未成年人接受职业教育或者职业技能培训，鼓励和支持人民团体、企业事业单位、社会组织为未成年人提供职业技能培训服务。

第八十六条【保障残疾学生受教育权】各级人民政府应当保障具有接受普通教育能力、能适应校园生活的残疾未成年人就近在普通学校、幼儿园接受教育；保障不具有接受普通教育能力的残疾未成年人在特殊教育学校、幼儿园接受学前教育、义务教育和职业教育。

各级人民政府应当保障特殊教育学校、幼儿园的办学、办园条件，鼓励和支持社会力量举办特殊教育学校、幼儿园。

第八十七条【保障校园安全】地方人民政府及其有关部门应当保障校园安全，监督、指导学校、幼儿园等单位落实校园安全责任，建立突发事件的报告、处置和协调机制。

第八十八条【保障周边安全】公安机关和其他有关部门应当依法维护校园周边的治安和交通秩序，设置监控设备和交通安全设施，预防和制止侵害未成年人的违法犯罪行为。

第八十九条【保护和支持兴建设施】地方人民政府应当建立和改善适合未成年人的活动场所和设施，支持公益性未成年人活动场所和设施的建设和运行，鼓励社会力量兴办适合未成年人的活动场所和设施，并加强管理。

地方人民政府应当采取措施，鼓励和支持学校在国家法定节假日、休息日及寒暑假期将文化体育设施对未成年人免费或者优惠开放。

地方人民政府应当采取措施，防止任何组织或者个人侵占、破坏学校、幼儿园、婴幼儿照护服务机构等未成年人活动场所的场地、房屋和设施。

第九十条【保障身心健康】各级人民政府及其有关部门应当对未成年人进行卫生保健和营养指导，提供卫生保健服务。

卫生健康部门应当依法对未成年人的疫苗预防接种进行规范，防治未成年人常见病、多发病，加强传染病防治和监督管理，做好伤害预防和干预，指导和监督学校、幼儿园、婴幼儿照护服务机构开展卫生保健工作。

教育行政部门应当加强未成年人的心理健康教育，建立未成年人心理问题的早期发现和及时干预机制。卫生健康部门应当做好未成年人心理治疗、心理危机干预以及精神障碍早期识别和诊断治疗等工作。

第九十一条【实施分类保障】各级人民政府及其有关部门对困境未成年人实施分类保障，采取措施满足其生活、教育、安全、医疗康复、住房等方面的基本需要。

第九十二条【临时监护情形】具有下列情形之一的，民政部门应当依法对未成年人进行临时监护：

（一）未成年人流浪乞讨或者身份不明，暂时查找不到父母或者其他监护人；

（二）监护人下落不明且无其他人可以担任监护人；

（三）监护人因自身客观原因或者因发生自然灾害、事故灾难、公共卫生事件等突发事件不能履行监护职责，导致未成年人监护缺失；

（四）监护人拒绝或者怠于履行监护职责，导致未成年人处于无人照料的状态；

（五）监护人教唆、利用未成年人实施违法犯罪行为，未成年人需要被带离安置；

（六）未成年人遭受监护人严重伤害或者面临人身安全威胁，需要被紧急安置；

（七）法律规定的其他情形。

第九十三条【临时监护措施】对临时监护的未成年人，民政部门可以采取委托亲属抚养、家庭寄养等方式进行安置，也可以交由未成年人救助保护机构或者儿童福利机构进行收留、抚养。

临时监护期间，经民政部门评估，监护人重新具备履行监护职责条件的，民政部门可以将未成年人送回监护人抚养。

第九十四条【长期监护情形】具有下列情形之一的，民政部门应当依法对未成年人进行长期监护：

（一）查找不到未成年人的父母或者其他监护人；

（二）监护人死亡或者被宣告死亡且无其他人可以担任监护人；

（三）监护人丧失监护能力且无其他人可以担任监护人；

（四）人民法院判决撤销监护人资格并指定由民政部门担任监护人；

（五）法律规定的其他情形。

第九十五条【审查移交收养】民政部门进行收养评估后，可以依法将其长期监护的未成年人交由符合条件的申请人收养。收养关系成立后，民政部门与未成年人的监护关系终止。

第九十六条【支持履行监护职责】民政部门承担临时监护或者长期监护职责的，财政、教育、卫生健康、公安等部门应当根据各自职责予以配合。

县级以上人民政府及其民政部门应当根据需要设立未成年人救助保护机构、儿童福利机构，负责收留、抚养由民政部门监护的未成年人。

第九十七条【提供保护服务】县级以上人民政府应当开通全国统一的未成年人保护热线，及时受理、转介侵犯未成年人合法权益的投诉、举报；鼓励和支持人民团体、企业事业单位、社会组织参与建设未成年人保护服务平台、服务热线、服务站点，提供未成年人保护方面的咨询、帮助。

第九十八条【信息查询系统】国家建立性侵害、虐待、拐卖、暴力伤害等违法犯罪人员信息查询系统，向密切接触未成年人的单位提供免费查询服务。

第九十九条【地方政府职责】地方人民政府应当培育、引导和规范有关社会组织、社会工作者参与未成年人保护工作，开展家庭教育指导服务，为未成年人的心理辅导、康复救助、监护及收养评估等提供专业服务。

第七章　司法保护

第一百条【保障合法利益】公安机关、人民检察院、人民法院和司法行政部门应当依法履行职责，保障未成年人合法权益。

第一百零一条【安排专人负责】公安机关、人民检察院、人民法院和司法行政部门应当确定专门机构或者指定专门人员，负责办理涉及未成年人案件。办理涉及未成年人案件的人员应当经过专门培训，熟悉未成年人身心特点。专门机构或者专门人员中，应当有女性工作人员。

公安机关、人民检察院、人民法院和司法行政部门应当对上述机构和人员实行与未成年人保护工作相适应的评价考核标准。

第一百零二条【尊重未成年人】公安机关、人民检察院、人民法院和司法行政部门办理涉及未成年人案件，应当考虑未成年人身心特点和健康成长的需要，使用未成年人能够理解的语言和表达方式，听取未成年人的意见。

第一百零三条【保护个人隐私】公安机关、人民检察院、人民法院、司法行政部门以及其他组织和个人不得披露有关案件中未成年人的姓名、影像、住所、就读学校以及其他可能识别出其身份的信息，但查找失踪、被拐卖未成年人等情形除外。

第一百零四条【实施法律援助】对需要法律援助或者司法救助的未成年人，法律援助机构或者公安机关、人民检察院、人民法院和司法行政部门应当给予帮助，依法为其提供法律援助或者司法救助。

法律援助机构应当指派熟悉未成年人身心特点的律师为未成年人提供法律援助服务。

法律援助机构和律师协会应当对办理未成年人法律援助案件的律师进行指导和培训。

第一百零五条【检察院监督】人民检察院通过行使检察权，对涉及未成年人的诉讼活动等依法进行监督。

第一百零六条【检察院起诉与支持起诉】未成年人合法权益受到侵犯，相关组织和个人未代为提起诉讼的，人民检察院可以督促、支持其提起诉讼；涉及公共利益的，人民检察院有权提起公益诉讼。

第一百零七条【特殊案件中的尊重和保护】人民法院审理继承案件，应当依法保护未成年人的继承权和受遗赠权。

人民法院审理离婚案件，涉及未成年子女抚养问题的，应当尊重已满八周岁未成年子女的真实意愿，根据双方具体情况，按照最有利于未成年子女的原则依法处理。

第一百零八条【撤销监护人资格】未成年人的父母或者其他监护人不依法履行监护职责或者严重侵犯被监护的未成年人合法权益的，人民法院可以根据有关人员或者单位的申请，依法作出人身安全保护令或者撤销监护人资格。

被撤销监护人资格的父母或者其他监护人应当依法继续负担抚养费用。

第一百零九条【开展社会调查】人民法院审理离婚、抚养、收养、监护、探望等案件涉及未成年人的，可以自行或者委托社会组织对未成年人的相关情况进行社会调查。

第一百一十条【保护安全和隐私】公安机关、人民检察院、人民法院讯问未成年犯罪嫌疑人、被告人，询问未成年被害人、证人，应当依法通知其法定代理人或者其成年亲属、所在学校的代表等合适成年人到场，并采取适当方式，在适当场所进行，保障未成年人的名誉权、隐私权和其他合法权益。

人民法院开庭审理涉及未成年人案件，未成年被害人、证人一般不出庭作证；必须出庭的，应当采取保护其隐私的技术手段和心理干预等保护措施。

第一百一十一条【多重保护措施】公安机关、人民检察院、人民法院应当与其他有关政府部门、人民团体、社会组织互相配合，对遭受性侵害或者暴力伤害的未成年被害人及其家庭实施必要的心理干预、经济救助、法律援助、转学安置等保护措施。

第一百一十二条【取证保护措施】公安机关、人民检察院、人民法院办理未成年人遭受性侵害或者暴力伤害案件，在询问未成年被害人、证人时，应当采取同步录音录像等措施，尽量一次完成；未成年被害人、证人是女性的，应当由女性工作人员进行。

第一百一十三条【教育感化和平等对待】对违法犯罪的未成年人，实行教育、感化、挽救的方针，坚持教育为主、惩罚为辅的原则。

对违法犯罪的未成年人依法处罚后，在升学、就业等方面不得歧视。

第一百一十四条【提出监督建议】公安机关、人民检察院、人民法院和司法行政部门发现有关单位未尽到未成年人教育、管理、救助、看护等保护职责的，应当向该单位提出建议。被建议单位应当在一个月内作出书面回复。

第一百一十五条【开展法治宣传】公安机关、人民检察院、人民法院和司法行政部门应当结合实际，根据涉及未成年人案件的特点，开展未成年人法治宣传教育工作。

第一百一十六条【鼓励社会力量参与】国家鼓励和支持社会组织、社会工作者参与涉及未成年人案件中未成年人的心理干预、法律援助、社会调查、社会观护、教育矫治、社区矫正等工作。

第八章　法律责任

第一百一十七条【未履行报告义务的责任】违反本法第十一条第二款规定，未履行报告义务造成严重后果的，由上级主管部门或者所在单位对直接负责的主管人员和其他直接责任人员依法给予处分。

第一百一十八条【不履行监护职责的责任】未成年人的父母或者其他监护人不依法履行监护职责或者侵犯未成年人合法权益的，由其居住地的居民委员会、村民委员会予以劝诫、制止；情节严重的，居民委员会、村民委员会应当及时向公安机关报告。

公安机关接到报告或者公安机关、人民检察院、人民法院在办理案件过程中发现未成年人的父母或者其他监护人存在上述情形的，应当予以训诫，并可以责令其接受家庭教育指导。

第一百一十九条【侵犯人格尊严、受教育权和进行校园欺凌的责任】学校、幼儿园、婴幼儿照护服务等机构及其教职员工违反本法第二十七条、第二十八条、第三十九条规定的，由公安、教育、卫生健康、市场监督管理等部门按照职责分工责令改正；拒不改正或者情节严重的，对直接负责的主管人员和其他直接责任人员依法给予处分。

第一百二十条【未依法提供优惠待遇的责任】违反本法第四十四条、第四十五条、第四十七条规定，未给予未成年人免费或者优惠待遇的，由市场监督管理、文化和旅游、交通运输等部门按照职责分工责令限期改正，给予警告；拒不改正的，处一万元以上十万元以下罚款。

第一百二十一条【制作、传播含不良内容作品或未显著标示的责任】违反本法第五十条、第五十一条规定的，由新闻出版、广播电视、电影、网信等部门按照职责分工责令限期改正，给予警告，没收违法所得，可以并处十万元以下罚款；拒不改正或者情节严重的，责令暂停相关业务、停产停业或者吊销营业执照、吊销相关许可证，违法所得一百万元以上的，并处违法所得一倍以上十倍以下的罚款，没有违法所得或者违法所得不足一百万元的，并处十万元以上一百万元以下罚款。

第一百二十二条【未尽安保和查询义务的责任】场所运营单位违反本法第五十六条第二款规定、住宿经营者违反本法第五十七条规定的，由市场监督管理、应急管理、公安等部门按照职责分工责令限期改正，给予警告；拒不改正或者造成严重后果的，责令停业整顿或者吊销营业执照、吊销相关许可证，并处一万元以上十万元以下罚款。

第一百二十三条【在校园周边违法经营的责任】相关经营者违反本法第五十八条、第五十九条第一款、第六十条规定的，由文化和旅游、市场监督管理、烟草专卖、公安等部门按照职责分工责令限期改正，给予警告，没收违法所得，可以并处五万元以下罚款；拒不改正或者情节严重的，责令停业整顿或者吊销营业执照、吊销相关许可证，可以并处五万元以上五十万元以下罚款。

第一百二十四条【违规抽烟饮酒的责任】违反本法第五十九条第二款规定，在学校、幼儿园和其他未成年人集中活动的公共场所吸烟、饮酒的，由卫生健康、教育、市场监督管理等部门按照职责分工责令改正，给予警告，可以并处五百元以下罚款；场所管理者未及时制止的，由卫生健康、教育、市场监督管理等部门按照职责分工给予警告，并处一万元以下罚款。

第一百二十五条【违法招工的责任】违反本法第六十一条规定的，由文化和旅游、人力资源和社会保障、市场监督管理等部门按照职责分工责令限期改正，给予警告，没收违法所得，可以并处十万元以下罚款；拒不改正或者情节严重的，责令停产停业或者吊销营业执照、吊销相关许可证，并处十万元以上一百万元以下罚款。

第一百二十六条【未审查聘用人员资质的责任】密切接触未成年人的单位违反本法第六十二条规定，未履行查询义务，或者招用、继续聘用具有相关违法犯罪记录人员的，由教育、人力资源和社会保障、市场监督管理等部门按照职责分工责令限期改正，给予警告，并处五万元以下罚款；拒不改正或者造成严重后果的，责令停业整顿或者吊销营业执照、吊销相关许可证，并处五万元以上五十万元以下罚款，对直接负责的主管人员和其他直接责任人员依法给予处分。

第一百二十七条【网络信息处理者、提供者的责任】信息处理者违反本法第七十二条规定，或者网络产品和服务提供者违反本法第七十三条、第七十四条、第七十五条、第七十六条、第七十七条、第八十条规定的，由公安、网信、电信、新闻出版、广播电视、文化和旅游等有关部门按照职责分工责令改正，给予警告，没收违法所得，违法所得一百万元以上的，并处违法所得一倍以上十倍以下罚款，没有违法所得或者违法所得不足一百万元的，并处十万元以上一百万元以下罚款，对直接负责的主管人员和其他责任人员处一万元以上十万元以下罚款；拒不改正或者情节严重的，并可以责令暂停相关业务、停业整顿、关闭网站、吊销营业执照或者吊销相关许可证。

第一百二十八条【国家机关工作人员责任】国家机关工作人员玩忽职守、滥用职权、徇私舞弊，损害未成年人合法权益的，依法给予处分。

第一百二十九条【担责类型】违反本法规定，侵犯未成年人合法权益，造成人身、财产或者其他损害的，依法承担民事责任。

违反本法规定，构成违反治安管理行为的，依法给予治安管理处罚；构成犯罪的，依法追究刑事责任。

第九章　附则

第一百三十条【词语释义】本法中下列用语的含义：

（一）密切接触未成年人的单位，是指学校、幼儿园等教育机构；校外培训机构；未成年人救助保护机构、儿童福利机构等未成年人安置、救助机构；婴幼儿照护服务机构、早期教育服务机构；校外托管、临时看护机构；家政服务机构；为未成年人提供医疗服务的医疗机构；其他对未成年人负有教育、培训、监护、救助、看护、医疗等职责的企业事业单位、社会组织等。

（二）学校，是指普通中小学、特殊教育学校、中等职业学校、专门学校。

（三）学生欺凌，是指发生在学生之间，一方蓄意或者恶意通过肢体、语言及网络等手段实施欺压、侮辱，造成另一方人身伤害、财产损失或者精神损害的行为。

第一百三十一条【参照适用】对中国境内未满十八周岁的外国人、无国籍人，依照本法有关规定予以保护。

第一百三十二条【实施时间】本法自 2021 年 6 月 1 日起施行。

第五节　《中华人民共和国预防未成年人犯罪法》解读

一、《预防未成年人犯罪法》的性质和意义

《中华人民共和国预防未成年人犯罪法》（以下简称《预防未成年人犯罪法》）一般被视为教育单行法。预防未成年人犯罪是教育法律关系中非常重要的一部分，也是对未成年人权利保护的一部分。此部法律与《未成年人保护法》关系密切，两部法律都关注保护未成年人，是相互联系、相互补充的关系，对于维护未成年人合法权益、保障未成年人健康成长具有重要意义。

二、《预防未成年人犯罪法》的结构和内容

《预防未成年人犯罪法》包括三个部分，共七章六十八条，旨在保障未成年人身心健康，

有效地预防未成年人犯罪。总则主要规定了立法目的、预防重点和各级政府的相关职责等内容。分则围绕预防未成年人犯罪这一核心目标，规定了预防未成年人犯罪教育、对不良行为的干预、对严重不良行为的矫治、对重新犯罪的预防和法律责任。附则只涉及实施时间。

《中华人民共和国预防未成年人犯罪法》

（1999 年 6 月 28 日第九届全国人民代表大会常务委员会第十次会议通过；2012 年 10 月 26 日修正；2020 年 12 月 26 日修订，于 2021 年 6 月 1 日施行）

第一章　总则

第一条【立法目的】为了保障未成年人身心健康，培养未成年人良好品行，有效预防未成年人违法犯罪，制定本法。

第二条【预防重点】预防未成年人犯罪，立足于教育和保护未成年人相结合，坚持预防为主、提前干预，对未成年人的不良行为和严重不良行为及时进行分级预防、干预和矫治。

第三条【保护权利】开展预防未成年人犯罪工作，应当尊重未成年人人格尊严，保护未成年人的名誉权、隐私权和个人信息等合法权益。

第四条【综合治理】预防未成年人犯罪，在各级人民政府组织下，实行综合治理。

国家机关、人民团体、社会组织、企业事业单位、居民委员会、村民委员会、学校、家庭等各负其责、相互配合，共同做好预防未成年人犯罪工作，及时消除滋生未成年人违法犯罪行为的各种消极因素，为未成年人身心健康发展创造良好的社会环境。

第五条【政府职责】各级人民政府在预防未成年人犯罪方面的工作职责是：

（一）制定预防未成年人犯罪工作规划；

（二）组织公安、教育、民政、文化和旅游、市场监督管理、网信、卫生健康、新闻出版、电影、广播电视、司法行政等有关部门开展预防未成年人犯罪工作；

（三）为预防未成年人犯罪工作提供政策支持和经费保障；

（四）对本法的实施情况和工作规划的执行情况进行检查；

（五）组织开展预防未成年人犯罪宣传教育；

（六）其他预防未成年人犯罪工作职责。

第六条【专门教育】国家加强专门学校建设，对有严重不良行为的未成年人进行专门教育。专门教育是国民教育体系的组成部分，是对有严重不良行为的未成年人进行教育和矫治的重要保护处分措施。

省级人民政府应当将专门教育发展和专门学校建设纳入经济社会发展规划。县级以上地方人民政府成立专门教育指导委员会，根据需要合理设置专门学校。

专门教育指导委员会由教育、民政、财政、人力资源社会保障、公安、司法行政、人民检察院、人民法院、共产主义青年团、妇女联合会、关心下一代工作委员会、专门学校等单位，以及律师、社会工作者等人员组成，研究确定专门学校教学、管理等相关工作。

专门学校建设和专门教育具体办法，由国务院规定。

第七条【专门人员负责】公安机关、人民检察院、人民法院、司法行政部门应当由专门机构或者经过专业培训、熟悉未成年人身心特点的专门人员负责预防未成年人犯罪工作。

第八条【社会组织的协助支持】共产主义青年团、妇女联合会、工会、残疾人联合会、关心下一代工作委员会、青年联合会、学生联合会、少年先锋队以及有关社会组织，应当协助各级人民政府及其有关部门、人民检察院和人民法院做好预防未成年人犯罪工作，为预防未成年人犯罪培育社会力量，提供支持服务。

第九条【鼓励和管理社会组织参与】国家鼓励、支持和指导社会工作服务机构等社会组织参与预防未成年人犯罪相关工作，并加强监督。

第十条【禁止行为】任何组织或者个人不得教唆、胁迫、引诱未成年人实施不良行为或者严重不良行为，以及为未成年人实施上述行为提供条件。

第十一条【自我约束】未成年人应当遵守法律法规及社会公共道德规范，树立自尊、自律、自强意识，增强辨别是非和自我保护的能力，自觉抵制各种不良行为以及违法犯罪行为的引诱和侵害。

第十二条【研究内容】预防未成年人犯罪，应当结合未成年人不同年龄的生理、心理特点，加强青春期教育、心理关爱、心理矫治和预防犯罪对策的研究。

第十三条【研究方向】国家鼓励和支持预防未成年人犯罪相关学科建设、专业设置、人才培养及科学研究，开展国际交流与合作。

第十四条【表彰奖励】国家对预防未成年人犯罪工作有显著成绩的组织和个人，给予表彰和奖励。

第二章　预防犯罪的教育

第十五条【教育内容和目的】国家、社会、学校和家庭应当对未成年人加强社会主义核心价值观教育，开展预防犯罪教育，增强未成年人的法治观念，使未成年人树立遵纪守法和防范违法犯罪的意识，提高自我管控能力。

第十六条【监护人责任】未成年人的父母或者其他监护人对未成年人的预防犯罪教育负有直接责任，应当依法履行监护职责，树立优良家风，培养未成年人良好品行；发现未成年人心理或者行为异常的，应当及时了解情况并进行教育、引导和劝诫，不得拒绝或者怠于履行监护职责。

第十七条【纳入教学计划】教育行政部门、学校应当将预防犯罪教育纳入学校教学计划，指导教职员工结合未成年人的特点，采取多种方式对未成年学生进行有针对性的预防犯罪教育。

第十八条【聘任法律工作者】学校应当聘任从事法治教育的专职或者兼职教师，并可以从司法和执法机关、法学教育和法律服务机构等单位聘请法治副校长、校外法治辅导员。

第十九条【关注心理健康】学校应当配备专职或者兼职的心理健康教育教师，开展心理健康教育。学校可以根据实际情况与专业心理健康机构合作，建立心理健康筛查和早期干预机制，预防和解决学生心理、行为异常问题。

学校应当与未成年学生的父母或者其他监护人加强沟通，共同做好未成年学生心理健康教育；发现未成年学生可能患有精神障碍的，应当立即告知其父母或者其他监护人送相关专业机构诊治。

第二十条【欺凌防控】教育行政部门应当会同有关部门建立学生欺凌防控制度。学校应当加强日常安全管理，完善学生欺凌发现和处置的工作流程，严格排查并及时消除可能导致学生欺凌行为的各种隐患。

第二十一条【聘任社会工作者】教育行政部门鼓励和支持学校聘请社会工作者长期或者定期进驻学校，协助开展道德教育、法治教育、生命教育和心理健康教育，参与预防和处理学生欺凌等行为。

第二十二条【家校合作预防】教育行政部门、学校应当通过举办讲座、座谈、培训等活动，介绍科学合理的教育方法，指导教职员工、未成年学生的父母或者其他监护人有效预防未成年人犯罪。

学校应当将预防犯罪教育计划告知未成年学生的父母或者其他监护人。未成年学生的父母或者其他监护人应当配合学校对未成年学生进行有针对性的预防犯罪教育。

第二十三条【考核预防效果】教育行政部门应当将预防犯罪教育的工作效果纳入学校年度考核内容。

第二十四条【多部门宣传】各级人民政府及其有关部门、人民检察院、人民法院、共产主义青年团、少年先锋队、妇女联合会、残疾人联合会、关心下一代工作委员会等应当结合实际，组织、举办多种形式的预防未成年人犯罪宣传教育活动。有条件的地方可以建立青少年法治教育基地，对未成年人开展法治教育。

第二十五条【居委会、村委会宣传协助】居民委员会、村民委员会应当积极开展有针对性的预防未成年人犯罪宣传活动，协助公安机关维护学校周围治安，及时掌握本辖区内未成年人的监护、就学和就业情况，组织、引导社区社会组织参与预防未成年人犯罪工作。

第二十六条【校外活动场所宣传】青少年宫、儿童活动中心等校外活动场所应当把预防犯罪教育作为一项重要的工作内容，开展多种形式的宣传教育活动。

第二十七条【职业教育培训】职业培训机构、用人单位在对已满十六周岁准备就业的未成年人进行职业培训时，应当将预防犯罪教育纳入培训内容。

第三章　对不良行为的干预

第二十八条【不良行为】本法所称不良行为，是指未成年人实施的不利于其健康成长的下列行为：

（一）吸烟、饮酒；

（二）多次旷课、逃学；

（三）无故夜不归宿、离家出走；

（四）沉迷网络；

（五）与社会上具有不良习性的人交往，组织或者参加实施不良行为的团伙；

（六）进入法律法规规定未成年人不宜进入的场所；

（七）参与赌博、变相赌博，或者参加封建迷信、邪教等活动；

（八）阅览、观看或者收听宣扬淫秽、色情、暴力、恐怖、极端等内容的读物、音像制品或者网络信息等；

（九）其他不利于未成年人身心健康成长的不良行为。

第二十九条【监护人监管】未成年人的父母或者其他监护人发现未成年人有不良行为的，应当及时制止并加强管教。

第三十条【组织机构监管】公安机关、居民委员会、村民委员会发现本辖区内未成年人有不良行为的，应当及时制止，并督促其父母或者其他监护人依法履行监护职责。

第三十一条【学校管教措施】学校对有不良行为的未成年学生，应当加强管理教育，不得歧视；对拒不改正或者情节严重的，学校可以根据情况予以处分或者采取以下管理教育措施：

（一）予以训导；

（二）要求遵守特定的行为规范；

（三）要求参加特定的专题教育；

（四）要求参加校内服务活动；

（五）要求接受社会工作者或者其他专业人员的心理辅导和行为干预；

（六）其他适当的管理教育措施。

第三十二条【家校合作管理】学校和家庭应当加强沟通，建立家校合作机制。学校决定对未成年学生采取管理教育措施的，应当及时告知其父母或者其他监护人；未成年学生的父母或者其他监护人应当支持、配合学校进行管理教育。

第三十三条【情节轻微的处理】未成年学生偷窃少量财物，或者有殴打、辱骂、恐吓、强行索要财物等学生欺凌行为，情节轻微的，可以由学校依照本法第三十一条规定采取相应的管理教育措施。

第三十四条【监管旷课和逃学】未成年学生旷课、逃学的，学校应当及时联系其父母或者其他监护人，了解有关情况；无正当理由的，学校和未成年学生的父母或者其他监护人应当督促其返校学习。

第三十五条【监管夜不归宿、离家出走】未成年人无故夜不归宿、离家出走的，父母或者其他监护人、所在的寄宿制学校应当及时查找，必要时向公安机关报告。

收留夜不归宿、离家出走未成年人的，应当及时联系其父母或者其他监护人、所在学校；无法取得联系的，应当及时向公安机关报告。

第三十六条【处理监管夜不归宿、离家出走】对夜不归宿、离家出走或者流落街头的未成年人，公安机关、公共场所管理机构等发现或者接到报告后，应当及时采取有效保护措施，并通知其父母或者其他监护人、所在的寄宿制学校，必要时应当护送其返回住所、学校；无法与其父母或者其他监护人、学校取得联系的，应当护送未成年人到救助保护机构接受救助。

第三十七条【制止不良行为】未成年人的父母或者其他监护人、学校发现未成年人组织或者参加实施不良行为的团伙，应当及时制止；发现该团伙有违法犯罪嫌疑的，应当立即向公安机关报告。

第四章 对严重不良行为的矫治

第三十八条【严重不良行为类型】本法所称严重不良行为，是指未成年人实施的有刑法规定、因不满法定刑事责任年龄不予刑事处罚的行为，以及严重危害社会的下列行为：

（一）结伙斗殴，追逐、拦截他人，强拿硬要或者任意损毁、占用公私财物等寻衅滋事行为；

（二）非法携带枪支、弹药或者弩、匕首等国家规定的管制器具；

（三）殴打、辱骂、恐吓，或者故意伤害他人身体；

（四）盗窃、哄抢、抢夺或者故意损毁公私财物；

（五）传播淫秽的读物、音像制品或者信息等；

（六）卖淫、嫖娼，或者进行淫秽表演；

（七）吸食、注射毒品，或者向他人提供毒品；

（八）参与赌博赌资较大；

（九）其他严重危害社会的行为。

第三十九条【对教唆、胁迫、引诱行为的处理】未成年人的父母或者其他监护人、学校、居民委员会、村民委员会发现有人教唆、胁迫、引诱未成年人实施严重不良行为的，应当立即向公安机关报告。公安机关接到报告或者发现有上述情形的，应当及时依法查处；对人身安全受到威胁的未成年人，应当立即采取有效保护措施。

第四十条【公安机关处理】公安机关接到举报或者发现未成年人有严重不良行为的，应当及时制止，依法调查处理，并可以责令其父母或者其他监护人消除或者减轻违法后果，采取措施严加管教。

第四十一条【矫治教育措施】对有严重不良行为的未成年人，公安机关可以根据具体情况，采取以下矫治教育措施：

（一）予以训诫；

（二）责令赔礼道歉、赔偿损失；

（三）责令具结悔过；

（四）责令定期报告活动情况；

（五）责令遵守特定的行为规范，不得实施特定行为、接触特定人员或者进入特定场所；

（六）责令接受心理辅导、行为矫治；

（七）责令参加社会服务活动；

（八）责令接受社会观护，由社会组织、有关机构在适当场所对未成年人进行教育、监督和管束；

（九）其他适当的矫治教育措施。

第四十二条【组织参与和监护人配合】公安机关在对未成年人进行矫治教育时，可以根据需要邀请学校、居民委员会、村民委员会以及社会工作服务机构等社会组织参与。

未成年人的父母或者其他监护人应当积极配合矫治教育措施的实施，不得妨碍阻挠或者放任不管。

第四十三条【申请专门学校的情况】对有严重不良行为的未成年人，未成年人的父母或者其他监护人、所在学校无力管教或者管教无效的，可以向教育行政部门提出申请，经专门教育指导委员会评估同意后，由教育行政部门决定送入专门学校接受专门教育。

第四十四条【送入专门学校的情形】未成年人有下列情形之一的，经专门教育指导委员会评估同意，教育行政部门会同公安机关可以决定将其送入专门学校接受专门教育：

（一）实施严重危害社会的行为，情节恶劣或者造成严重后果；

（二）多次实施严重危害社会的行为；

（三）拒不接受或者配合本法第四十一条规定的矫治教育措施；

（四）法律、行政法规规定的其他情形。

第四十五条【设置专门场所矫治】未成年人实施刑法规定的行为、因不满法定刑事责任年龄不予刑事处罚的，经专门教育指导委员会评估同意，教育行政部门会同公安机关可以决定对其进行专门矫治教育。

省级人民政府应当结合本地的实际情况，至少确定一所专门学校按照分校区、分班级等方式设置专门场所，对前款规定的未成年人进行专门矫治教育。

前款规定的专门场所实行闭环管理，公安机关、司法行政部门负责未成年人的矫治工作，教育行政部门承担未成年人的教育工作。

第四十六条【专门学校评估转校】专门学校应当在每个学期适时提请专门教育指导委员会对接受专门教育的未成年学生的情况进行评估。对经评估适合转回普通学校就读的，专门教育指导委员会应当向原决定机关提出书面建议，由原决定机关决定是否将未成年学生转回普通学校就读。

原决定机关决定将未成年学生转回普通学校的，其原所在学校不得拒绝接收；因特殊情况，不适宜转回原所在学校的，由教育行政部门安排转学。

第四十七条【专门学校矫治重点】专门学校应当对接受专门教育的未成年人分级分类进行教育和矫治，有针对性地开展道德教育、法治教育、心理健康教育，并根据实际情况进行职业教育；对没有完成义务教育的未成年人，应当保证其继续接受义务教育。

专门学校的未成年学生的学籍保留在原学校，符合毕业条件的，原学校应当颁发毕业证书。

第四十八条【专门学校与监护人合作】专门学校应当与接受专门教育的未成年人的父母或者其他监护人加强联系，定期向其反馈未成年人的矫治和教育情况，为父母或者其他监护人、亲属等看望未成年人提供便利。

第四十九条【行政救济方式】未成年人及其父母或者其他监护人对本章规定的行政决定不服的，可以依法提起行政复议或者行政诉讼。

第五章　对重新犯罪的预防

第五十条【加强法治教育】公安机关、人民检察院、人民法院办理未成年人刑事案件，应当根据未成年人的生理、心理特点和犯罪的情况，有针对性地进行法治教育。

对涉及刑事案件的未成年人进行教育，其法定代理人以外的成年亲属或者教师、辅导员等参与有利于感化、挽救未成年人的，公安机关、人民检察院、人民法院应当邀请其参加有关活动。

第五十一条【社会调查和心理测评】公安机关、人民检察院、人民法院办理未成年人刑事案件，可以自行或者委托有关社会组织、机构对未成年犯罪嫌疑人或者被告人的成长经历、犯罪原因、监护、教育等情况进行社会调查；根据实际需要并经未成年犯罪嫌疑人、被告人及其法定代理人同意，可以对未成年犯罪嫌疑人、被告人进行心理测评。

社会调查和心理测评的报告可以作为办理案件和教育未成年人的参考。

第五十二条【特殊情况的取保候审】公安机关、人民检察院、人民法院对于无固定住所、无法提供保证人的未成年人适用取保候审的，应当指定合适成年人作为保证人，必要时可以安排取保候审的未成年人接受社会观护。

第五十三条【对未成年犯的管理和教育】对被拘留、逮捕以及在未成年犯管教所执行刑罚的未成年人，应当与成年人分别关押、管理和教育。对未成年人的社区矫正，应当与成年人分别进行。

对有上述情形且没有完成义务教育的未成年人，公安机关、人民检察院、人民法院、司法行政部门应当与教育行政部门相互配合，保证其继续接受义务教育。

第五十四条【加强法治教育】未成年犯管教所、社区矫正机构应当对未成年犯、未成年社区矫正对象加强法治教育，并根据实际情况对其进行职业教育。

第五十五条【社区矫正机构职责】社区矫正机构应当告知未成年社区矫正对象安置帮教的有关规定，并配合安置帮教工作部门落实或者解决未成年社区矫正对象的就学、就业等问题。

第五十六条【处理刑满释放未成年犯】对刑满释放的未成年人，未成年犯管教所应当提前通知其父母或者其他监护人按时接回，并协助落实安置帮教措施。没有父母或者其他监护人、无法查明其父母或者其他监护人的，未成年犯管教所应当提前通知未成年人原户籍所在地或者居住地的司法行政部门安排人员按时接回，由民政部门或者居民委员会、村民委员会依法对其进行监护。

第五十七条【共同帮教措施】未成年人的父母或者其他监护人和学校、居民委员会、村民委员会对接受社区矫正、刑满释放的未成年人，应当采取有效的帮教措施，协助司法机关以及有关部门做好安置帮教工作。

居民委员会、村民委员会可以聘请思想品德优秀，作风正派，热心未成年人工作的离退休人员、志愿者或其他人员协助做好前款规定的安置帮教工作。

第五十八条【享有同等权利】刑满释放和接受社区矫正的未成年人，在复学、升学、就业等方面依法享有与其他未成年人同等的权利，任何单位和个人不得歧视。

第五十九条【犯罪记录封存】未成年人的犯罪记录依法被封存的，公安机关、人民检察院、人民法院和司法行政部门不得向任何单位或者个人提供，但司法机关因办案需要或者有关单位根据国家有关规定进行查询的除外。依法进行查询的单位和个人应当对相关记录信息予以保密。

未成年人接受专门矫治教育、专门教育的记录，以及被行政处罚、采取刑事强制措施和不起诉的记录，适用前款规定。

第六十条【人民检察院监督】人民检察院通过依法行使检察权，对未成年人重新犯罪预防工作等进行监督。

第六章 法律责任

第六十一条【训诫失职监护人】公安机关、人民检察院、人民法院在办理案件过程中发现实施严重不良行为的未成年人的父母或者其他监护人不依法履行监护职责的，应当予以训诫，并可以责令其接受家庭教育指导。

第六十二条【处理失职学校和教师】学校及其教职员工违反本法规定，不履行预防未成年人犯罪工作职责，或者虐待、歧视相关未成年人的，由教育行政等部门责令改正，通报批评；情节严重的，对直接负责的主管人员和其他直接责任人员依法给予处分。构成违反治安管理行为的，由公安机关依法予以治安管理处罚。

教职员工教唆、胁迫、引诱未成年人实施不良行为或者严重不良行为，以及品行不良、影响恶劣的，教育行政部门、学校应当依法予以解聘或者辞退。

第六十三条【改正歧视待遇】违反本法规定，在复学、升学、就业等方面歧视相关未成年人的，由所在单位或者教育、人力资源社会保障等部门责令改正；拒不改正的，对直接负责的主管人员或者其他直接责任人员依法给予处分。

第六十四条【处理虐待、歧视和出具虚假材料行为】有关社会组织、机构及其工作人员虐待、歧视接受社会观护的未成年人，或者出具虚假社会调查、心理测评报告的，由民政、司法行政等部门对直接负责的主管人员或者其他直接责任人员依法给予处分，构成违反治安管理行为的，由公安机关予以治安管理处罚。

第六十五条【处理教唆、胁迫、引诱行为】教唆、胁迫、引诱未成年人实施不良行为或者严重不良行为，构成违反治安管理行为的，由公安机关依法予以治安管理处罚。

第六十六条【处分失职国家机关及工作人员】国家机关及其工作人员在预防未成年人犯罪工作中滥用职权、玩忽职守、徇私舞弊的，对直接负责的主管人员和其他直接责任人员，依法给予处分。

第六十七条【追究刑事责任】违反本法规定，构成犯罪的，依法追究刑事责任。

第七章 附则

第六十八条【实施时间】本法自2021年6月1日起施行。

第六节 《学生伤害事故处理办法》解读

一、《学生伤害事故处理办法》的性质与地位

《学生伤害事故处理办法》（以下简称《办法》）是教育部制定颁发的，是我国第一部处理在校学生伤害事故的教育规章，为实施未成年人安全保护提供了实际操作规则，对学生在

校期间发生的人身伤害事故的预防与处理做出了具体规范。

二、《学生伤害事故处理办法》的意义

《办法》对人们关注的焦点问题给出了法律回答，有利于规范教育法律关系主体的意识与行为，有利于指导和帮助教育行政部门、各级各类学校积极预防、妥善处理学生伤害事故，其出台弥补了我国教育立法在处理学生伤害事故专项法规上的空白，为学校积极预防和妥善处理学生伤害事故提供了法制框架和制度保障。

三、《学生伤害事故处理办法》的结构和内容

《办法》包括三部分，共六章四十条，总则规定了制定该规章的目的、依据、适用范围和学生伤害事故处理原则等，最重要的是对学生伤害事故做了空间和时间两方面的限定，明确了学校管理职责的范畴。分则规定了事故与责任、事故处理程序、损害赔偿、对事故责任者的处理四个方面。附则明确了所涉及的责任主体等内容。

《学生伤害事故处理办法》

（2002 年 6 月 25 日中华人民共和国教育部令第 12 号发布；2010 年 12 月 13 日修改）

第一章　总则

第一条【立法目的和依据】为积极预防、妥善处理在校学生伤害事故，保护学生、学校的合法权益，根据《中华人民共和国教育法》、《中华人民共和国未成年人保护法》和其他相关法律、行政法规及有关规定，制定本办法。

第二条【适用范围】在学校实施的教育教学活动或者学校组织的校外活动中，以及在学校负有管理责任的校舍、场地、其他教育教学设施、生活设施内发生的，造成在校学生人身损害后果的事故的处理，适用本办法。

第三条【遵循原则】学生伤害事故应当遵循依法、客观公正、合理适当的原则，及时、妥善地处理。

第四条【学校和教育行政部门责任】学校的举办者应当提供符合安全标准的校舍、场地、其他教育教学设施和生活设施。

教育行政部门应当加强学校安全工作，指导学校落实预防学生伤害事故的措施，指导、协助学校妥善处理学生伤害事故，维护学校正常的教育教学秩序。

第五条【安全教育】学校应当对在校学生进行必要的安全教育和自护自救教育；应当按照规定，建立健全安全制度，采取相应的管理措施，预防和消除教育教学环境中存在的安全隐患；当发生伤害事故时，应当及时采取措施救助受伤害学生。

学校对学生进行安全教育、管理和保护，应当针对学生年龄、认知能力和法律行为能力的不同，采用相应的内容和预防措施。

第六条【学生义务】学生应当遵守学校的规章制度和纪律；在不同的受教育阶段，应当根据自身的年龄、认知能力和法律行为能力，避免和消除相应的危险。

第七条【监护人职责】未成年学生的父母或者其他监护人（以下称为监护人）应当依法履行监护职责，配合学校对学生进行安全教育、管理和保护工作。

学校对未成年学生不承担监护职责，但法律有规定的或者学校依法接受委托承担相应监护职责的情形除外。

第二章　事故与责任

第八条【责任界定依据】发生学生伤害事故，造成学生人身损害的，学校应当按照《中华人民共和国侵权责任法》及相关法律、法规的规定，承担相应的事故责任。

第九条【学校担责情形】因下列情形之一造成的学生伤害事故，学校应当依法承担相应的责任：

（一）学校的校舍、场地、其他公共设施，以及学校提供给学生使用的学具、教育教学和生活设施、设备不符合国家规定的标准，或者有明显不安全因素的；

（二）学校的安全保卫、消防、设施设备管理等安全管理制度有明显疏漏，或者管理混乱，存在重大安全隐患，而未及时采取措施的；

（三）学校向学生提供的药品、食品、饮用水等不符合国家或者行业的有关标准、要求的；

（四）学校组织学生参加教育教学活动或者校外活动，未对学生进行相应的安全教育，并未在可预见的范围内采取必要的安全措施的；

（五）学校知道教师或者其他工作人员患有不适宜担任教育教学工作的疾病，但未采取必要措施的；

（六）学校违反有关规定，组织或者安排未成年学生从事不宜未成年人参加的劳动、体育运动或者其他活动的；

（七）学生有特异体质或者特定疾病，不宜参加某种教育教学活动，学校知道或者应当知道，但未予以必要的注意的；

（八）学生在校期间突发疾病或者受到伤害，学校发现，但未根据实际情况及时采取相应措施，导致不良后果加重的；

（九）学校教师或者其他工作人员体罚或者变相体罚学生，或者在履行职责过程中违反工作要求、操作规程、职业道德或者其他有关规定的；

（十）学校教师或者其他工作人员在负有组织、管理未成年学生的职责期间，发现学生行为具有危险性，但未进行必要的管理、告诫或者制止的；

（十一）对未成年学生擅自离校等与学生人身安全直接相关的信息，学校发现或者知道，但未及时告知未成年学生的监护人，导致未成年学生因脱离监护人的保护而发生伤害的；

（十二）学校有未依法履行职责的其他情形的。

第十条【学生及未成年学生监护人担责情形】学生或者未成年学生监护人由于过错，有下列情形之一，造成学生伤害事故，应当依法承担相应的责任：

（一）学生违反法律法规的规定，违反社会公共行为准则、学校的规章制度或者纪律，实施按其年龄和认知能力应当知道具有危险或者可能危及他人的行为的；

（二）学生行为具有危险性，学校、教师已经告诫、纠正，但学生不听劝阻、拒不改正的；

（三）学生或者其监护人知道学生有特异体质，或者患有特定疾病，但未告知学校的；

（四）未成年学生的身体状况、行为、情绪等有异常情况，监护人知道或者已被学校告知，但未履行相应监护职责的；

（五）学生或者未成年学生监护人有其他过错的。

第十一条【学生因参加活动受伤的责任】学校安排学生参加活动，因提供场地、设备、交通工具、食品及其他消费与服务的经营者，或者学校以外的活动组织者的过错造成的学生伤害事故，有过错的当事人应当依法承担相应的责任。

第十二条【学校免责抗辩事由】因下列情形之一造成的学生伤害事故，学校已履行了相应职责，行为并无不当的，无法律责任：

（一）地震、雷击、台风、洪水等不可抗的自然因素造成的；

（二）来自学校外部的突发性、偶发性侵害造成的；

（三）学生有特异体质、特定疾病或者异常心理状态，学校不知道或者难于知道的；

（四）学生自杀、自伤的；

（五）在对抗性或者具有风险性的体育竞赛活动中发生意外伤害的；

（六）其他意外因素造成的。

第十三条【校外事故处理】下列情形下发生的造成学生人身损害后果的事故，学校行为并无不当的，不承担事故责任；事故责任应当按有关法律法规或者其他有关规定认定：

（一）在学生自行上学、放学、返校、离校途中发生的；

（二）在学生自行外出或者擅自离校期间发生的；

（三）在放学后、节假日或者假期等学校工作时间以外，学生自行滞留学校或者自行到校发生的；

（四）其他在学校管理职责范围外发生的。

第十四条【个人行为担责情形】因学校教师或者其他工作人员与其职务无关的个人行为，或者因学生、教师及其他个人故意实施的违法犯罪行为，造成学生人身损害的，由致害人依法承担相应的责任。

第三章　事故处理程序

第十五条【及时救助义务】发生学生伤害事故，学校应当及时救助受伤害学生，并应当及时告知未成年学生的监护人；有条件的，应当采取紧急救援等方式救助。

第十六条【及时报告义务】发生学生伤害事故，情形严重的，学校应当及时向主管教育行政部门及有关部门报告；属于重大伤亡事故的，教育行政部门应当按照有关规定及时向同级人民政府和上一级教育行政部门报告。

第十七条【教育主管部门的指导、协助】学校的主管教育行政部门应学校要求或者认为必要，可以指导、协助学校进行事故的处理工作，尽快恢复学校正常的教育教学秩序。

第十八条【纠纷解决途径】发生学生伤害事故，学校与受伤害学生或者学生家长可以通过协商方式解决；双方自愿，可以书面请求主管教育行政部门进行调解。

成年学生或者未成年学生的监护人也可以依法直接提起诉讼。

第十九条【调解时限】教育行政部门收到调解申请，认为必要的，可以指定专门人员进行调解，并应当在受理申请之日起60日内完成调解。

第二十条【调解处理方式】经教育行政部门调解，双方就事故处理达成一致意见的，应当在调解人员的见证下签订调解协议，结束调解；在调解期限内，双方不能达成一致意见，或者调解过程中一方提起诉讼，人民法院已经受理的，应当终止调解。

调解结束或者终止，教育行政部门应当书面通知当事人。

第二十一条【诉讼条件】对经调解达成的协议，一方当事人不履行或者反悔的，双方可以依法提起诉讼。

第二十二条【事故处理后续程序】事故处理结束，学校应当将事故处理结果书面报告主管的教育行政部门；重大伤亡事故的处理结果，学校主管的教育行政部门应当向同级人民政府和上一级教育行政部门报告。

第四章 事故损害的赔偿

第二十三条【损害赔偿主体】对发生学生伤害事故负有责任的组织或者个人，应当按照法律法规的有关规定，承担相应的损害赔偿责任。

第二十四条【赔偿范围与标准】学生伤害事故赔偿的范围与标准，按照有关行政法规、地方性法规或者最高人民法院司法解释中的有关规定确定。

教育行政部门进行调解时，认为学校有责任的，可以依照有关法律法规及国家有关规定，提出相应的调解方案。

第二十五条【伤残鉴定】对受伤害学生的伤残程度存在争议的，可以委托当地具有相应鉴定资格的医院或者有关机构，依据国家规定的人体伤残标准进行鉴定。

第二十六条【经济赔偿责任】学校对学生伤害事故负有责任的，根据责任大小，适当予以经济赔偿，但不承担解决户口、住房、就业等与救助受伤害学生、赔偿相应经济损失无直接关系的其他事项。

学校无责任的，如果有条件，可以根据实际情况，本着自愿和可能的原则，对受伤害学生给予适当的帮助。

第二十七条【学校追偿权利】因学校教师或者其他工作人员在履行职务中的故意或者重大过失造成的学生伤害事故，学校予以赔偿后，可以向有关责任人员追偿。

第二十八条【监护人赔偿责任】未成年学生对学生伤害事故负有责任的，由其监护人依法承担相应的赔偿责任。

学生的行为侵害学校教师及其他工作人员以及其他组织、个人的合法权益，造成损失的，成年学生或者未成年学生的监护人应当依法予以赔偿。

第二十九条【赔偿金的筹措】根据双方达成的协议、经调解形成的协议或者人民法院的生效判决，应当由学校负担的赔偿金，学校应当负责筹措；学校无力完全筹措的，由学校的主管部门或者举办者协助筹措。

第三十条【伤害赔偿准备金】县级以上人民政府教育行政部门或者学校举办者有条件的，可以通过设立学生伤害赔偿准备金等多种形式，依法筹措伤害赔偿金。

第三十一条【保险机制】学校有条件的，应当依据保险法的有关规定，参加学校责任保险。

教育行政部门可以根据实际情况，鼓励中小学参加学校责任保险。

提倡学生自愿参加意外伤害保险。在尊重学生意愿的前提下，学校可以为学生参加意外伤害保险创造便利条件，但不得从中收取任何费用。

第五章　事故责任者的处理

第三十二条【对学校的处理】发生学生伤害事故，学校负有责任且情节严重的，教育行政部门应当根据有关规定，对学校的直接负责的主管人员和其他直接责任人员，分别给予相应的行政处分；有关责任人的行为触犯刑律的，应当移送司法机关依法追究刑事责任。

第三十三条【安全隐患的整顿】学校管理混乱，存在重大安全隐患的，主管的教育行政部门或者其他有关部门应当责令其限期整顿；对情节严重或者拒不改正的，应当依据法律法规的有关规定，给予相应的行政处罚。

第三十四条【对教育行政部门的处理】教育行政部门未履行相应职责，对学生伤害事故的发生负有责任的，由有关部门对直接负责的主管人员和其他直接责任人员分别给予相应的行政处分；有关责任人的行为触犯刑律的，应当移送司法机关依法追究刑事责任。

第三十五条【对违纪学生的处理】违反学校纪律，对造成学生伤害事故负有责任的学生，学校可以给予相应的处分；触犯刑律的，由司法机关依法追究刑事责任。

第三十六条【对监护人不当行为的处理】受伤害学生的监护人、亲属或者其他有关人员，在事故处理过程中无理取闹，扰乱学校正常教育教学秩序，或者侵犯学校、学校教师或者其他工作人员的合法权益的，学校应当报告公安机关依法处理；造成损失的，可以依法要求赔偿。

第六章　附则

第三十七条【学校和学生的含义】本办法所称学校，是指国家或者社会力量举办的全日制的中小学（含特殊教育学校）、各类中等职业学校、高等学校。

本办法所称学生是指在上述学校中全日制就读的受教育者。

第三十八条【幼儿园】幼儿园发生的幼儿伤害事故，应当根据幼儿为完全无行为能力人的特点，参照本办法处理。

第三十九条【其他教育机构】其他教育机构发生的学生伤害事故，参照本办法处理。

在学校注册的其他受教育者在学校管理范围内发生的伤害事故，参照本办法处理。

第四十条【实施日期和冲突处理】本办法自 2002 年 9 月 1 日起实施，原国家教委、教育部颁布的与学生人身安全事故处理有关的规定，与本办法不符的，以本办法为准。

在本办法实施之前已处理完毕的学生伤害事故不再重新处理。

第七节 《中国教育现代化 2035》解读

一、《中国教育现代化 2035》出台的背景和意义

党的十八大以来，以习近平同志为核心的党中央坚定不移实施科教兴国战略和人才强国战略，坚持优先发展教育，大力推进教育领域综合改革，持续加大教育投入，教育现代化加速推进，教育总体发展水平进入世界中上行列，取得了全方位、开创性的历史性成就。党的十九大明确提出建设教育强国是中华民族伟大复兴的基础工程，必须把教育事业放在优先位置，深化教育改革，加快教育现代化，办好人民满意的教育。习近平总书记多次对教育工作作出指示批示，强调要发展具有中国特色、世界水平的现代教育，为建设教育强国指明了方向。2018 年 9 月 10 日，党中央召开全国教育大会，习近平总书记在大会上发表重要讲话，系统回答了关系教育现代化的重大理论和实践问题，对加快教育现代化、建设教育强国、办好人民满意的教育作出了全面部署，向全党全国全社会发出了加快教育现代化的动员令，为新时代教育提供了根本遵循。

中国特色社会主义进入新时代，教育的基础性、先导性、全局性地位和作用更加凸显。加快向创新型国家迈进，建设现代化经济体系，建设富强民主文明和谐美丽的社会主义现代化强国，实现中华民族伟大复兴的中国梦，满足人民美好生活需要，必须加快教育现代化，把我国建设成为教育强国。从全球来看，当前新一轮科技革命和产业革命正在孕育兴起，重大科技创新正在引领社会生产新变革，互联网、人工智能等新技术的发展正在不断重塑教育形态，知识获取方式和传授方式、教和学关系正在发生深刻变革。人民群众对教育的需求更为多样，对更高质量、更加公平、更具个性的教育需求也更为迫切。必须抓住机遇，超前布局，以更高远的历史站位、更宽广的国际视野、更深邃的战略眼光对加快推进教育现代化、建设教育强国作出战略部署和总体设计，推动我国教育不断朝着更高质量、更有效率、更加公平、更可持续的方向前进。

2035 年是我国基本实现社会主义现代化的重要时间节点，面向 2035 目标描绘好教育发展的远景蓝图，为新时代开启教育现代化建设新征程指明方向，培养造就新一代社会主义建设者和接班人，具有重要的现实意义和深远的历史意义。在此背景下，2019 年中共中央、国务院印发了《中国教育现代化 2035》，并发出通知，要求各地区各部门结合实际认真贯彻落实。编制《中国教育现代化 2035》，也是我国积极参与全球教育治理、履行我国对联合国 2030 年可持续发展议程承诺，为世界教育发展贡献中国智慧、中国经验、中国方案的实际行动。

二、《中国教育现代化 2035》主要内容

《中国教育现代化 2035》分为五个部分：一、战略背景；二、总体思路；三、战略任

务；四、实施路径；五、保障措施。

《中国教育现代化2035》提出推进教育现代化的指导思想是：以习近平新时代中国特色社会主义思想为指导，全面贯彻党的十九大和十九届二中、三中全会精神，坚定实施科教兴国战略、人才强国战略，紧紧围绕统筹推进“五位一体”总体布局和协调推进“四个全面”战略布局，坚定“四个自信”，在党的坚强领导下，全面贯彻党的教育方针，坚持马克思主义指导地位，坚持中国特色社会主义教育发展道路，坚持社会主义办学方向，立足基本国情，遵循教育规律，坚持改革创新，以凝聚人心、完善人格、开发人力、培育人才、造福人民为工作目标，培养德智体美劳全面发展的社会主义建设者和接班人，加快推进教育现代化、建设教育强国、办好人民满意的教育。将服务中华民族伟大复兴作为教育的重要使命，坚持教育为人民服务、为中国共产党治国理政服务、为巩固和发展中国特色社会主义制度服务、为改革开放和社会主义现代化建设服务，优先发展教育，大力推进教育理念、体系、制度、内容、方法、治理现代化，着力提高教育质量，促进教育公平，优化教育结构，为决胜全面建成小康社会、实现新时代中国特色社会主义发展的奋斗目标提供有力支撑。

《中国教育现代化2035》提出了推进教育现代化的八大基本理念：更加注重以德为先，更加注重全面发展，更加注重面向人人，更加注重终身学习，更加注重因材施教，更加注重知行合一，更加注重融合发展，更加注重共建共享。明确了推进教育现代化的基本原则：坚持党的领导、坚持中国特色、坚持优先发展、坚持服务人民、坚持改革创新、坚持依法治教、坚持统筹推进。

《中国教育现代化2035》提出，推进教育现代化的总体目标是：到2020年，全面实现“十三五”发展目标，教育总体实力和国际影响力显著增强，劳动年龄人口平均受教育年限明显增加，教育现代化取得重要进展，为全面建成小康社会作出重要贡献。在此基础上，再经过15年努力，到2035年，总体实现教育现代化，迈入教育强国行列，推动我国成为学习大国、人力资源强国和人才强国，为到本世纪中叶建成富强民主文明和谐美丽的社会主义现代化强国奠定坚实基础。2035年主要发展目标是：建成服务全民终身学习的现代教育体系、普及有质量的学前教育、实现优质均衡的义务教育、全面普及高中阶段教育、职业教育服务能力显著提升、高等教育竞争力明显提升、残疾儿童少年享有适合的教育、形成全社会共同参与的教育治理新格局。

《中国教育现代化2035》聚焦教育发展的突出问题和薄弱环节，立足当前，着眼长远，重点部署了面向教育现代化的十大战略任务：

一是学习习近平新时代中国特色社会主义思想。把学习贯彻习近平新时代中国特色社会主义思想作为首要任务，贯穿到教育改革发展全过程，落实到教育现代化各领域各环节。以习近平新时代中国特色社会主义思想武装教育战线，推动习近平新时代中国特色社会主义思想进教材进课堂进头脑，将习近平新时代中国特色社会主义思想融入中小学教育，加强高等学校思想政治教育。加强习近平新时代中国特色社会主义思想系统化、学理化、学科化研究阐释，健全习近平新时代中国特色社会主义思想研究成果传播机制。

二是发展中国特色世界先进水平的优质教育。全面落实立德树人根本任务，广泛开展理想信念教育，厚植爱国主义情怀，加强品德修养，增长知识见识，培养奋斗精神，不断提高学生思想水平、政治觉悟、道德品质、文化素养。增强综合素质，树立健康第一的教育理念，全面强化学校体育工作，全面加强和改进学校美育，弘扬劳动精神，强化实践动手能力、合作能力、创新能力的培养。完善教育质量标准体系，制定覆盖全学段、体现世界先进水平、符合不同层次类型教育特点的教育质量标准，明确学生发展核心素养要求。完善学前教育保教质量标准。建立健全中小学各学科学业质量标准和体质健康标准。健全职业教育人才培养质量标准，制定紧跟时代发展的多样化高等教育人才培养质量标准。建立以师资配备、生均拨款、教学设施设备等资源要素为核心的标准体系和办学条件标准动态调整机制。加强课程教材体系建设，科学规划大中小学课程，分类制定课程标准，充分利用现代信息技术，丰富并创新课程形式。健全国家教材制度，统筹为主、统分结合、分类指导，增强教材的思想性、科学性、民族性、时代性、系统性，完善教材编写、修订、审查、选用、退出机制。创新人才培养方式，推行启发式、探究式、参与式、合作式等教学方式以及走班制、选课制等教学组织模式，培养学生创新精神与实践能力。大力推进校园文化建设。重视家庭教育和社会教育。构建教育质量评估监测机制，建立更加科学公正的考试评价制度，建立全过程、全方位人才培养质量反馈监控体系。

三是推动各级教育高水平高质量普及。以农村为重点提升学前教育普及水平，建立更为完善的学前教育管理体制、办园体制和投入体制，大力发展公办园，加快发展普惠性民办幼儿园。提升义务教育巩固水平，健全控辍保学工作责任体系。提升高中阶段教育普及水平，推进中等职业教育和普通高中教育协调发展，鼓励普通高中多样化有特色发展。振兴中西部地区高等教育。提升民族教育发展水平。

四是实现基本公共教育服务均等化。提升义务教育均等化水平，建立学校标准化建设长效机制，推进城乡义务教育均衡发展。在实现县域内义务教育基本均衡基础上，进一步推进优质均衡。推进随迁子女入学待遇同城化，有序扩大城镇学位供给。完善流动人口子女异地升学考试制度。实现困难群体帮扶精准化，健全家庭经济困难学生资助体系，推进教育精准脱贫。办好特殊教育，推进适龄残疾儿童少年教育全覆盖，全面推进融合教育，促进医教结合。

五是构建服务全民的终身学习体系。构建更加开放畅通的人才成长通道，完善招生入学、弹性学习及继续教育制度，畅通转换渠道。建立全民终身学习的制度环境，建立国家资历框架，建立跨部门跨行业的工作机制和专业化支持体系。建立健全国家学分银行制度和学习成果认证制度。强化职业学校和高等学校的继续教育与社会培训服务功能，开展多类型多形式的职工继续教育。扩大社区教育资源供给，加快发展城乡社区老年教育，推动各类学习型组织建设。

六是提升一流人才培养与创新能力。分类建设一批世界一流高等学校，建立完善的高等学校分类发展政策体系，引导高等学校科学定位、特色发展。持续推动地方本科高等学校转型发展。加快发展现代职业教育，不断优化职业教育结构与布局。推动职业教育与产业发展有机衔接、深度融合，集中力量建成一批中国特色高水平职业院校和专业。优化人才培养结构，综合运用招生计划、就业反馈、拨款、标准、评估等方式，引导高等学校和职业学校及时调整学科专业结构。加强创新人才特别是拔尖创新人才的培养，加大应用型、复合型、技术技能型人才培养比重。加强高等学校创新体系建设，建设一批国际一流的国家科技创新基地，加强应用基础研究，全面提升高等学校原始创新能力。探索构建产学研用深度融合的全链条、网络化、开放式协同创新联盟。提高高等学校哲学社会科学研究水平，加强中国特色新型智库建设。健全有利于激发创新活力和促进科技成果转化的科研体制。

七是建设高素质专业化创新型教师队伍。大力加强师德师风建设，将师德师风作为评价教师素质的第一标准，推动师德建设长效化、制度化。加大教职工统筹配置和跨区域调整力度，切实解决教师结构性、阶段性、区域性短缺问题。完善教师资格体系和准入制度。健全教师职称、岗位和考核评价制度。培养高素质教师队伍，健全以师范院校为主体、高水平非师范院校参与、优质中小学（幼儿园）为实践基地的开放、协同、联动的中国特色教师教育体系。强化职前教师培养和职后教师发展的有机衔接。夯实教师专业发展体系，推动教师终身学习和专业自主发展。提高教师社会地位，完善教师待遇保障制度，健全中小学教师工资长效联动机制，全面落实集中连片特困地区生活补助政策。加大教师表彰力度，努力提高教师政治地位、社会地位、职业地位。

八是加快信息化时代教育变革。建设智能化校园，统筹建设一体化智能化教学、管理与服务平台。利用现代技术加快推动人才培养模式改革，实现规模化教育与个性化培养的有机结合。创新教育服务业态，建立数字教育资源共建共享机制，完善利益分配机制、知识产权保护制度和新型教育服务监管制度。推进教育治理方式变革，加快形成现代化的教育管理与监测体系，推进管理精准化和决策科学化。

九是开创教育对外开放新格局。全面提升国际交流合作水平，推动我国同其他国家学历学位互认、标准互通、经验互鉴。扎实推进“一带一路”教育行动。加强与联合国教科文组织等国际组织和多边组织的合作。提升中外合作办学质量。优化出国留学服务。实施留学中国计划，建立并完善来华留学教育质量保障机制，全面提升来华留学质量。推进中外高级别人文交流机制建设，拓展人文交流领域，促进中外民心相通和文明交流互鉴。促进孔子学院和孔子课堂特色发展。加快建设中国特色海外国际学校。鼓励有条件的职业院校在海外建设“鲁班工坊”。积极参与全球教育治理，深度参与国际教育规则、标准、评价体系的研究制定。推进与国际组织及专业机构的教育交流合作。健全对外教育援助机制。

十是推进教育治理体系和治理能力现代化。提高教育法治化水平，构建完备的教育法律法规体系，健全学校办学法律支持体系。健全教育法律实施和监管机制。提升政府管理服务水平，提升政府综合运用法律、标准、信息服务等现代治理手段的能力和水平。健全教育督导体制机制，提高教育督导的权威性和实效性。提高学校自主管理能力，完善学校治理结构，继续加强高等学校章程建设。鼓励民办学校按照非营利性和营利性两种组织属性开展现代学校制度改革创新。推动社会参与教育治理常态化，建立健全社会参与学校管理和教育评价监管机制。

《中国教育现代化 2035》明确了实现教育现代化的实施路径：一是总体规划，分区推进。在国家教育现代化总体规划框架下，推动各地从实际出发，制定本地区教育现代化规划，形成一地一案、分区推进教育现代化的生动局面。二是细化目标，分步推进。科学设计和进一步细化不同发展阶段、不同规划周期内的教育现代化发展目标和重点任务，有计划有步骤地推进教育现代化。三是精准施策，统筹推进。完善区域教育发展协作机制和教育对口支援机制，深入实施东西部协作，推动不同地区协同推进教育现代化建设。四是改革先行，系统推进。充分发挥基层特别是各级各类学校的积极性和创造性，鼓励大胆探索、积极改革创新，形成充满活力、富有效率、更加开放、有利于高质量发展的教育体制机制。

为确保教育现代化目标任务的实现，《中国教育现代化 2035》明确了三个方面的保障措施：

一是加强党对教育工作的全面领导。各级党委要把教育改革发展纳入议事日程，协调动员各方面力量共同推进教育现代化。建立健全党委统一领导、党政齐抓共管、部门各负其责的教育领导体制。建设高素质专业化教育系统干部队伍。加强各级各类学校党的领导和党的建设工作。深入推进教育系统全面从严治党、党风廉政建设和反腐败斗争。

二是完善教育现代化投入支撑体制。健全保证财政教育投入持续稳定增长的长效机制，确保财政一般公共预算教育支出逐年只增不减，确保按在校学生人数平均的一般公共预算教育支出逐年只增不减，保证国家财政性教育经费支出占国内生产总值的比例一般不低于4%。依法落实各级政府教育支出责任，完善多渠道教育经费筹措体制，完善国家、社会和受教育者合理分担非义务教育培养成本的机制，支持和规范社会力量兴办教育。优化教育经费使用结构，全面实施绩效管理，建立健全全覆盖全过程全方位的教育经费监管体系，全面提高经费使用效益。

三是完善落实机制。建立协同规划机制、健全跨部门统筹协调机制，建立教育发展监测评价机制和督导问责机制，全方位协同推进教育现代化，形成全社会关心、支持和主动参与教育现代化建设的良好氛围。

练习题七

一、单项选择题

1. 根据《中华人民共和国未成年人保护法》的规定，应当对未成年人免费开放的场馆是（　　）。

A. 展览馆　　B. 纪念馆　　C. 图书馆　　D. 影剧院

2. 课间休息时，教师张某在教师吸烟，其行为（　　）。

A. 正确，吸烟是公民的自由权利

B. 正确，课间休息可以吸烟

C. 错误，违反了《中华人民共和国教师法》

D. 错误，违反了《中华人民共和国未成年人保护法》

3. 根据《中华人民共和国预防未成年人犯罪法》的规定，下列选项中，学校应当及时与其父母或法定监护人取得联系的学生行为是（　　）。

A. 上课聊天　　B. 多日旷课

C. 不交作业　　D. 谈情说爱

4. 依据《中华人民共和国教师法》，为保障教师完成教学任务，下列有关各级人民政府、教育行政部门有关部门、学校和其他教育机构应当履行职责的说法，不正确的是（　　）。

A. 提供教育教学设施和设备

B. 提供必需的图书、资料及其他教育教学用品

C. 对教师在教育教学、科学研究中的创造工作给以鼓励和帮助

D. 支持教师制止有害于学生的行为或者其他侵犯学生合法权益的行为

5. 根据《中华人民共和国未成年人保护法》的规定，县级以上人民政府及其民政部门应当根据需要设立救助场所，对流浪乞讨等生活无着落的未成年人实施救助，承担（　　）。

A. 临时监护责任　　B. 委托监护责任

C. 教育管理责任　　D. 收留抚养责任

6. 下列现象中，可依法追究刑事责任的是（　　）。

A. 故意不完成教育教学任务造成严重损失的

B. 违反有关规定向教育者收取费用的

C. 侮辱、殴打教师，情节严重，构成犯罪的

D. 侵犯学校校舍、场地和其他财产的

7. 教师方某经常给学生起侮辱性绰号，造成恶劣影响，对于方某的这种行为，所在学校或教育行政部门应当给予（　　）。

A. 行政处分或解聘　　B. 行政警告或拘留

C. 行政强制或拘留　　D. 行政处罚或解聘

8. 关于国家教育经费投入体制构成，正确的是（　　）。

A. 财政拨款为主，其他渠道为辅　　B. 自筹经费为主，财政拨款为辅

C. 财政拨款为主，社会捐款为辅　　D. 自筹经费为主，学校集资为辅

9.《中国教育现代化 2035》提出，将服务（　　）作为教育的重要使命。

A. 中国现代化　　B. 一带一路

C. 中华民族伟大复兴　　D. 世界未有之大变局

10. 学生小涛经常旷课，不遵守学校的管理制度，学校对小涛进行教育的恰当方式是（　　）。

A. 将他交给家长批评教育　　B. 了解情况后耐心教育他

C. 等待他自我醒悟并改正　　D. 批评教育无效果开除他

11. 教师对解除收容教育、劳动教养后回校复学的未成年学生，应当（　　）。

A. 限制其与其他同学接触　　B. 限制其使用学校的设施

C. 按其以往表现评价品行　　D. 允许参加学校各项活动

12. 某县中学教师李某对学校给予他的处分不服，李某可以提出申诉的机构是（　　）。

A. 学校教工代表大会　　B. 当地县级人民政府

C. 当地县教育行政主管部门　　D. 所在省教育行政主管部门

13. 某中学对违反校规的学生罚款，该校的做法（　　）。

A. 合理，学校有自主管理学生的权利

B. 合法，塑造了良好校风的有效手段

C. 不合法，侵犯了学生及其监护人的财产权

D. 不合法，罚款之前应得到主管部门的许可

14. 教师王某在课堂上使用方言而不是普通话教学，王某的教学行为（　　）。

A. 合法，只要教学效果好，用哪种语言教学无所谓

B. 合法，就是当地学生，用方言教学更容易与学生沟通

C. 不合法，教师在教学中应使用全国通用的普通话

D. 不合法，违反了教育应该弘扬优秀文化传统的规定

15. 某教育局为将一所初级中学打造成示范学校，将全县所有的优秀教师调配给该校，该县教育局的做法（　　）。

A. 正确，利于提高该校质量

B. 正确，有利于扩大教育的影响

C. 不正确，违反了《中华人民共和国教育法》

D. 不正确，违反了《中华人民共和国义务教育法》

16. 某初级中学开展“法制教育日”活动，要求学生的父母配合，有些父母说：“孩子送到学校，学校就应负责他的所有教育，我们平时工作忙，哪有时间管呢?”父母的做法（　　）。

A. 正确，学校不能推卸自己的教育责任

B. 正确，父母没有承担法制教育的责任

C. 不正确，父母对未成年人的法制教育有直接责任

D. 不正确，学校对未成年人的法制教育负全责

17. 根据《中国教育现代化 2035》，下列不属于我国推进教育现代化基本理念的是（　　）。

A. 更加注重公平正义　　B. 更加注重以德为先

C. 更加注重全面发展　　D. 更加注重共建共享

18. 根据《中国教育现代化2035》，推进教育现代化的基本原则不包括（　　）。

A. 坚持高质量发展　　B. 坚持党的领导

C. 坚持中国特色　　D. 坚持服务人民

19. 某中学规定：教师迟到一次，罚款10元；缺勤一次，罚款50元。该校的做法（　　）。

A. 正确，学校有教师管理权　　B. 正确，学校有自主办学权

C. 不正确，学校没有罚款的权力　　D. 不正确，警告无效后才能罚款

20. 曾受到有期徒刑两年刑事处罚的孙某申请获取教师资格证。下列选项中正确的是（　　）。

A. 刑满之后孙某可以取得教师资格　　B. 经培训后孙某可以取得教师资格

C. 五年之后孙某方能取得教师资格　　D. 依照法律孙某不能获得教师资格

21. 某初级中学在初一的六个班中设了一个重点班。该校的做法（　　）。

A. 正确，有利于因材施教

B. 正确，有利于提高升学率

C. 不正确，学校不得分设重点班和非重点班

D. 不正确，应该由教育主管部门设立重点班

22. 小强的腿有残疾，具有接受普通教育的能力。该上初中了，当地普通学校以小强腿有残疾为由，拒绝其入校学习。该做法（　　）。

A. 合法，学校有招生自主权　　B. 合法，学校有办学自主权

C. 违反了《中华人民共和国义务教育法》　　D. 违反了《中华人民共和国教育法》

23. 王某在距某初级中学不足百米处，开了一家营业性电子游戏厅，允许该校学生出入。王某的做法（　　）。

A. 合法，王某具有自主经营的权利

B. 合法，王某并未强迫学生玩游戏

C. 违反了《中华人民共和国义务教育法》

D. 违反了《中华人民共和国未成年人保护法》

24. 15岁的小杰在自行上学途中与同学打闹，不慎将同伴小亮的眼睛碰伤。小亮所受的伤害（　　）。

A. 应由小亮的监护人承担事故全部责任

B. 应由小杰的监护人依法承担赔偿责任

C. 应由小杰所在学校承担全部赔偿责任

D. 应由小杰自己独立承担事故赔偿责任

25. 教师王某认为自己是师范毕业生，而且获得了教师资格证书，就能终身从教了。王某的想法（　　）。

A. 不符合统一城乡教师编制标准的要求

B. 不符合教师资格证书定期登记制度的规定

C. 不符合统一中小学教师职称系列的规定

D. 不符合严格实施教师准入制度的要求

26. 被学校行政处分后，张老师认为学校对自己很不公平。依据《中华人民共和国教师法》，张老师可以（ ）。

A. 向当地党委提出申诉 B. 向当地纪检部门提出申诉

C. 向当地法院提起诉讼 D. 向当地教育行政部门提出申诉

27. 为了添置教育教学设备，某初级中学通过向学生推销学习和生活用品获取经费。学校的这种做法（ ）。

A. 能促进自身发展，合情合理 B. 能解决自身困难，情有可原

C. 违反法律规定，应当追究责任 D. 违反法律规定，但可免于处理

28. 某县教育局根据中考成绩，将全县初级中学分为普通初中和实验初中，并对后者在师资、经费等方面予以倾斜。该县义务教育没有做到（ ）。

A. 重点发展 B. 均衡发展 C. 协调发展 D. 优先发展

29. 下列选项中，不属于可以解聘教师的法定事由的是（ ）。

A. 体罚学生，屡教不改的 B. 侮辱学生，影响恶劣的

C. 连续两年教学业绩排在末位的 D. 故意不完成教育教学任务造成损失的

30. 初二学生小华染上不良行为习惯，学校可以对他依法采取的措施是（ ）。

A. 勒令退学 B. 开除学籍 C. 批评教育 D. 单独禁闭

31. 放学后，几名学生到教师王某私自开设的学校附近的商店里，购买了过期食品，导致食物中毒。对这起事故应承担主要责任的是（ ）。

A. 王某 B. 学校 C. 政府 D. 家长

32.《中国教育现代化 2035》重点部署了面向教育现代化的十大战略任务，其中不包括（ ）。

A. 学习习近平新时代中国特色社会主义思想

B. 发展中国特色世界先进水平的优质教育

C. 推动各级教育高水平高质量普及

D. 建设世界一流大学

33. 依据《中华人民共和国义务教育法》的规定，妨碍义务教育实施，造成重大社会影响的，负有领导责任的人民政府或者人民政府教育行政部门的负责人（ ）。

A. 应该引咎辞职 B. 应被就地免职

C. 应承担刑事责任 D. 应受行政训诫

34. 放学后，15 岁的李某与同学王某在酒店和朋友聚餐，在喝完从酒店买的白酒后，李某与王某发生了争执，李某拿起酒瓶击中王某的头部，致使王某成为植物人。此次伤害中，下列说法正确的是（ ）。

A. 李某应承担刑事责任　　B. 未满 16 岁的李某不承担刑事责任

C. 酒店应该承担王某的全部赔偿责任　　D. 李某的学校应承担王某的部分赔偿责任

35. 15 岁的学生张某的父母都在外地打工，留张某一个人独自在家生活和学习。下列说法正确的是（　　）。

A. 留张某独自在家可锻炼其生活能力　　B. 父母在外地也可以履行其监护职责

C. 不得让生活能力差的孩子独立生活　　D. 不得让张某脱离监护单独居住生活

36. 初中生王某因犯罪，被法院判处有期徒刑 1 年缓刑 2 年。下列说法正确的是（　　）。

A. 王某不可继续回学校读书　　B. 学校可以取消王某的学籍

C. 王某只能够到工读学校就读　　D. 王某可由政府依法收容教养

37. 《中华人民共和国未成年人保护法》规定，任何组织或者个人不得披露未成年人的个人隐私，上述内容是对未成年人实施（　　）。

A. 家庭保护　　B. 社会保护　　C. 司法保护　　D. 学校保护

38. 依据《中华人民共和国教育法》的相关规定，某地拟设立一所新学校，下列不属于该学校设立必备条件的是（　　）。

A. 有组织机构和章程　　B. 有充足的生源

C. 有合格的教师　　D. 有稳定的经费来源

39. 某初中为提高生源质量，自行组织入学考试，实行跨学区招生。该学校的做法（　　）。

A. 合理，学校有招收学生的权利　　B. 合理，学校有自主办学的权利

C. 不合法，违反了尊重学生人格的规定　　D. 不合法，违反了免试就近入学的规定

40. 某县级政府为了提高本县的中考成绩，将辖区内两所初中列为重点学校，并给予政策倾斜。该县级政府的做法（　　）。

A. 合法，县级政府有权自主管理　　B. 合法，有助于校际教育质量竞争

C. 不合法，不能设置重点校和非重点校　　D. 不合法，应该平均分配各类教育资料

41. 依据《中华人民共和国未成年人保护法》，对未成年人的社会保护不包括（　　）。

A. 预防未成年人沉迷网络　　B. 禁止拐卖，虐待未成年人

C. 履行监护职责，抚养未成年人　　D. 任何人不得在中小学教室吸烟

42. 初中生晓东放学后在校外玩耍时不慎摔伤。对此事故，承担责任的主体应是（　　）。

A. 晓东　　B. 学校

C. 晓东及学校　　D. 晓东及其监护人

43. 根据《中国教育现代化 2035》，下面不属于 2035 年主要发展目标的是（　　）。

A. 建成服务全民终身学习的现代教育体系

B. 普及有质量的学前教育

C. 实现优质均衡的义务教育

D. 建成一支高素质、专业化、创新型的教师队伍

44. 根据《中华人民共和国教师法》，下列情形中，学校不能给予教师行政处分或者解聘的是（　　）。

A. 故意旷课，损害教学的　　B. 体罚学生，屡犯不改的

C. 穿戴不整，影响仪表的　　D. 侮辱学生，影响恶劣的

45. 某中学上课时，高年级学生李某到教室外喊赵某，说有事让其出去一趟，班主任张某默许了。赵某走出教室后被李某殴打，导致右眼失明。对赵某所受伤害应当承担赔偿责任的主体是（　　）。

A. 李某　　B. 张某　　C. 学校　　D. 李某和学校

46. 初中生钱某屡次在学校偷盗其他同学的财物。学校对钱某的正确处理方式是（　　）。

A. 学校提出申请，送工读学校进行矫治　　B. 扭送公安机关，依规开除钱某的学籍

C. 劝说钱某退学　　D. 责令钱某转学

47. 《中国教育现代化 2035》提出，到 2035 年中国总体实现教育现代化，迈入（　　）行列。

A. 教育强国　　B. 学习大国　　C. 人力资源强国　　D. 人才强国

48. 《中国教育现代化 2035》提出要确保按在校学生人数平均的一般公共预算教育支出逐年只增不减，保证国家财政性教育经费支出占国内生产总值的比例一般不低于（　　）。

A. 3%　　B. 4%　　C. 5%　　D. 6%

49. 某初级中学违反国家有关规定向学生收取补课费，依据《中华人民共和国教育法》，有权责令该校退还所收费用的是（　　）。

A. 教育行政机关　　B. 纪检部门　　C. 公安机关　　D. 物价部门

50. 某高中教师孙某旷工给学校教学工作造成一定损失。依照《中华人民共和国教师法》，学校可依法（　　）。

A. 给予孙某行政处分　　B. 给予孙某行政处罚

C. 取消孙某教师资格　　D. 给予孙某罚款处理

51. 母亲杨某外出打工，将 15 岁的儿子小强留下长期单独居住。杨某的做法（　　）。

A. 合法，可以改善小强的物质生活条件

B. 合法，可以提高小强的独立生活能力

C. 不合法，不得让不满 16 周岁者脱离监护单独居住

D. 不合法，不得让不满 18 周岁者脱离监护单独居住

52. 高一学生小峰的父母不履行监护职责，放任小峰强行索要他人财物。根据《中华人民共和国预防未成成年人犯罪法》，有权对小峰父母予以训诫的是（　　）。

A. 教育行政部门　　B. 公安机关　　C. 学校　　D. 人民法院

53. 16 岁的中学生王某放学途中不慎将同学孙某眼部戳伤。根据《学生伤害事故处理办法》，对于该事故承担赔偿责任的主体是（　　）。

A. 学校　　B. 班主任　　C. 王某本人　　D. 王某监护人

54.《中国教育现代化 2035》鼓励有条件的职业院校在海外建设（　　）。

A. “孔子学院”　　B. “鲁班工坊”

C. “一带一路技术学院”　　D. “丝路技校”

55. 某地区教育行政部门未经公开招标，直接将当地两所较为薄弱的公办学校移交给一家民办教育集团承办，并规定对该校所有学生按市场价格收费。该地区教育行政部门的做法（　　）。

A. 合法，有利于促进薄弱学校本身的内涵发展

B. 合法，有利于实现优质教育资源的均衡共享

C. 不合法，不得以任何名义改变或变相改变公办学校的性质

D. 不合法，不得以任何方式或理由规避公开招标的原则要求

56. 某中学规定，凡主动参加所在地区教研室组织的教研活动的教师，在职称晋升、评优评先中予以优先考虑。该学校的做法（　　）。

A. 合法，有利于教师科学研究权的落实和保障

B. 合法，有利于教师教学自由权的落实和保障

C. 不合法，侵犯了其他教师享受平等待遇的权利

D. 不合法，违反了教师考核评价的客观公正原则

57. 某中学化学老师宋某正组织学生上实验课，学生李某因借用坐在实验桌对面的同学的钢笔，碰倒了酒精灯，酒精溅在本组同学韩某的手上并燃烧，致使韩某手部皮肤被灼伤。在这起事故中，应当承担赔偿责任的是（　　）。

A. 学校和宋某　　B. 宋某和李某的监护人

C. 学校和李某的监护人　　D. 李某的监护人和韩某的监护人

58. 林某长期辱骂、殴打亲生儿子晓光，经有关单位教育后仍屡教不改。依据《中华人民共和国未成年人保护法》，当地人民法院可以采取的措施是（　　）。

A. 撤销林某的监护人资格　　B. 给予林某行政处分

C. 责令林某赔礼道歉　　D. 要求林某赔偿损失

59. 为了提高学生的法制意识，预防可能发生的未成年人犯罪事件，学校拟采取应对措施。下列选项中不正确的是（　　）。

A. 聘任优秀的律师担法制教育的兼职教师

B. 聘任当地派出所干警担任校外法律辅导员

C. 要求未成年学生的父母配合开展法制教育

D. 要求班主任承担对未成年学生的监护责任

60. 在一次雷雨天气中，某中学教学楼遭到雷击，多名学生不同程度地被击伤。后经调查得知，由于教学楼没有采取防雷措施，才导致学生被雷击伤。对于这起事故的法律责任，下列说法正确的是（　　）。

A. 学校无法律责任　　B. 学校应承担过错责任

C. 学校应承担无过错责任　　D. 学校应承担补充责任

61. 下列关于《中国教育现代化 2035》提出的实现教育现代化的实施路径不正确的是（　　）。

A. 总体规划，分区推进　　B. 细化目标，分步推进

C. 精准施策，快速推进　　D. 改革先行，系统推进

62. 某中学违规向学生收取补课费。依据《中华人民共和国教育法》，责令该校退还费用的机关是（　　）。

A. 教育行政部门　　B. 工商管理部门　　C. 纪检部门　　D. 公安部门

63. 中学教师黄某认为当地教育行政部门侵犯其权利而提出申诉。依据《中华人民共和国教师法》，受理其申诉的机关是（　　）。

A. 同级教育行政部门　　B. 同级人民政府

C. 上级人民政府　　D. 同级纪律检查部门

64. 某初级中学向学生推销学习用品，谋取利益。依据《中华人民共和国义务教育法》，下列处理此事的方式不正确的是（　　）。

A. 给予通报批评　　B. 没收违法所得

C. 对直接负责的主管人员依法给予处分　　D. 对其他直接责任人员给予行政处罚

65. 15 岁的初二学生梁某因抢劫被判处有期徒刑 3 年，依据《中华人民共和国未成年人保护法》，应当（　　）。

A. 在梁某服刑期间对其进行义务教育　　B. 在梁某服刑完毕对其进行义务教育

C. 剥夺梁某接受义务教育的权利　　D. 免除梁某接受义务教育的义务

66. 初中生冯某经常夜不归宿，其父母放任不管。依据《中华人民共和国预防未成年人犯罪法》，应由公安机关对冯某父母（　　）。

A. 予以拘留　　B. 予以罚款　　C. 予以训诫　　D. 予以劝诫

67. 某初中根据学生分数开设了两个重点班，实行末位淘汰制，非重点班学生根据成绩可以补缺。该校的做法　　（　　）

A. 合法，利于因材施教

B. 合法，利于激励学生

C. 不合法，义务教育学校不得分设重点班

D. 不合法，义务教育学校不得实行动态管理

68. 初中生孙某在课间活动时跌倒摔伤，其亲属在事故处理过程中无理取闹，扰乱学校教学秩序。依据《学生伤害事故处理办法》，此种情形下，学校应当（　　）。

A. 报告教育行政部门处理　　B. 报告公安机关处理

C. 报告纪检监察部门处理　　D. 报告人民法院处理

69. 某中学非法招生获利 80 多万元。依据《中华人民共和国教育法》，教育行政部门或其他有关行政部门可以对该校采取的措施是（　　）。
A. 对直接负责的主管人员追究民事责任　　B. 责令其退回所招学生并退还所收费用
C. 对其他直接责任人员处以罚款　　D. 没收其非法所得的财物
70. 某足球学校是专门招收适龄儿童、少年进行足球专门训练的学校，依据《中华人民共和国义务教育法》，对该学校自行对适龄儿童、少年实施义务教育具有审批权的主体是（　　）。
A. 市级人民政府　　B. 市级人民政府教育行政部门
C. 县级人民政府　　D. 县级人民政府教育行政部门
71. 人民法院依法对 14 岁的赵某涉嫌违法犯罪案件进行审理，依据《中华人民共和国预防未成年人犯罪法》，对于这一类型的案件（　　）。
A. 一律不公开审理　　B. 一般不公开审理
C. 经人民政府批准可公开审理　　D. 经检察机关批准可公开审理
72. 学生武某上课时，起立回答问题，后排的同学陈某用脚将武某的椅子移开，导致武某坐下时重重摔在地上。后经医院检查发现其尾椎骨裂，需要长期治疗。在这起事件中，应当承担相应法律责任的是（　　）。
A. 陈某　　B. 老师
C. 陈某和学校　　D. 陈某和老师
73. 依据《中华人民共和国教育法》，学校及其他教育机构中的管理人员应当实行（　　）。
A. 教学辅助人员职务制度　　B. 管理职员制度
C. 专业技术职务聘任制度　　D. 教育职员制度
74.《中华人民共和国宪法》规定，国家的法律监督机关是（　　）。
A. 中华人民共和国人民检察院　　B. 中华人民共和国监察委员会
C. 全国人民代表大会常务委员会　　D. 中华人民共和国人民法院
75.《中华人民共和国宪法》规定，我国的根本制度是（　　）。
A. 人民民主协商制度　　B. 民主专政制度
C. 人民代表大会制度　　D. 社会主义制度
76. 某初中学校向学生收取练习本费用，未向社会公开收费项目。该校做法（　　）。
A. 不合法，义务教育学校不能收费　　B. 不合法，学校必须公开收费项目
C. 合法，学校有自主管理权　　D. 合法，学校是按规定收费
77. 大学毕业的陈某曾因故意犯罪被判处有期徒刑 1 年，刑满释放后，他前往某初级中学应聘。学校（　　）。
A. 不得聘用　　B. 可以聘用　　C. 应当聘用　　D. 暂缓聘用
78. 15 岁的李明经常纠集他人结伙滋事，扰乱治安。其监护人提出申请，将李明送往工读学校进行矫治和接受教育。对于这一申请具有审批权的是（　　）。

A. 当地公安部门　　B. 教育行政部门

C. 李明所在学校　　D. 当地人民政府

79. 17 岁的高中生江某涉嫌犯罪被采取刑事强制措施，案件尚在审理阶段，所在学校以此为由取消了其学籍。该校做法（　　）。

A. 合法，学校可以取消江某学籍

B. 合法，学校有处罚学生的权利

C. 不合法，判决生效学校也不得取消江某学籍

D. 不合法，判决生效前学校不得取消江某学籍

80. 初中生林某在参加学校组织的春游时不慎摔伤。经认定，学校有一定过错。对于该起事故，学校应当（　　）。

A. 对林某补偿经济损失　　B. 对林某补偿精神损失

C. 对林某依法赔偿损失　　D. 与林某平均分担损失

81. 某私人企业在某省投资兴建了一所中学，学校拟聘请一位外籍人士担任学校校长。这所学校的做法（　　）。

A. 正确，我国学校的校长可以由外籍人士担任

B. 正确，外籍人士经过许可可以担任民办学校的校长

C. 错误，中国学校的校长只能由具有中国国籍的公民担任

D. 错误，外籍人士必须在中国居住一段时间才可以担任校长

二、材料分析题

1. 阅读下面材料，回答问题。

2010 年 8 月，张某在租赁的一栋三层小楼开办“裕华书院”，四处发放招生广告，讲授中华传统文化，共揽得学生 100 余名，收取各项费用共计 58030 元。后被举报，教育局经调查发现，张某的“裕华书院”没有组织机构和章程，任课教师无一具有教师资格证，所租赁场所简陋不堪且年久失修，也没有办理任何相关手续。

问题：根据相关法律法规，分析张某的行为和法律后果。

2. 阅读下面材料，回答问题。

某天，初二学生叶某没来学校上课。班主任丁老师经过家访得知，叶某父亲开办了编织厂，因人手不够，要求叶某进厂帮忙，不再继续读书。丁老师耐心劝解叶某父亲，叶某父亲不同意丁老师的建议，认为叶某已经十几岁了，应该早点帮家里赚钱。

问题：根据相关法律法规，分析叶某父亲的行为和法律后果。

3. 阅读下面材料，回答问题。

向某因教学事故被学校给予处分，心生不忿，认为是刘校长故意针对自己，总想着要报复。某日，向某在和其同学王某吃饭喝酒时提及此事，王某当即表示，可以替向某出这口恶气，向某交代王某小心行事，别被人认出来。翌日，王某伙同四个朋友，趁刘

校长独自行走在学校后门小巷口时，对其拳打脚踢。刘校长被路过的家长们救下送至医院，因重伤休养两个月无法上班。

问题：根据相关法律法规，分析向某的行为和法律后果。

4. 阅读下面材料，回答问题。

2017年某天晚上，某电视台在本地的晚间新闻节目中对一起案件进行报道："今天上午我市公安机关成功破获一起入室盗窃案，两名犯罪嫌疑人是我市某中学初三年级学生张广平和李松"，并将两人接受警察讯问的正面清晰图像一同播放。张广平和李松及家人不堪忍受，将电视台告上法庭。

问题：根据相关法律法规，分析电视台和公安局的行为和法律后果。

5. 阅读下面材料，回答问题。

15岁的少年刘某，因父母离异无人管教，独自一人在家备感无聊，经常通宵在游戏厅玩游戏。某天放学后，刘某因为学习成绩急剧下降被老师教育，心情低落，又跑去游戏厅疯玩。在玩对战竞技游戏的过程中，刘某连续战败，最后被游戏对家李某"杀死"，急红眼的刘某一怒之下将李某当场打死。

问题：根据相关法律法规，分析本案中涉案主体的行为和法律后果。

6. 阅读下面材料，回答问题。

课间休息时，某初中两名学生（均为十三岁）因嬉戏打闹而矛盾升级。赵某将杨某推倒在地，致杨某大腿流血，全身多处软组织挫伤。班干部跑去办公室报告班主任黄老师，黄老师立即将杨某送至医院治疗，并且联系赵某家长，跟学校汇报此事。杨某父母将赵某、赵某父母、学校和黄老师列为共同被告，向人民法院提起诉讼。

问题：根据相关法律法规，分析本案中涉案主体的行为和法律后果。

第八章　权利和义务

学习目标

了解学校及其他教育机构的权利和义务，理解并掌握教师的权利和义务，分析评价教师在教育教学活动中的实际问题，掌握学生的基本权利，了解侵犯学生各项权利的表现形式，理解对学生的各项权利保护。

第一节　学校的权利和义务

学校及其他教育机构是专门组织实施教育教学活动的实体，也是教育法律关系中最重要的主体之一。作为独立的法人，学校及其他教育机构既可以行使一定的权利，也必须履行一定的义务。

一、学校的权利

（一）学校权利的概念

学校的权利是指其在教育活动中依法享有的权利，即学校在教育活动中能够做出或不做出一定行为，并要求相对人相应做出或不做出一定行为的许可和保障。

（二）学校权利的性质

（1）学校权利是教育机构特有的基本的教育权，是学校成为教育法律关系主体的前提。享有相应的权利，才能在法律上享有实施教育教学活动的资格和能力，是进行正常教育教学活动的保证。

（2）学校权利在本质上是一种公共权利。因此，学校行使此种权利时，必须符合国家和社会的公共利益，必须贯彻国家的教育方针，遵守法律和国家主管机关规定的条件与程序，不得根据自己的主观意志滥用这种权利，也不得自行放弃和转让。

（三）学校权利的内容

根据《教育法》第二十九条的规定，学校及其他教育机构可以行使以下九项权利。

1. 按照章程自主管理的权利

章程是学校保证教育教学活动正常运行，对内部进行规范管理，实行依法治校，提高学校管理水平和效率的主要依据。《教育法》规定学校享有这样的权利，意味着学校一经依法设立，即有权依法按照章程，确立其办学宗旨、管理体制及各项重大原则，制定具体的管理规章和发展规划，自主地做出管理决策，并建立和完善自己的管理系统，组织实施管理活动。这是建立现代学校管理体制的重要前提，主管部门或举办者对学校的符合其章程规定的管理行为无权干涉。

2. 组织实施教育教学活动的权利

这是学校的一项最基本权利。因为教育教学活动是学校最主要的活动，也是学校其他各项工作的中心。学校有权根据自己的办学宗旨和任务，依据国家教育行政主管部门的相关规定，因校制宜，自主组织学校实施教育教学活动，包括决定和实施配套的教学计划、具体课程、专业设置、教材、具体课时和教学进度，组织教学评比、备课环节，对学生进行考试等。

3. 招收学生或其他受教育者的权利

招生权是教育机构的基本权利。一旦被教育法确认为具有进行教育活动的权利能力的法人，学校就有权依据国家招生法律、法规和主管部门的招生管理规定，履行审核手续，根据自己的办学宗旨、培养目标、任务以及办学条件和能力，制定本机构具体的招生办法，发布招生广告，决定具体数量和人员，确定招生范围和来源等。

4. 对受教育者进行学籍管理，实施奖励或者处分的权利

学籍管理权是学校代表国家对受教育者行使管理权利的重要组成部分，是加强对受教育者的教育、管理职能，维护教学秩序，保证教育教学质量的手段。学校根据相关法律法规，可以制定相应的具体学籍管理办法和奖励与处分办法，并可以根据这些管理办法，对受教育者进行具体的管理活动。

5. 对受教育者颁发相应学业证书的权利

学校作为从事教育教学活动的事业法人，法律授予了学校行使对受教育者颁发学业证书、学位证书的行政权力。学校依据国家有关学业证书的管理规定，根据自己的办学宗旨、培养目标和教育教学任务要求，有权对经考核成绩合格的受教育者，按其类别颁发毕业证书、结业证书等学业证书。学校颁发学业证书，要遵循公开公正的原则，接受主管部门和受教育者的监督。

6. 聘任教师及其他职工，实施奖励或者处分的权利

学校根据国家有关教师和其他教职工管理的法规、规章规定，从本校实际情况出发，有权自主决定聘任、解聘有关教师和其他职工，制定本校的教师及其他职工聘任办法，签订和解除聘任合同，对教师及其他员工实施包括奖励、处分在内的具体管理活动。教育机构在聘任、奖励、处分教师和其他职工时，应着重考虑其工作业绩。此项权利，有利于学校自主选用优秀人才，建立相应的奖惩机制，提高教育教学质量和办学效益。

7. 管理、使用本单位的设施和经费的权利

学校应遵守国家有关国有资产管理、教育经费投入及学校财务活动的管理规定，从有利于学校发展和实现办学宗旨角度，可以对其占有的教学场地、教室、宿舍、教学设备等设

施，办学经费以及其他有关财产，享有财产管理权和使用权，必要时可对其占用的财产进行处置或获得一定的收益。但学校行使此项权利，应妥善管理和合理使用财产，防止国有资产流失，并且不得妨碍学校教育和管理活动的正常进行，不得侵害有关权利人的财产权利等。

8. 拒绝任何组织和个人对教育教学活动的非法干涉的权利

此权利意味着，任何组织和个人都不得侵犯学校实施教育教学自主权，也不能干扰正常的教育教学秩序。当行政机关、企业事业组织、社会团体、个人等违反法律法规做出不利于教育教学活动的行为时，例如强行侵占校舍、随意要求学校停课等，学校均有权拒绝各种非法干涉行为。

9. 法律、法规规定的其他权利

除了《教育法》所规定的前述八项权利外，现行法律、行政法规以及地方性法规赋予学校作为一般法人的权利和其他法律法规规定的权利等。这是对学校享有其他合法权利的概括，有利于进一步完善和保护学校及其他教育机构的自主办学权，保障教育教学工作顺利开展。

二、学校的义务

（一）学校义务的概念

学校的义务是指其在教育活动中必须履行的法律义务，即学校在教育活动中必须做出一定行为或不得做出一定行为的约束。它根据法律产生，并以国家强制力保障其履行。

（二）学校义务的意义

学校有必须履行的义务，主要是为保证学校更好地实现育人宗旨、实施教育教学活动；其次是保障学校相对一方特别是学生受教育权利和教师的合法权益的需要。从深层次上说，它也体现了法律关系主体权利义务的一致性。

（三）学校义务的内容

按照我国《教育法》第三十条，学校及其他教育机构应当履行下列义务。

1. 遵守法律法规的义务

这项义务是基于我国《宪法》的有关规定确立的，是法律对一般法人的要求，学校也不例外。学校是培养人的社会组织，遵守法律法规是其必须履行的基本义务。

2. 贯彻国家的教育方针，执行国家教育教学标准，保证教育教学质量的义务

此项义务包含以下两方面含义：第一，学校及其他教育机构在整个教育教学活动中，要坚持社会主义办学方向，保证学校教育的社会主义性质，贯彻实施国家的教育方针，培养德、智、体等全面均衡发展的社会主义合格建设者和接班人。第二，要努力改善办学条件，提高师资队伍建设，加强育人环节，保证教育教学活动和培养学生的质量达到国家的教育教学质量要求，以提高国民素质为根本宗旨，以培养学生的创新精神和实践能力为重点，全面推进素质教育，不断提高教育教学质量。

3. 维护受教育者、教师及其他职工的合法权益的义务

学校及其他教育机构要依法维护内部成员的合法权益。此项义务包含以下两方面含义：第一，学校不得侵犯教师、其他职工和学生的合法权益，例如不能克扣、挪用教职工工资，不能随意开除学生等；第二，当其他组织和个人侵犯了本校教职员工和学生的合法权益时，即师生的合法权益受到外部侵犯时，学校应积极协助有关单位进行查处，依法维护受害者的合法权益。

4. 以适当方式为受教育者及其监护人了解受教育者的学业成绩及其他有关情况提供便利的义务

此项义务意味着学校应该采用法律允许的方式，保障受教育者及其监护人的知情权，如实让学生及其监护人了解学生在校的各项情况，加强学校与家庭教育的衔接。

此项义务包含以下两方面含义：第一，学校不得以任何借口，拒绝受教育者及其监护人了解学业成绩、在校表现等情况的正当请求；第二，学校应当采用恰当方式，提供便利条件，帮助受教育者及其监护人行使此项知情权。学校在履行此项义务时，要特别注意不得侵犯受教育者的隐私权、名誉权等合法权益。

5. 遵照国家有关规定收取费用并公开收费项目的义务

此项义务包含以下两方面含义：第一，学校应依据中央和地方各级政府及其有关部门的收费规定，从办学公益性质出发，确定本校收取学费和杂费的标准。不允许学校巧立名目私自收费，或者自行提高收费标准，一切费用的收取必须符合法律规定，存在法律依据；第二，学校应及时向家长、社会公开收费项目，包括收费的具体名称和标准，必要时还应公开所收费用的账目，以便于家长和群众给予监督。

6. 依法接受监督的义务

这项义务是学校作为行政管理相对人和独立法人应承担的法定义务，是指学校对各级权力机关、行政机关依法进行的正当检查、监督以及社会各界依法进行的合理监督，应当积极予以配合，不得拒绝，更不得用非法手段妨碍检查、监督工作的正常进行。

第二节　教师的权利和义务

一、教师权利和义务的特点

（一）是一种职业特定的法律权利和职业特定的法定义务

教师的权利和义务关系在教育教学活动中产生，并由教育法律法规所设定，体现了教师的法律地位，从本质上确立了教师作为履行教育教学职责专业人员所特有的政治、经济地位和职业声望。

（二）与教师职务和职责紧密相连

首先，教师的权利和义务始于其取得教师资格并在学校或其他教育机构任职，终于解聘。各级各类学校教师的权利和义务内容，也因职责不同而有所差异。其次，教师的权利和义务是其履行教育教学职责的要求和基本保证，都不能随意放弃。

（三）一定社会物质生活条件能予以保证

各国关于教师基本权利和义务的规定，都是同该国当时的社会、经济发展水平和文化传统等所适应并能予以保证的权利和义务。

二、教师的权利

（一）教师权利的概念

教师权利是指教师在教育教学活动中依法享有的权能和利益，表现为教师作为权利主体能够做出或不做出一定的行为，或要求他人做出或不做出一定行为的资格。

（二）教师权利的内容

教师的权利包括两部分，一是教师作为一般公民所享有的权利。作为普通公民，教师享有《宪法》所规定的公民基本权利，主要包括政治权利、宗教信仰权、平等权、人身权、人格权、文化教育权、社会经济权等。二是作为教育者所享有的权利，这是一种职业特定的法律权利。这两部分权利有联系也有区别。此外，不同工作阶段和学校类型的教师，其享有的权利在某些程度上有所区别。

本部分主要论述《教师法》第七条中规定的，教师作为教育者所享有的六项权利。

1. 教育教学权

教育教学权是教师为履行教育教学职责而进行教育教学活动，开展教育教学改革和实验的权利。

教育教学权包括以下三方面具体含义：第一，在聘教师的教育教学权为其最基本权利，应当得到尊重，任何组织和个人不可非法剥夺在聘教师的教育教学权；第二，教师有权依据学校的教学计划、教学大纲、教育工作量等具体要求，确定自己的教学内容和进度，自主地组织课堂教学；第三，有权针对不同的教育教学对象，结合教师和学生的特点，在教育教学的形式、方法、具体内容等方面进行改革和实验。

2. 学术研究权

学术研究权是教师从事科学研究、学术交流，参加专业的学术团体，在学术活动中充分发表意见的权利。

学术研究权包括以下三方面的具体含义：第一，教师在完成本职教育教学任务的前提下，有权进行科学研究、技术开发，有权撰写、出版学术论文、著书立说；第二，在不影响教育教学工作的前提下，有权参加有关的学术交流活动，参加依法成立的学术团体并在其中兼任职务；第三，有权在学术研究和学术活动中发表自己的观点和意见，有开展学术争鸣的自由。

3. 指导评价权

指导评价权即教师可以指导学生的学习和发展，评定学生的品行和学业成绩的权利。这是一项与教师在教育教学过程中的主导地位相适应的权利。

指导评价权包括以下三项具体含义：第一，指导评价权是业务性很强的专门工作，任何组织和个人不得非法干预教师行使这项权利，教师应以公正的态度行使权利；第二，教师有权根据教育规律和学生的身心发展特点，运用科学的方式方法，因材施教，有针对性地对学生的学习和发展给予指导；第三，教师有权严格要求学生，对学生的思想品德、学习、生活等方面给予客观公正的评价。

4. 报酬待遇权

报酬待遇权是指教师可以按时获取工资报酬，享受国家规定的福利待遇以及寒暑假期的带薪休假的权利。这是教师的基本物质保障权利，是宪法赋予公民享有的社会经济权利在教师职业范围内的具体体现。

此权利包含两方面具体含义：第一，教师有权要求所在学校及其教育行政主管部门根据国家教育法律、教师聘任合同的规定按时足额地支付工资报酬，任何单位和个人无权挪用、克扣和拖欠教师的工资报酬；第二，教师有权享受国家规定的医疗、住房、退休等方面的待遇和优惠政策以及寒暑假期带薪休假的权利，任何单位和个人无权减少国家规定的给予教师的福利项目、福利金额等。

5. 民主管理权

民主管理权是指教师可以对学校教育教学、管理工作和教育行政部门的工作提出意见和建议，通过教职工代表大会或者其他形式，参与学校的民主管理。这是教师参与教育管理的民主权利，是宪法所规定的公民民主权利在教育领域的具体体现，有利于调动教师对教育教学工作的自觉性和积极性，加强对学校和教育行政部门工作的监督。

此权利有以下两方面的具体含义：第一，教师有权通过多种适当方式，参与学校民主管理，对学校教育教学、管理工作和教育行政部门的工作提出意见和建议。第二，教师正确行使民主管理权，学校和教育行政部门不得干预、剥夺或对教师进行打击报复。

6. 进修培训权

进修培训权即参加进修或者其他方式培训的权利。这是教师享有的继续教育的权利。

此项权利包括三方面具体含义：第一，教师有权参加进修或者其他多种形式的培训，不断提高自身思想政治觉悟和业务水平，任何组织和个人不得非法干涉；第二，在完成教育教学本职工作的前提下，教师要根据学校或教育行政部门的合理安排，有计划有组织地参与进修培训；第三，教育行政部门、学校及其他教育机构，应采取多种措施，努力为教师的进修培训创造有利条件。

三、教师的义务

（一）教师义务的概念

教师的义务是指依照法律规定，教师从事教育教学工作所必须履行的责任，表现为必须做出或禁止做出一定的行为。

（二）教师义务的内容

如同教师的权利一样，教师的义务也分为两部分。一是教师作为公民应承担的一般义务。《宪法》规定普通公民应当履行如下义务：维护国家统一和民族团结的义务；遵守宪法和法律，保守国家秘密，爱护公共财产，遵守劳动纪律，遵守公共秩序，尊重社会公德的义务；维护国家安全、荣誉和利益的义务；保卫祖国和依法服兵役的义务；依法纳税的义务。教师作为中国公民，应履行这些基本义务。二是教师作为教育者应承担的义务。教师公民义务中的一部分在教师特定义务中有所体现，教师特定义务中的一部分是公民义务的具体化和职业化，因此这两部分存在联系。同时，两者也各有一部分是独立的，互不重复。

本部分主要论述《教师法》第八条中明确规定的六项教师义务。

1. 遵纪守法的义务

教师有遵守宪法、法律和职业道德以及为人师表的义务。

该义务包括以下三方面具体含义：第一，宪法和其他法律法规是国家、社会组织和公民活动的行为准则，任何组织和公民都必须无条件遵守。教师要遵守宪法和其他法律法规，要在教育教学工作中起到模范示范作用，主动自觉地培养学生的法治观念和民主意识，教育学生遵纪守法。第二，教师职业是一种专门化的职业，有着自身的职业道德准则。《中小学教师职业道德规范》明确规定了教师的职业道德规范，教师应当严格遵守。第三，教师承担着教书育人的重任，在传授文化知识的同时，应当在道德、言行等方面严以律己，要注意言传身教，做到为人师表。

2. 教育教学的义务

教师必须要贯彻国家的教育方针，遵守规章制度，执行学校的教学计划，履行教师聘约，完成教育教学工作任务。

该义务包括以下三方面具体含义：第一，教师在教育教学活动中，必须严格按照国家教育目的和培养目标，坚持教育教学的社会主义方向不偏移。第二，除了遵守法律法规以外，教师还要自觉遵守教育教学管理的各项规章制度，认真执行教学大纲、教学计划或教学基本要求制订的具体教学计划，保证学校教育教学工作顺利有序进行。第三，教师还应该严格按照聘任合同的约定，履行教育教学职责，完成规定的教育教学任务，保证教育教学质量。

3. 教书育人的义务

教师有义务对学生进行宪法所确定的基本原则的教育和爱国主义、民族团结的教育，法制教育以及思想品德、文化、科学技术教育，组织、带领学生开展有益的社会活动。这是对教师教育教学工作内容方面的全面规范。

该义务包括以下三方面具体含义：第一，教师应结合自身教育教学情况，自觉将政治思想品德教育贯穿于教育教学过程之中。第二，在对学生进行思想政治教育时，教师要遵循我国宪法确定的坚持社会主义道路，坚持四项基本原则，将社会主义核心价值体系作为首要内容，有意识地突出爱国主义、民族团结教育、法制教育和文化、科学技术教育。第三，在德育的形式和方法上，应注意根据学生身心发展的特点，采用与实践相结合的方式，积极组织和带领学生参加有益的社会活动，强化德育为先的认知。

4. 关爱尊重学生，促进学生全面发展的义务

教师有义务关心爱护全体学生，尊重学生人格，促进学生在品德、智力、体质等方面全面发展。

该义务有三方面具体含义：第一，教师要关心爱护全体学生，对学生应一视同仁，公平对待，不因民族、性别、学习成绩等因素歧视部分学生。第二，教师应该把学生视为独立的个体，要尊重学生的人格尊严，例如不能体罚或变相体罚学生，不能泄露学生隐私等。第三，教师应该关注学生的均衡发展，注重素质教育，促进学生德、智、体等全面发展。

5. 保护学生合法权益的义务

教师有义务制止有害于学生的行为或者其他侵犯学生合法权益的行为，批评和抵制有害于学生健康成长的现象。

该义务包括以下两方面具体含义：第一，教师履行此项义务具有特定的范围，即在学校工作和与教育教学工作相关的活动中，教师必须保护学生的合法权益。第二，教师要制止对侵犯其所负责教育管理的学生的合法权益的违法行为，也要批评和抵制社会上出现的有害于学生身心健康成长的不良现象。

6. 提高业务水平的义务

教师有不断提高思想政治觉悟和教育教学业务水平的义务。该义务的含义是，教育教学工作是专业性较强的工作，教师肩负着提高民族素质的使命和重任，应加强学习，锐意进取，不断提高思想政治觉悟和教育教学业务水平，以适应教育教学的实际需要。

第三节　学生的权利和义务

一、学生的权利与保护

（一）学生权利的概念

学生权利是指学生依照国家法律法规所依法享有的权能和利益。依学生就读学校的类别和年龄的不同，学生的具体权利亦有所差别。

（二）学生权利的内容

学生的权利包括两部分，一是学生作为普通公民所享有的权利，不再赘述；二是根据《教育法》第四十三条和其他相关法律法规，作为受教育者所享有的权利，这是本部分阐述的主要内容。

1. 参加教育教学活动并使用教育资源的权利

学生有权参加教育教学计划安排的各种活动，使用教育教学设施、设备、图书资料。这是受教育者的基本权利，体现了教学民主精神，是广大学生接受教育和获取知识的重要途径和保障。

此项权利主要包括以下个方面含义：第一，在教学过程中，学生有权参加教育教学计划安排的各种活动，如课堂教学、讲座、见习、实习、考试测验等。任何组织和个人不得以任何借口非法剥夺受教育者的这项基本权利。第二，学生享有平等使用教育教学设施、设备、图书资料的权利。学校及其他教育机构应当依法按规定提供符合卫生安全标准的教育教学设施、设备、图书资料及其他教育教学用品，保证受教育者完成学习任务。

2. 获得国家物质帮助的权利

学生有权按照国家有关规定获得奖学金、贷学金或助学金。此权利是受教育者获得国家各种经济资助的权利，体现了国家对学生提供完成学业的物质保障的重视。

3. 获得公正评价和相应证书的权利

学生有权在学业成绩和品行上获得公正评价，完成规定的学业后获得相应的学业证书、学位证书。

该权利主要体现在获得公正评价和获得学业证书两方面：第一，在受教育的某一段时期内，学生有权获得关于自身学业成绩和品行的公正评价。学校和教师应该以公正客观的态度，对学生进行实事求是、公正合理的评价，不受其他与教育教学无关因素的影响。对学生的评定要根据规定的要求，从学生实际出发，用全面和发展的眼光看待学生，恰如其分地分析学生的优缺点，实行民主评定，防止片面性。第二，完成规定的学业后获得相应的学业证书或学位证书是受教育者的一项重大权利。学生完成某一阶段的学业并达到规定标准后，在该教育阶段结束时均有获得相应学业证书和学位证书的权利。

4. 申诉起诉权

学生对学校给予的处分不服时，有权向有关部门提出申诉，对学校、教师侵犯其他人身权、财产权等合法权益，提出申诉或者依法提出诉讼。这是公民申诉权和诉讼权在学生身上的具体体现。当学生依法行使申诉起诉权利的时候，任何组织和个人不得无理阻挠。有关部门接到申诉后，应该积极受理，在规定时间内调查核实并及时答复。

5. 其他法律法规规定的其他权利

除了《教育法》第四十三条规定的以上四项权利，学生还享有其他法律法规所规定的诸多权利，主要包括以下几项。

(1) 受教育权

受教育权是我国公民的权利和义务，也是学生在教育教学活动中的基本权利。此权利在多部法律法规中得到确认，例如《宪法》第二章第四十六条；《教育法》第一章第九条和第五章第三十七条至第四十五条；《义务教育法》第一章第二条、第四条等。我国教育法律法规规定的受教育权的具体内容，大致有以下几个方面：

第一，受教育者根据身心发展的特点或其他情况选择学校、专业、教育形式。这是受教育权的重要内容。在法律规定的义务教育阶段内，一般来说受教育者及其监护人没有选择的权利。完成义务教育的学生，可以享有比较充分的选择权，例如选择普通高级中学、职业学校继续学习，或者进入不同的高等学校各个专业进行学习，其父母或监护人可根据学生兴趣爱好、学习成绩等情况帮助其做出选择。

第二，受教育者在就学和完成规定学业发生困难时，享有获取国家、社会、家庭、学校等方面援助的权利。例如低收入家庭的学生享有申请助学金的权利。

第三，受教育者在教育活动中，享有法律法规以及学校章程所规定的广泛的权利。受教育者在有关教育活动中，认为受到不公正的待遇时，享有提出申诉和提起诉讼的权利，这也是受教育权的重要方面。

此外，法律法规还对特定学生的特定受教育权做出了明确规定。

其一，保证义务教育阶段学生所专有的权利。教育法律法规对保障学生接受义务教育做了明确、具体的规定，例如义务教育阶段学生享有免试入学权、就近入学权和不交学费杂费的权利等。

其二，对特殊群体的受教育权进行保护，更能体现受教育权的平等性。在我国，特殊群体主要是指以下四类：

第一类是女性学生。我国《教育法》《妇女权益保障法》等法律中规定，国家保障女子在入学、升学、就业、授予学位、派出留学等方面享有同男子平等的权利，在教育、管理、设施等方面保障女性青少年身心健康发展，父母或其他监护人有保障女性青少年接受义务教育的义务。

第二类是贫困学生。《教育法》和《义务教育法》等法律都明确规定，要保障家庭经济困难的学生有平等接受教育的机会。

第三类是残疾学生。《教育法》《义务教育法》《残疾人保障法》等法律都规定，要保障残疾人受教育的权利得到实现。

第四类是违法犯罪学生。《教育法》《未成年人保护法》《义务教育法》等法律都规定，保证违法犯罪的学生接受教育是国家、社会、家庭及其他教育机构的法定责任，应当坚持教育为主的原则，保证违法犯罪学生完成义务教育。

(2) 人身权

人身权是学生权利中最基本、最重要的权利，包括人格权和身份权两项内容。

人格权包括一般人格权和具体人格权两大类。

一般人格权是指自然人享有的包括人格平等、人格独立、人格自由、人格尊严在内的一般人格利益，并由此产生和规定具体人格权的基本权利。

具体人格权主要包括生命权、身体权、健康权、姓名权、肖像权、荣誉权、名誉权、隐私权等。生命权指法律赋予自然人的、以生命维持和生命安全为内容的权利。身体权是指自然人对其肢体、器官和其他组织的完整依法享有的权利。健康权是以自然人依法享有的保持其自身及其器官以至身体整体的功能安全为内容的人格权。姓名权是自然人依法享有的决定、使用、改变自己的姓名并排除他人侵害的权利。肖像权是指自然人享有通过各种形式在客观上再现自己形象的专有权。荣誉权是指公民、法人或者其他组织所享有的，因突出贡献或特殊劳动成果而获得光荣称号或其他荣誉的权利。名誉权是指公民或法人对自己在社会生活中获得的社会评价、人格尊严享有的不可侵犯的权利。隐私权是指公民不愿公开或让他人知悉个人秘密信息的权利。

身份权是指公民和法人依一定行为或基于相互之间关系所发生的人身权利，主要包括亲权、亲属权等。亲权是指父母基于其身份对未成年子女人身、财产方面的管理和保护的权利。亲属权是指父母与成年子女、祖父母与孙子女、外祖父母与外孙子女以及兄弟姐妹间的身份权。

关于人身权的法律规定较多，例如《义务教育法》第二十九条，《教师法》第八条、第三十七条，《未成年保护法》第三十九条、第五十八条、第六十三条，《预防未成年人犯罪法》第四十五条等。

(3) 财产权

财产权是人身权的对称，是指以财产利益为内容，直接体现财产利益的民事权利，包括物权、债权、继承权以及知识产权中的财产权利。物权是指权利人依法对特定的物享有的直接支配和排他的权利。实际的教育教学活动中，财产权纠纷大多集中在物权领域。

(三) 对学生权利的多重保护

1. 国家保护

国家机关、武装力量、政党、社会团体、企事业组织等多种主体都应承担起保护未成年人的责任，中央和地方各级国家机关应当在各自的职责范围内做好未成年人保护工作，国家保障未成年人的合法权益不受侵犯，对未成年人进行全面教育等。

2. 家庭保护

未成年人的家庭保护，是法律上基于血缘关系而产生的亲权的一种法定职责，主要表现为未成年人的监护人应当依法履行对未成年人的监护职责和抚养义务，对未成年人的合法权益实行监督和保护，引导和教育未成年人健康成长、成才等。

3. 学校保护

《未成年人保护法》设专章全面规定了学校的保护职责，主要包括根据国家教育方针政策，对未成年人进行多方面教育，关心、爱护、尊重全体学生，公平对待每一位学生，因材施教，保护未成年人合法权益，保障学生的人身安全与身心健康等。

4. 社会保护

《未成年人保护法》中设专章对社会保护做了具体规定。从保护主体上看，包括国家机关、学校、社会团体、企业事业组织和公民个人等。保护的内容涵盖了与未成年人的权利相关的方方面面，主要包括开展多种有利于未成年人健康成长的社会活动，建立和改善适合未成年人文化生活需要的活动场所和设施，保护未成年人的合法权益、人身安全和身心健康等。

5. 司法保护

司法保护是指人民检察院、法院、公安机关以及司法行政部门等国家机构通过依照法律履行职责，对未成年人所实施的一种专门保护措施。《未成年人保护法》中有关司法保护的具体内容主要包括：在司法活动中尊重未成年人的人格尊严，保护未成年人的合法权益，依法为其提供法律援助或者司法救助，依法监督监护人履行职责情况，对未成年人罪犯进行教育，依法从轻、减轻或者免除处罚，保障其完成义务教育等。

（四）侵犯学生权利的常见表现

学校、教师不得在教育教学过程中侵犯学生的合法权利，这也是对学生权利的保护。常见的侵犯学生权利的表现如下：

1. 侵犯学生受教育权的表现

（1）区别对待学生

《教育法》第九条规定了学生受教育权的平等性，主要表现为机会平等。学生不受民族、种族、性别、财产状况、宗教信仰等方面的限制，享有平等的受教育机会，教师不得以任何理由歧视和区别对待学生。

（2）拒不接受学生入学

《义务教育法》第十一条规定了义务教育对象的入学条件，只要开学前年满 6 周岁，不分性别、民族、种族，只要有接受教育的能力，就必须入学接受义务教育。实施义务教育的学校必须依法接受应该在本校就读的适龄儿童、少年入学。

（3）不允许学生参加教学活动

《教育法》第四十三条规定，受教育者享有参加教育教学计划安排的各种活动的权利。教师不得随意剥夺学生参加听课、讲座、实验、实习和考试等教学活动的权利。

（4）随意开除学生

《未成年人保护法》第十八条规定，学校应当尊重未成年学生受教育的权利，不得违反法律和国家规定开除未成年学生，不得随意开除高中阶段的学生。

此外，教师不得以任何目的和理由侵犯或干扰学生受教育的选择权、侵犯学生升学复学方面的同等权利，更不能以侵犯学生姓名权的手段侵犯学生的受教育权、延误学生录取通知书的发放等。

2. 侵犯学生人身权利的表现

(1) 侵犯学生的一般人格权

主要表现为侵犯人格平等、人格独立、人格自由和人格尊严的行为，例如将个人意志强加给学生，非法拘禁和限制学生，对学生进行非法搜查，对学生进行人格侮辱等。

(2) 侵犯学生的生命权、身体权和健康权

主要表现为对学生进行体罚或变相体罚、教育教学设施不安全以及教师不作为等。

(3) 侵犯学生的姓名权、肖像权、名誉权和荣誉权

主要表现为冒用、盗用和干涉学生使用姓名，未经允许制作和使用学生肖像营利，歪曲或损害学生名誉，非法侵占、剥夺、贬损学生本应获得的荣誉等。

(4) 侵犯学生的隐私权

教师侵犯学生隐私权的现象经常发生，主要表现为教师不经同意私拆、扣留、宣读学生信件，故意隐匿、毁弃学生信件，私自翻阅学生日记，披露、宣扬学生自身及家庭成员的资料，用不恰当的方式公布学生成绩等。

(5) 性侵害

主要表现为少数教师对学生实施性侵害，最主要是实施强奸和猥亵行为。

3. 侵犯学生财产权的表现

主要表现为对学生乱罚款，乱摊派、推销商品，对学生携带的物品予以没收、损坏或丢弃，侵犯学生的著作权等。

二、学生的义务

(一) 学生义务的概念

学生的义务是指学生依照教育法及其他有关法律法规，参加教育活动中必须履行的义务，表现为学生在教育活动中必须做出一定行为或不得做出一定行为。

(二) 学生义务的内容

依学生就读学校的类别和学生年龄的不同，学生的具体义务各有差别。根据《教育法》第五章第四十四条的规定，受教育者的基本义务包括以下四项。

1. 遵守法律法规的义务

法律和法规是国家、社会组织和公民一切活动的基本准则，任何组织和公民都必须遵守国家的法律和法规。受教育者是社会主义事业的建设者和接班人，有履行遵守法律法规的义务，这是对受教育者作为社会公民最基本的规范。遵守法律法规，既包括宪法、法律、行政法规，也包括教育法律法规和有关教育规章。

2. 遵守行为规范，养成良好品行的义务

学生有遵守学生行为规范，尊敬师长，养成良好的思想品德和行为习惯的义务。“学生

行为规范”特指教育部发布的《小学生日常行为规范》、《中学生日常行为规范》和《高等学校学生行为准则》这三个规章中，国家对学生在政治、思想、品德方面的基本要求。

此义务是国家教育方针对受教育者在德育方面的要求，也是培养德、智、体等方面全面发展的社会主义事业的建设者和接班人的教育目标的基本要求。受教育者养成良好品德既是受教育者成才的基本义务，又是学校教育的重要职责。

3. 努力完成学习任务的义务

受教育者的根本任务就是努力学习科学文化知识。学生应该认真努力，刻苦学习，完成各个阶段的课程内容，通过规定的考试和考核，达到教学计划要求的各项标准。这是受教育者的一项特定的主要义务。对学生而言，接受教育既是权利也是义务。对义务教育阶段的学生来说，这种义务是强制性的；对非义务教育阶段的学生来说，这是自愿入学后，在享受教育权利的同时应承担的义务，也是学生获得学业证书权利的前提。任何一个教育阶段的学习任务都包括结果性和过程性的学习任务，受教育者应按时完成，不断提高自身的才智和素质。

4. 遵守学校管理制度的义务

学生有遵守其所在学校或者其他教育机构的管理制度的规定的义务，主要包括遵守思想政治教育管理制度、教学管理制度、学籍管理制度、体育管理制度、卫生管理制度、图书仪器管理制度、校园管理制度等。这些管理制度能保证教育教学工作的顺利有序进行，受教育者应该遵守。

练习题八

一、单项选择题

1. 根据我国《教师法》的规定，下列哪项不是教师应当履行的义务（　　）。

   A. 关心集体，爱护公物

   B. 遵守宪法、法律和职业道德，为人师表

   C. 贯彻国家的教育方针，遵守规章制度，执行学校的教学计划，履行教师聘约，完成教育教学工作任务

   D. 对学生进行宪法所确定的基本原则的教育和爱国主义、民族团结的教育，法制教育以及思想品德、文化、科学技术教育，组织、带领学生开展有益的社会活动

2. 学校派张老师参加省里的骨干教师培训，但扣其绩效工资五百元。这种做法（　　）。

   A. 侵犯了教师的进修培训权　　B. 加强经费管理

   C. 体现了按劳取酬　　D. 节约了办学成本

3. 李老师就校务公开问题向学校提建议，李老师的做法（　　）。

   A. 行使教师权利　　B. 履行教师义务

   C. 影响学校的秩序　　D. 给学校出难题

4. 根据《中华人民共和国教师法》，教师最基本的权利是（　　）。

A. 管理学生权　　B. 教育教学权　　C. 学术自由权　　D. 民主管理权

5. 某地教育行政部门在暑假组织教师参加业务培训，该教育行政部门的做法（　　）。

A. 正确，教师应终身学习　　B. 正确，教师应无私奉献

C. 错误，占用教师休息时间　　D. 错误，教师已储备足够知识

6. 某教师对学校管理提出改进意见，被校长打击报复。校长所侵犯的教师权利是（　　）。

A. 学术研究权　　B. 教育教学权　　C. 指导评价权　　D. 民主管理权

7. 某教师积极参加学校工会活动，并对学校的改革发展建言献策。该教师行使的权利是（　　）。

A. 教育教学权　　B. 控告检举权　　C. 民主管理权　　D. 培训进修权

8. 某中学规定，教师因休产假不能工作的，其工资由学校扣除用作其他代课老师的代课费用。该学校的做法（　　）。

A. 不合法，侵犯了教师享受国家规定的福利待遇的权利

B. 不合法，代课教师的工资应由学校自筹经费予以保障

C. 合法，学校享有对教师实施奖励或处分的权利

D. 合法，学校享有按照章程进行自主管理的权利

9. 某中学教师黄某认为自己学历和能力都已达标，拒绝参加教育行政部门利用假期组织的教师培训活动。黄某的做法（　　）。

A. 正确，教师可以放弃个人权利　　B. 不正确，教师不能放弃培训的权利

C. 正确，教师享有专业自主权利　　D. 不正确，提升业务水平是教师义务

10. 为加强班级管理，班主任王老师经常查阅学生日记，侵犯了学生的（　　）权利。

A. 隐私权　　B. 名誉权　　C. 财产权　　D. 受教育权

11. 课间，小莉正在同学面前大声朗读小娟的日记，被走进教室的小娟发现，小娟找到班主任诉说此事。班主任最恰当的做法是（　　）。

A. 制止小莉这种行为　　B. 批评小娟总是告状

C. 劝说小莉不要声张　　D. 劝说小娟宽容小莉

12. 班主任张老师按照学生的期中考试成绩调整座位，将考试成绩后5名的学生安排在教室的最后一排。张老师的做法（　　）。

A. 是激发学生的重要手段　　B. 侵犯了学生的人格尊严

C. 是管理班级的有效手段　　D. 侵犯了学生的受教育权

13. 放学后，教师李某让小强留校写作业。李某因临时有事，将小强反锁在办公室直到深夜，李某的行为（　　）。

A. 合法，教师有批评教育学生的权利　　B. 不合法，李某侵犯了小强的人格权

C. 合法，教师有监督学生完成作业的义务　　D. 不合法，李某侵犯了小强的人身自由权

14. 中学生王某扰乱课堂秩序，教师刘某将其赶出教室，并罚其做俯卧撑，王某体力不支，头部磕伤。下列选项正确的是（　　）。

A. 王某对其头部所受伤害负主要责任　　B. 刘某将王某赶出教室不应实施体罚

C. 学校可依法给予刘某相应的行政处罚　　D. 刘某侵犯王某的受教育权和人身权

15. 初二某班的班主任李某将全班学生的期末考试成绩排名张贴在教室里。其做法（　　）。

A. 正确，利于激励成绩好的学生　　B. 正确，利于鞭策成绩差的学生

C. 不正确，侵犯了学生的学习权　　D. 不正确，侵犯了学生的隐私权

16. 年满 14 岁的初中学生张某学习成绩不好，不想上学。父母让其辍学到城里务工，一家汽修厂安排张某当学徒。下列说法正确的是（　　）。

A. 张某父母的做法合法，父母有责任帮助孩子成长

B. 张某父母的做法不合法，侵犯了张某的受教育权

C. 汽修厂的用工合法，张某已经年满 14 岁

D. 汽修厂的用工不合法，违反了《中华人民共和国教育法》

17. 张老师责令考试成绩不及格的小强停课半天写检查，张老师的做法（　　）。

A. 合法，有助于警示其他学生　　B. 合法，教师有管理学生的自由

C. 不合法，侵犯了小强的人身权　　D. 不合法，侵犯了小强的受教育权

18. 中学生王某上课玩手机，被班主任李某当场没收。王某课后向李某承认错误并要求归还其手机，被李某以王某违反校规为由拒绝。李某的做法（　　）。

A. 正确，学校规章应该人人遵守　　B. 正确，教师有惩戒学生的权利

C. 不正确，侵犯了学生的财产权　　D. 不正确，应上交学校予以销毁

19. 某中学在资助贫困生的公示中，将拟资助学生的家庭住址、父母姓名、电话号码、身份证号等信息予以公布。该学校的做法（　　）。

A. 符合校务公开的办事原则　　B. 体现了学校自主管理权利

C. 侵犯了学生的个人隐私权　　D. 违背了公平待生的教育理念

20. 中学生王某的脸上有一块疤痕，同学李某便给王某起了外号“王疤”，并在同学中广而告之。李某侵犯王某的权利是（　　）。

A. 隐私权　　B. 姓名权　　C. 荣誉权　　D. 人格权

21. 某初中教师李某上课前发现部分学生未完成家庭作业，要求这部分学生完成作业后再进教室听课。李某的做法（　　）。

A. 合法，教师有管理学生的权利　　B. 合法，教师有教育学生的职责

C. 不合法，侵犯了学生的受教育权　　D. 不合法，侵犯了学生的人身权

22. 中学生程某经常违反班规，班主任张某让其缴纳“违纪金”充作班费。班主任张某的做法（　　）。

A. 合法，教师有惩戒学生的权利　　B. 合法，教师有管理班级的权利

C. 不合法，教师没有罚款的权力　　D. 不合法，学校才有罚款的权力

23. 中学生邹某上课时玩手机游戏，班主任王老师发现后，当场删除了邹某的游戏账号和他购买的游戏装备，并告诫邹某不要在上课时玩游戏。课后，王老师将手机返还给了邹某。王老师的做法（　　）。

A. 合法，教师有权批评和管教学生　　B. 不合法，侵犯了邹某的财产权

C. 合法，教师无权没收学生的手机　　D. 不合法，侵犯了邹某的隐私权

24. 为防止学生受到网络伤害，班主任李老师要求班上所有学生将手机上交接受检查，以便及时了解情况。李老师的这种做法（　　）。

A. 合法，班主任对学生有管理权　　B. 合法，班主任对学生有监护权

C. 不合法，侵犯了学生的隐私权　　D. 不合法，侵犯了学生的财产权

25. 某高中对严重违反校纪的学生张某处以留校察看处分，并将处分文件在学校宣传栏公开张贴。该学校的行为（　　）。

A. 侵犯了张某的名誉权　　B. 保障了师生的财产安全

C. 侵犯了张某的隐私权　　D. 履行了学校的管理职责

26. 16 岁的蒋某因抢劫被公安机关抓获，当地电视台将蒋某接受审讯的清晰画面在当地新闻节目中播出，该电视台的行为（　　）。

A. 不违法，如实报道没有构成侵权　　B. 不违法，传播正能量不构成侵权

C. 违法，侵犯了蒋某的隐私权　　D. 违法，侵犯了蒋某的名誉权

二、材料分析题

1. 阅读下面材料，回答问题。

有数名学生向学校反映，高三某班的四节物理课全部未有老师授课，学生只能自习。经查，任课教师沈某正在外地参加物理学年会。由于沈某没有跟学校请假，也未与其他教师调课，学校按照相关规定，对沈某做出旷工处理，扣发其相应课酬和本月全勤奖，并在全校职工大会上提出批评。沈某对学校做出的处理决定不服，向教育行政部门提出申诉，要求返还扣发的工资和奖金，在全校职工大会上取消对其所做的批评。

问题：分析本案中学校和沈某的行为。

2. 阅读下面材料，回答问题。

2011 年 5 月，某县教委收到市教育局通知，将于 6 月初到某县进行教育改革成果验收工作。县教委高度重视，安排县城几所学校加紧排练节目，为市检查组做好欢迎仪式等表演。6 月 14 日上午，市检查组如期抵达某县，县教委提前通知学校停课，组织县城中小学学生共计 100 多人参加欢迎仪式。

问题：分析本案中县教育局的行为。

附 录

附件 1 《幼儿园教师专业标准（试行）》

为促进幼儿园教师专业发展，建设高素质幼儿园教师队伍，根据《中华人民共和国教师法》，特制定《幼儿园教师专业标准（试行）》（以下简称《专业标准》）。

幼儿园教师是履行幼儿园教育教学工作职责的专业人员，需要经过严格的培养与培训，具有良好的职业道德，掌握系统的专业知识和专业技能。《专业标准》是国家对合格幼儿园教师专业素质的基本要求，是幼儿园教师实施保教行为的基本规范，是引领幼儿园教师专业发展的基本准则，是幼儿园教师培养、准入、培训、考核等工作的重要依据。

一、基本理念

（一）师德为先

热爱学前教育事业，具有职业理想，践行社会主义核心价值体系，履行教师职业道德规范，依法执教。关爱幼儿，尊重幼儿人格，富有爱心、责任心、耐心和细心；为人师表，教书育人，自尊自律，做幼儿健康成长的启蒙者和引路人。

（二）幼儿为本

尊重幼儿权益，以幼儿为主体，充分调动和发挥幼儿的主动性；遵循幼儿身心发展特点和保教活动规律，提供适合的教育，保障幼儿快乐健康成长。

（三）能力为重

把学前教育理论与保教实践相结合，突出保教实践能力；研究幼儿，遵循幼儿成长规律，提升保教工作专业化水平；坚持实践、反思、再实践、再反思，不断提高专业能力。

（四）终身学习

学习先进学前教育理论，了解国内外学前教育改革与发展的经验和做法；优化知识结构，提高文化素养；具有终身学习与持续发展的意识和能力，做终身学习的典范。

二、基本内容

维度	领域	基本要求
专业理念与师德	（一）职业理解与认识	1. 贯彻党和国家教育方针政策，遵守教育法律法规。
		2. 理解幼儿保教工作的意义，热爱学前教育事业，具有职业理想和敬业精神。
		3. 认同幼儿园教师的专业性和独特性，注重自身专业发展。
		4. 具有良好的职业道德修养，为人师表。
		5. 具有团队合作精神，积极开展协作与交流。

续表

维度	领域	基本要求
专业理念与师德	(二)对幼儿的态度与行为	6. 关爱幼儿，重视幼儿身心健康，将保护幼儿生命安全放在首位。 7. 尊重幼儿人格，维护幼儿合法权益，平等对待每一位幼儿。不讽刺、挖苦、歧视幼儿，不体罚或变相体罚幼儿。 8. 信任幼儿，尊重个体差异，主动了解和满足有益于幼儿身心发展的不同需求。 9. 重视生活对幼儿健康成长的重要价值，积极创造条件，让幼儿拥有快乐的幼儿园生活。
	(三)幼儿保育和教育的态度与行为	10. 注重保教结合，培育幼儿良好的意志品质，帮助幼儿养成良好的行为习惯。 11. 注重保护幼儿的好奇心，培养幼儿的想象力，发掘幼儿的兴趣爱好。 12. 重视环境和游戏对幼儿发展的独特作用，创设富有教育意义的环境氛围，将游戏作为幼儿的主要活动。 13. 重视丰富幼儿多方面的直接经验，将探索、交往等实践活动作为幼儿最重要的学习方式。 14. 重视自身日常态度、言行对幼儿发展的重要影响与作用。 15. 重视幼儿园、家庭和社区的合作，综合利用各种资源。
	(四)个人修养与行为	16. 富有爱心、责任心、耐心和细心。 17. 乐观向上、热情开朗，有亲和力。 18. 善于自我调节情绪，保持平和心态。 19. 勤于学习，不断进取。 20. 衣着整洁得体，语言规范健康，举止文明礼貌。
专业知识	(五)幼儿发展知识	21. 了解关于幼儿生存、发展和保护的有关法律法规及政策规定。 22. 掌握不同年龄幼儿身心发展特点、规律和促进幼儿全面发展的策略与方法。 23. 了解幼儿在发展水平、速度与优势领域等方面的个体差异，掌握对应的策略与方法。 24. 了解幼儿发展中容易出现的问题与适宜的对策。 25. 了解有特殊需要的幼儿的身心发展特点及教育策略与方法。
	(六)幼儿保育和教育知识	26. 熟悉幼儿园教育的目标、任务、内容、要求和基本原则。 27. 掌握幼儿园各领域教育的学科特点与基本知识。 28. 掌握幼儿园环境创设、一日生活安排、游戏与教育活动、保育和班级管理的知识与方法。 29. 熟知幼儿园的安全应急预案，掌握意外事故和危险情况下幼儿安全防护与救助的基本方法。 30. 掌握观察、谈话、记录等了解幼儿的基本方法和教育心理学的基本原理和方法。 31. 了解 0～3 岁婴幼儿保教和幼小衔接的有关知识与基本方法。
	(七)通识性知识	32. 具有一定的自然科学和人文社会科学知识。 33. 了解中国教育基本情况。 34. 具有相应的艺术欣赏与表现知识。 35. 具有一定的现代信息技术知识。

续表

维度	领域	基本要求
专业能力	(八)环境的创设与利用	36. 建立良好的师幼关系，帮助幼儿建立良好的同伴关系，让幼儿感到温暖和愉悦。 37. 建立班级秩序与规则，营造良好的班级氛围，让幼儿感受到安全、舒适。 38. 创设有助于促进幼儿成长、学习、游戏的教育环境。 39. 合理利用资源，为幼儿提供和制作适合的玩教具和学习材料，引发和支持幼儿的主动活动。
	(九)一日生活的组织与保育	40. 合理安排和组织一日生活的各个环节，将教育灵活地渗透到一日生活中。 41. 科学照料幼儿日常生活，指导和协助保育员做好班级常规保育和卫生工作。 42. 充分利用各种教育契机，对幼儿进行随机教育。 43. 有效保护幼儿，及时处理幼儿的常见事故，危险情况优先救护幼儿。
	(十)游戏活动的支持与引导	44. 提供符合幼儿兴趣需要、年龄特点和发展目标的游戏条件。 45. 充分利用与合理设计游戏活动空间，提供丰富、适宜的游戏材料，支持、引发和促进幼儿的游戏。 46. 鼓励幼儿自主选择游戏内容、伙伴和材料，支持幼儿主动地、创造性地开展游戏，充分体验游戏的快乐和满足。 47. 引导幼儿在游戏活动中获得身体、认知、语言和社会性等多方面的发展。
	(十一)教育活动的计划与实施	48. 制定阶段性的教育活动计划和具体活动方案。 49. 在教育活动中观察幼儿，根据幼儿的表现和需要，调整活动，给予适宜的指导。 50. 在教育活动的设计和实施中体现趣味性、综合性和生活化，灵活运用各种组织形式和适宜的教育方式。 51. 提供更多的操作探索、交流合作、表达表现的机会，支持和促进幼儿主动学习。
	(十二)激励与评价	52. 关注幼儿日常表现，及时发现和赏识每个幼儿的点滴进步，注重激发和保护幼儿的积极性、自信心。 53. 有效运用观察、谈话、家园联系、作品分析等多种方法，客观地、全面地了解和评价幼儿。 54. 有效运用评价结果，指导下一步教育活动的开展。
	(十三)沟通与合作	55. 使用符合幼儿年龄特点的语言进行保教工作。 56. 善于倾听，和蔼可亲，与幼儿进行有效沟通。 57. 与同事合作交流，分享经验和资源，共同发展。 58. 与家长进行有效沟通合作，共同促进幼儿发展。 59. 协助幼儿园与社区建立合作互助的良好关系。
	(十四)反思与发展	60. 主动收集分析相关信息，不断进行反思，改进保教工作。 61. 针对保教工作中的现实需要与问题，进行探索和研究。 62. 制定专业发展规划，积极参加专业培训，不断提高自身专业素质。

三、实施建议

（一）各级教育行政部门要将《专业标准》作为幼儿园教师队伍建设的基本依据

根据学前教育改革发展的需要，充分发挥《专业标准》的引领和导向作用，深化教师教育改革，建立教师教育质量保障体系，不断提高幼儿园教师培养培训质量。制定幼儿园教师准入标准，严把幼儿园教师入口关；制定幼儿园教师聘任（聘用）、考核、退出等管理制度，保障教师合法权益，形成科学有效的幼儿园教师队伍管理和督导机制。

（二）开展幼儿园教师教育的院校要将《专业标准》作为幼儿园教师培养培训的主要依据

重视幼儿园教师职业特点，加强学前教育学科和专业建设。完善幼儿园教师培养培训方案，科学设置教师教育课程，改革教育教学方式；重视幼儿园教师职业道德教育，重视社会实践和教育实习；加强从事幼儿园教师教育的师资队伍建设，建立科学的质量评价制度。

（三）幼儿园要将《专业标准》作为教师管理的重要依据

制定幼儿园教师专业发展规划，注重教师职业理想与职业道德教育，增强教师育人的责任感与使命感；开展园本研修，促进教师专业发展；完善教师岗位职责和考核评价制度，健全幼儿园教师绩效管理机制。

（四）幼儿园教师要将《专业标准》作为自身专业发展的基本依据

制定自我专业发展规划，爱岗敬业，增强专业发展自觉性；大胆开展保教实践，不断创新；积极进行自我评价，主动参加教师培训和自主研修，逐步提升专业发展水平。

附件 2　《小学教师专业标准（试行）》

为促进小学教师专业发展，建设高素质小学教师队伍，根据《中华人民共和国教师法》和《中华人民共和国义务教育法》，特制定《小学教师专业标准（试行）》（以下简称《专业标准》）。

小学教师是履行小学教育教学工作职责的专业人员，需要经过严格的培养与培训，具有良好的职业道德，掌握系统的专业知识和专业技能。《专业标准》是国家对合格小学教师专业素质的基本要求，是小学教师实施教育教学行为的基本规范，是引领小学教师专业发展的基本准则，是小学教师培养、准入、培训、考核等工作的重要依据。

一、基本理念

（一）师德为先

热爱小学教育事业，具有职业理想，践行社会主义核心价值体系，履行教师职业道德规范，依法执教。关爱小学生，尊重小学生人格，富有爱心、责任心、耐心和细心；为人师表，教书育人，自尊自律，做小学生健康成长的指导者和引路人。

（二）学生为本

尊重小学生权益，以小学生为主体，充分调动和发挥小学生的主动性；遵循小学生身心发展特点和教育教学规律，提供适合的教育，促进小学生生动活泼学习、健康快乐成长。

（三）能力为重

把学科知识、教育理论与教育实践有机结合，突出教书育人实践能力；研究小学生，遵循小学生成长规律，提升教育教学专业化水平；坚持实践、反思、再实践、再反思，不断提高专业能力。

（四）终身学习

学习先进的小学教育理论，了解国内外小学教育改革与发展的经验和做法；优化知识结构，提高文化素养；具有终身学习与持续发展的意识和能力，做终身学习的典范。

二、基本内容

维度	领域	基本要求
专业理念与师德	（一）职业理解与认识	1. 贯彻党和国家教育方针政策，遵守教育法律法规。 2. 理解小学教育工作的意义，热爱小学教育事业，具有职业理想和敬业精神。 3. 认同小学教师的专业性和独特性，注重自身专业发展。 4. 具有良好职业道德修养，为人师表。 5. 具有团队合作精神，积极开展协作与交流。
	（二）对小学生的态度与行为	6. 关爱小学生，重视小学生身心健康，将保护小学生生命安全放在首位。 7. 尊重小学生独立人格，维护小学生合法权益，平等对待每一位小学生。不讽刺、挖苦、歧视小学生，不体罚或变相体罚小学生。 8. 信任小学生，尊重个体差异，主动了解和满足有益于小学生身心发展的不同需求。 9. 积极创造条件，让小学生拥有快乐的学校生活。
	（三）教育教学的态度与行为	10. 树立育人为本、德育为先的理念，将小学生的知识学习、能力发展与品德养成相结合，重视小学生全面发展。 11. 尊重教育规律和小学生身心发展规律，为每一个小学生提供适合的教育。 12. 引导小学生体验学习乐趣，保护小学生的求知欲和好奇心，培养小学生的广泛兴趣、动手能力和探究精神。 13. 引导小学生学会学习，养成良好学习习惯。 14. 尊重和发挥好少先队组织的教育引导作用。
	（四）个人修养与行为	15. 富有爱心、责任心、耐心和细心。 16. 乐观向上、热情开朗，有亲和力。 17. 善于自我调节情绪，保持平和心态。 18. 勤于学习，不断进取。 19. 衣着整洁得体，语言规范健康，举止文明礼貌。

续表

维度	领域	基本要求
专业知识	（五）小学生发展知识	20. 了解关于小学生生存、发展和保护的有关法律法规及政策规定。 21. 了解不同年龄及有特殊需要的小学生身心发展特点和规律，掌握保护和促进小学生身心健康发展的策略与方法。 22. 了解不同年龄小学生学习的特点，掌握小学生良好行为习惯养成的知识。 23. 了解幼小和小初衔接阶段小学生的心理特点，掌握帮助小学生顺利过渡的方法。 24. 了解对小学生进行青春期和性健康教育的知识和方法。 25. 了解小学生安全防护的知识，掌握针对小学生可能出现的各种侵犯与伤害行为的预防与应对方法。
	（六）学科知识	26. 适应小学综合性教学的要求，了解多学科知识。 27. 掌握所教学科知识体系、基本思想与方法。 28. 了解所教学科与社会实践、少先队活动的联系，了解与其他学科的联系。
	（七）教育教学知识	29. 掌握小学教育教学基本理论。 30. 掌握小学生品行养成的特点和规律。 31. 掌握不同年龄小学生的认知规律和教育心理学的基本原理和方法。 32. 掌握所教学科的课程标准和教学知识。
	（八）通识性知识	33. 具有相应的自然科学和人文社会科学知识。 34. 了解中国教育基本情况。 35. 具有相应的艺术欣赏与表现知识。 36. 具有适应教育内容、教学手段和方法现代化的信息技术知识。
专业能力	（九）教育教学设计	37. 合理制订小学生个体与集体的教育教学计划。 38. 合理利用教学资源，科学编写教学方案。 39. 合理设计主题鲜明、丰富多彩的班级和少先队活动。
	（十）组织与实施	40. 建立良好的师生关系，帮助小学生建立良好的同伴关系。 41. 创设适宜的教学情境，根据小学生的反应及时调整教学活动。 42. 调动小学生学习积极性，结合小学生已有的知识和经验激发学习兴趣。 43. 发挥小学生主体性，灵活运用启发式、探究式、讨论式、参与式等教学方式。 44. 发挥好少先队组织生活、集体活动、信息传播等教育功能。 45. 将现代教育技术手段整合应用到教学中。 46. 较好地使用口头语言、肢体语言与书面语言，使用普通话教学，规范书写钢笔字、粉笔字、毛笔字。 47. 妥善应对突发事件。 48. 鉴别小学生行为和思想动向，用科学的方法防止和有效矫正不良行为。

续表

维度	领域	基本要求
专业能力	（十一）激励与评价	49. 对小学生日常表现进行观察与判断，发现和赏识每一位小学生的点滴进步。 50. 灵活使用多元评价方式，给予小学生恰当的评价和指导。 51. 引导小学生进行积极的自我评价。 52. 利用评价结果不断改进教育教学工作。
	（十二）沟通与合作	53. 使用符合小学生特点的语言进行教育教学工作。 54. 善于倾听，和蔼可亲，与小学生进行有效沟通。 55. 与同事合作交流，分享经验和资源，共同发展。 56. 与家长进行有效沟通合作，共同促进小学生发展。 57. 协助小学与社区建立合作互助的良好关系。
	（十三）反思与发展	58. 主动收集分析相关信息，不断进行反思，改进教育教学工作。 59. 针对教育教学工作中的现实需要与问题，进行探索和研究。 60. 制定专业发展规划，积极参加专业培训，不断提高自身专业素质。

三、实施建议

（一）各级教育行政部门要将《专业标准》作为小学教师队伍建设的基本依据

根据小学教育改革发展的需要，充分发挥《专业标准》的引领和导向作用，深化教师教育改革，建立教师教育质量保障体系，不断提高小学教师培养培训质量。制定小学教师准入标准，严把小学教师入口关；制定小学教师聘任（聘用）、考核、退出等管理制度，保障教师合法权益，形成科学有效的小学教师队伍管理和督导机制。

（二）开展小学教师教育的院校要将《专业标准》作为小学教师培养培训的主要依据

重视小学教师职业特点，加强小学教育学科和专业建设。完善小学教师培养培训方案，科学设置教师教育课程，改革教育教学方式；重视小学教师职业道德教育，重视社会实践和教育实习；加强从事小学教师教育的师资队伍建设，建立科学的质量评价制度。

（三）小学要将《专业标准》作为教师管理的重要依据

制定小学教师专业发展规划，注重教师职业理想与职业道德教育，增强教师育人的责任感与使命感；开展校本研修，促进教师专业发展；完善教师岗位职责和考核评价制度，健全小学教师绩效管理机制。

（四）小学教师要将《专业标准》作为自身专业发展的基本依据

制定自我专业发展规划，爱岗敬业，增强专业发展自觉性；大胆开展教育教学实践，不断创新；积极进行自我评价，主动参加教师培训和自主研修，逐步提升专业发展水平。

附件 3 《中学教师专业标准（试行）》

为促进中学教师专业发展，建设高素质中学教师队伍，根据《中华人民共和国教师法》和《中华人民共和国义务教育法》，特制定《中学教师专业标准（试行）》（以下简称《专业标准》）。

中学教师是履行中学教育教学工作职责的专业人员，需要经过严格的培养与培训，具有良好的职业道德，掌握系统的专业知识和专业技能。《专业标准》是国家对合格中学教师的基本专业要求，是中学教师实施教育教学行为的基本规范，是引领中学教师专业发展的基本准则，是中学教师培养、准入、培训、考核等工作的重要依据。

一、基本理念

（一）师德为先

热爱中学教育事业，具有职业理想，践行社会主义核心价值体系，履行教师职业道德规范，依法执教。关爱中学生，尊重中学生人格，富有爱心、责任心、耐心和细心；为人师表，教书育人，自尊自律，以人格魅力和学识魅力教育感染中学生，做中学生健康成长的指导者和引路人。

（二）学生为本

尊重中学生权益，以中学生为主体，充分调动和发挥中学生的主动性；遵循中学生身心发展特点和教育教学规律，提供适合的教育，促进中学生生动活泼学习、健康快乐成长，全面而有个性地发展。

（三）能力为重

把学科知识、教育理论与教育实践有机结合，突出教书育人实践能力；研究中学生，遵循中学生成长规律，提升教育教学专业化水平；坚持实践、反思、再实践、再反思，不断提高专业能力。

（四）终身学习

学习先进中学教育理论，了解国内外中学教育改革与发展的经验和做法；优化知识结构，提高文化素养；具有终身学习与持续发展的意识和能力，做终身学习的典范。

二、基本内容

维度	领域	基本要求
专业理念与师德	（一）职业理解与认识	1. 贯彻党和国家教育方针政策，遵守教育法律法规。 2. 理解中学教育工作的意义，热爱中学教育事业，具有职业理想和敬业精神。 3. 认同中学教师的专业性和独特性，注重自身专业发展。 4. 具有良好的职业道德修养，为人师表。 5. 具有团队合作精神，积极开展协作与交流。

续表

维度	领域	基本要求
专业理念与师德	（二）对学生的态度与行为	6. 关爱中学生，重视中学生身心健康发展，保护中学生生命安全。 7. 尊重中学生独立人格，维护中学生合法权益，平等对待每一位中学生。不讽刺、挖苦、歧视中学生，不体罚或变相体罚中学生。 8. 尊重个体差异，主动了解和满足中学生的不同需要。 9. 信任中学生，积极创造条件，促进中学生的自主发展。
	（三）教育教学的态度与行为	10. 树立育人为本、德育为先的理念，将中学生的知识学习、能力发展与品德养成相结合，重视中学生的全面发展。 11. 尊重教育规律和中学生身心发展规律，为每一位中学生提供适合的教育。 12. 激发中学生的求知欲和好奇心，培养中学生学习兴趣和爱好，营造自由探索、勇于创新的氛围。 13. 引导中学生自主学习、自强自立，培养良好的思维习惯和适应社会的能力。 14. 尊重和发挥好共青团、少先队组织的教育引导作用。
	（四）个人修养与行为	15. 富有爱心、责任心、耐心和细心。 16. 乐观向上、热情开朗，有亲和力。 17. 善于自我调节情绪，保持平和心态。 18. 勤于学习，不断进取。 19. 衣着整洁得体，语言规范健康，举止文明礼貌。
专业知识	（五）教育知识	20. 掌握中学教育的基本原理和主要方法。 21. 掌握班级、共青团、少先队建设与管理的原则与方法。 22. 掌握教育心理学的基本原理和方法，了解中学生身心发展的一般规律与特点。 23. 了解中学生世界观、人生观、价值观形成的过程及其教育方法。 24. 了解中学生思维能力、创新能力和实践能力发展的过程与特点。 25. 了解中学生群体文化特点与行为方式。
	（六）学科知识	26. 理解所教学科的知识体系、基本思想与方法。 27. 掌握所教学科内容的基本知识、基本原理与技能。 28. 了解所教学科与其他学科的联系。 29. 了解所教学科与社会实践及共青团、少先队活动的联系。
	（七）学科教学知识	30. 掌握所教学科课程标准。 31. 掌握所教学科课程资源开发与校本课程开发的主要方法与策略。 32. 了解中学生在学习具体学科内容时的认知特点。 33. 掌握针对具体学科内容进行教学和研究性学习的方法与策略。
	（八）通识性知识	34. 具有相应的自然科学和人文社会科学知识。 35. 了解中国教育基本情况。 36. 具有相应的艺术欣赏与表现知识。 37. 具有适应教育内容、教学手段和方法现代化的信息技术知识。

续表

维度	领域	基本要求
专业能力	（九）教学设计	38. 科学设计教学目标和教学计划。 39. 合理利用教学资源和方法设计教学过程。 40. 引导和帮助中学生设计个性化的学习计划。
	（十）教学实施	41. 营造良好的学习环境与氛围，激发与保护中学生的学习兴趣。 42. 通过启发式、探究式、讨论式、参与式等多种方式，有效实施教学。 43. 有效调控教学过程，合理处理课堂偶发事件。 44. 引发中学生独立思考和主动探究，发展学生创新能力。 45. 发挥好共青团、少先队组织生活、集体活动、信息传播等教育功能。 46. 将现代教育技术手段整合应用到教学中。
	（十一）班级管理与教育活动	47. 建立良好的师生关系，帮助中学生建立良好的同伴关系。 48. 注重结合学科教学进行育人活动。 49. 根据中学生世界观、人生观、价值观形成的特点，有针对性地组织开展德育活动。 50. 针对中学生青春期生理和心理发展特点，有针对性地组织开展有益身心健康发展的教育活动。 51. 指导学生理想、心理、学业等多方面发展。 52. 有效管理和开展班级、共青团、少先队活动。 53. 妥善应对突发事件。
	（十二）教育教学评价	54. 利用评价工具，掌握多元评价方法，多视角、全过程评价学生发展。 55. 引导学生进行自我评价。 56. 自我评价教育教学效果，及时调整和改进教育教学工作。
	（十三）沟通与合作	57. 了解中学生，平等地与中学生进行沟通交流。 58. 与同事合作交流，分享经验和资源，共同发展。 59. 与家长进行有效沟通合作，共同促进中学生发展。 60. 协助中学与社区建立合作互助的良好关系。
	（十四）反思与发展	61. 主动收集分析相关信息，不断进行反思，改进教育教学工作。 62. 针对教育教学工作中的现实需要与问题，进行探索和研究。 63. 制定专业发展规划，积极参加专业培训，不断提高自身专业素质。

三、实施建议

（一）各级教育行政部门要将《专业标准》作为中学教师队伍建设的基本依据

根据中学教育改革发展的需要，充分发挥《专业标准》的引领和导向作用，深化教师教育改革，建立教师教育质量保障体系，不断提高中学教师培养培训质量。制定中学教师准入标准，严把中学教师入口关；制定中学教师聘任（聘用）、考核、退出等管理制度，保障教师合法权益，形成科学有效的中学教师队伍管理和督导机制。

（二）开展中学教师教育的院校要将《专业标准》作为中学教师培养培训的主要依据

重视中学教师职业特点，加强中学教育学科和专业建设。完善中学教师培养培训方案，科学设置教师教育课程，改革教育教学方式；重视中学教师职业道德教育，重视社会实践和教育实习；加强从事中学教师教育的师资队伍建设，建立科学的质量评价制度。

（三）中学要将《专业标准》作为教师管理的重要依据

制定中学教师专业发展规划，注重教师职业理想与职业道德教育，增强教师育人的责任感与使命感；开展校本研修，促进教师专业发展；完善教师岗位职责和考核评价制度，健全中学教师绩效管理机制。中等职业学校教师参照执行。

（四）中学教师要将《专业标准》作为自身专业发展的基本依据

制定自我专业发展规划，爱岗敬业，增强专业发展自觉性；大胆开展教育教学实践，不断创新；积极进行自我评价，主动参加教师培训和自主研修，逐步提升专业发展水平。

附件 4　《中小学班主任工作规定》

第一章　总则

第一条　为进一步推进未成年人思想道德建设，加强中小学班主任工作，充分发挥班主任在教育学生中的重要作用，制定本规定。

第二条　班主任是中小学日常思想道德教育和学生管理工作的主要实施者，是中小学生健康成长的引领者，班主任要努力成为中小学生的人生导师。

班主任是中小学的重要岗位，从事班主任工作是中小学教师的重要职责。教师担任班主任期间应将班主任工作作为主业。

第三条　加强班主任队伍建设是坚持育人为本、德育为先的重要体现。政府有关部门和学校应为班主任开展工作创造有利条件，保障其享有的待遇与权利。

第二章　配备与选聘

第四条　中小学每个班级应当配备一名班主任。

第五条　班主任由学校从班级任课教师中选聘。聘期由学校确定，担任一个班级的班主任时间一般应连续1学年以上。

第六条　教师初次担任班主任应接受岗前培训，符合选聘条件后学校方可聘用。

第七条　选聘班主任应当在教师任职条件的基础上突出考查以下条件：

（一）作风正派，心理健康，为人师表；

（二）热爱学生，善于与学生、学生家长及其他任课教师沟通；

（三）爱岗敬业，具有较强的教育引导和组织管理能力。

第三章　职责与任务

第八条　全面了解班级内每一个学生，深入分析学生思想、心理、学习、生活状况。关心爱护全体学生，平等对待每一个学生，尊重学生人格。采取多种方式与学生沟通，有针对性地进行思想道德教育，促进学生德智体美全面发展。

第九条　认真做好班级的日常管理工作，维护班级良好秩序，培养学生的规则意识、责任意识和集体荣誉感，营造民主和谐、团结互助、健康向上的集体氛围。指导班委会和团队工作。

第十条　组织、指导开展班会、团队会（日）、文体娱乐、社会实践、春（秋）游等形式多样的班级活动，注重调动学生的积极性和主动性，并做好安全防护工作。

第十一条　组织做好学生的综合素质评价工作，指导学生认真记载成长记录，实事求是地评定学生操行，向学校提出奖惩建议。

第十二条　经常与任课教师和其他教职员工沟通，主动与学生家长、学生所在社区联系，努力形成教育合力。

第四章　待遇与权利

第十三条　学校在教育管理工作中应充分发挥班主任的骨干作用，注重听取班主任意见。

第十四条　班主任工作量按当地教师标准课时工作量的一半计入教师基本工作量。各地要合理安排班主任的课时工作量，确保班主任做好班级管理工作。

第十五条　班主任津贴纳入绩效工资管理。在绩效工资分配中要向班主任倾斜。对于班主任承担超课时工作量的，以超课时补贴发放班主任津贴。

第十六条　班主任在日常教育教学管理中，有采取适当方式对学生进行批评教育的权利。

第五章　培养与培训

第十七条　教育行政部门和学校应制订班主任培养培训规划，有组织地开展班主任岗位培训。

第十八条　教师教育机构应承担班主任培训任务，教育硕士专业学位教育中应设立中小学班主任工作培养方向。

第六章　考核与奖惩

第十九条　教育行政部门建立科学的班主任工作评价体系和奖惩制度。对长期从事班主任工作或在班主任岗位上做出突出贡献的教师定期予以表彰奖励。选拔学校管理干部应优先考虑长期从事班主任工作的优秀班主任。

第二十条　学校建立班主任工作档案，定期组织对班主任的考核工作。考核结果作为教师聘任、奖励和职务晋升的重要依据。对不能履行班主任职责的，应调离班主任岗位。

第七章　附则

第二十一条　各地可根据本规定，结合当地实际情况，制定中小学班主任工作的具体实施办法。

第二十二条　本规定自发布之日起施行。

附件5 《新时代中小学教师职业行为十项准则》

选自教育部关于印发《新时代高校教师职业行为十项准则》《新时代中小学教师职业行为十项准则》《新时代幼儿园教师职业行为十项准则》的通知（教师〔2018〕16号）

教师是人类灵魂的工程师，是人类文明的传承者。长期以来，广大教师贯彻党的教育方针，教书育人，呕心沥血，默默奉献，为国家发展和民族振兴作出了重大贡献。新时代对广大教师落实立德树人根本任务提出新的更高要求，为进一步增强教师的责任感、使命感、荣誉感，规范职业行为，明确师德底线，引导广大教师努力成为有理想信念、有道德情操、有扎实学识、有仁爱之心的好老师，着力培养德智体美劳全面发展的社会主义建设者和接班人，特制定以下准则。

一、坚定政治方向。坚持以习近平新时代中国特色社会主义思想为指导，拥护中国共产党的领导，贯彻党的教育方针；不得在教育教学活动中及其他场合有损害党中央权威、违背党的路线方针政策的言行。

二、自觉爱国守法。忠于祖国，忠于人民，恪守宪法原则，遵守法律法规，依法履行教师职责；不得损害国家利益、社会公共利益，或违背社会公序良俗。

三、传播优秀文化。带头践行社会主义核心价值观，弘扬真善美，传递正能量；不得通过课堂、论坛、讲座、信息网络及其他渠道发表、转发错误观点，或编造散布虚假信息、不良信息。

四、潜心教书育人。落实立德树人根本任务，遵循教育规律和学生成长规律，因材施教，教学相长；不得违反教学纪律，敷衍教学，或擅自从事影响教育教学本职工作的兼职兼薪行为。

五、关心爱护学生。严慈相济，诲人不倦，真心关爱学生，严格要求学生，做学生良师益友；不得歧视、侮辱学生，严禁虐待、伤害学生。

六、加强安全防范。增强安全意识，加强安全教育，保护学生安全，防范事故风险；不得在教育教学活动中遇突发事件、面临危险时，不顾学生安危，擅离职守，自行逃离。

七、坚持言行雅正。为人师表，以身作则，举止文明，作风正派，自重自爱；不得与学生发生任何不正当关系，严禁任何形式的猥亵、性骚扰行为。

八、秉持公平诚信。坚持原则，处事公道，光明磊落，为人正直；不得在招生、考试、推优、保送及绩效考核、岗位聘用、职称评聘、评优评奖等工作中徇私舞弊、弄虚作假。

九、坚守廉洁自律。严于律己，清廉从教；不得索要、收受学生及家长财物或参加由学生及家长付费的宴请、旅游、娱乐休闲等活动，不得向学生推销图书报刊、教辅材料、社会保险或利用家长资源谋取私利。

十、规范从教行为。勤勉敬业，乐于奉献，自觉抵制不良风气；不得组织、参与有偿补课，或为校外培训机构和他人介绍生源、提供相关信息。

练习题参考答案

练习题一

一、单项选择题

1.A　2.A　3.C　4.A　5.B　6.D　7.B　8.C　9.A　10.B　11.B　12.D　13.D　14.A

二、材料分析题

李老师的教育行为践行了素质教育的具体要求，是值得肯定的。

(1) 素质教育是促进学生全面发展的教育。材料中李老师常常说："美术课堂不仅要教会学生画画，还应该培养学生更多的能力。"这表明李老师在教育中不仅重视美育，还注重引导学生培养其他能力，体现了李老师在教育过程中能促进学生全面发展。

(2) 素质教育是促进学生个性发展的教育。材料中李老师组织"变旧为新"、用绘图技术进行视觉教学、带学生去郊外写生、参观美术展览等多种个性化教学活动，培养学生学习兴趣，为学生个性化发展提供条件，体现了李老师在教育过程中能促进学生个性发展。

(3) 素质教育着力提高学生的创新精神和社会实践能力。材料中李老师组织"变旧为新"创意大赛，引导学生开发旧衣物的新功能和新价值，体现了李老师注重培养学生的创新精神和动手实践能力；李老师用绘图技术进行视觉教学、带学生去郊外写生、参观美术展览，引导学生仔细观察、用心体会，体现了李老师注重培养学生的社会实践能力。

综合上述分析，李老师切实做到了促进学生全面发展，注重学生个性发展，重视学生创新精神和实践能力的培养，践行了素质教育的教育观。

练习题二

一、单项选择题

1.B　2.B　3.C　4.B　5.A　6.C

二、材料分析题

1. 材料中陈老师的教育行为符合"以人为本"全面发展的学生观，是值得肯定的。

(1)"以人为本"的学生观认为学生是积极学习的主体。材料中陈老师总是先让学生明确学习目标，然后提出问题，让学生围绕问题各自探索并在小组内进行交流，最后由陈老师讲解，学生不但收获了知识，解决问题的能力也增强了，这体现了陈老师在教育中尊重学生在学习中的主体地位。

(2)“以人为本”的学生观认为学生是发展的人，具有发展潜力。材料中陈老师发现王春上课回答问题紧张，通过课后辅导，多次鼓励，最终王春克服了胆怯心理，这体现了陈老师注重挖掘学生的发展潜力，引导学生发展。

(3)“以人为本”的学生观认为学生是独特的人，对不同的学生要采取不同的教育方式。材料中陈老师发现王春上课回答问题紧张，并没有在课堂上要求王春继续回答，而是课后单独辅导，这体现了陈老师尊重学生的个体差异性，将学生视为独特的人，公平公正地对待每一个学生。

(4)“以人为本”的学生观认为学生的发展应是全面的发展。材料中陈老师号召学生扩大阅读面，使得学生的视野明显开阔了，知识面也明显拓宽了，这体现了陈老师在教育教学活动中做到了以学生的全面发展为本。

综上所述，陈老师的教育行为符合“以人为本”全面发展的学生观，是值得我们学习和肯定的。

2. 材料中教师的教育行为符合“以人为本”全面发展的学生观，是值得肯定的。

(1)“以人为本”的学生观认为学生是积极学习的主体。材料中教师在教学中遇到学生回答问题冷场，及时调整教学思路，从学生经验出发引导学生打开思路，踊跃发言，达到了教学目标，这体现了教师在教育中注意发挥学生在学习中的主体地位。

(2)“以人为本”的学生观认为学生是发展的人，具有发展潜力。材料中教师发现学生回答问题卡壳后，立即调整思路，不再要求学生谈体会，而是从学生实际出发引导学生思考“由竹子所想到的……”，最终打开了学生的思路，这体现了教师注重挖掘学生的发展潜力，引导学生发展。

(3)“以人为本”的学生观认为学生是独特的人，教师要尊重学生的个体差异。材料中学生回答“由竹子所想到的……”时答案各种各样，该教师尊重学生的各种回答，这体现了教师尊重学生的独特性。

(4)“以人为本”的学生观认为学生是具有独立意义的人。材料中教师引导学生“由竹子所想到的……”各抒已见，没有将自己的意志强加给学生，而是以积极、开放的心态对待学生的各种看法，培养学生的审美情趣，引导学生明白人生道理，这体现了教师尊重学生的独立性，将学生视为具有独特意义的人。

(5)“以人为本”的学生观认为学生的发展应是全面的发展。材料中教师在欣赏字画教学中，引导学生多角度思考问题，既陶冶了学生的审美情趣，又使学生懂得许多做人的道理，这体现了教师在教育教学活动中注意引导学生全面发展。

综上所述，该教师的教育行为符合“以人为本”全面发展的学生观，是值得我们学习和肯定的。

练习题三

一、单项选择题

1. D 2. D 3. A 4. A 5. A 6. C 7. B 8. B 9. B 10. D

二、材料分析题

1. 李老师的教育行为符合我国当前的教师观，值得肯定。

(1) 李老师的行为表明其能正确理解并承担教师职业的责任。

材料中李老师对物理学习不感兴趣的学生，能根据学生喜欢计算机的特点，主动向其请教计算机知识，调动学生学习的积极性；同时通过自己学习计算机的例子，用自己的示范行为影响学生，引导其树立学习物理的信心。这表明李老师关心学生的成长和发展，并能用自己的行为示范作用引导学生成长，体现了李老师能正确理解并承担教师职业的责任，对教育充满了热情。

(2) 李老师的行为表明其了解教师专业发展的要求，主动通过教学研究、教学反思等方式促进自身的专业发展。

材料中李老师能将教学中的问题和解决方法以教学札记的形式记录，并对其进行经验总结，体现了其以研究者的心态发现并解决教育教学中的问题，注重通过教学研究来促进自身专业发展。

材料中李老师遇到物理成绩差的学生，主动思考学生成绩差的原因，寻找解决办法，并通过实践最终提高了该学生的学习成绩，体现了李老师在教学中注重教学反思。

(3) 李老师的行为表明其具有终身学习的意识。材料中李老师努力学习现代教育技术，不断充实自己，体现了李老师具备终身学习的意识。

李老师的教育行为表明其能正确认识教师的责任和价值，能主动采取措施促进自身专业发展，具备终身学习的意识，对教育工作充满热情，非常值得我们学习。

(教师观包括对教师职业职责和价值、教师专业发展要求和对终身学习意识的认识，可从这三个方面分析材料中李老师的教育行为。)

2. 曲老师的教育行为符合我国当前社会对教师的要求，值得肯定。

(1) 曲老师的行为表明其对教师的责任和价值有正确认识和理解，有崇高的职业理想，忠诚于人民的教育事业。

材料中曲老师在农村任教 8 年，期间几次为了农村孩子的教育，拒绝到城区更好的学校任教的机会，表明曲老师用实际行动践行着教书育人、培养社会主义事业的建设者和接班人、提高民族素质的使命，体现了曲老师忠诚于人民的教育事业，有崇高的职业理想。

(2) 曲老师的行为表明其了解教师专业发展的要求，主动通过自主阅读、同伴互助、开展教学研究等方式促进自身的专业发展。

材料中曲老师为了成为优秀的历史老师，主动翻阅各种杂志期刊以及时了解历史学新信息，表明曲老师注重通过自主阅读学习专业理论促进自身的专业发展。

材料中曲老师经常向有经验的老师请教，表明曲老师注重和其他教师合作，相互促进，实现共同成长。

材料中曲老师为了提升自己分析和解决问题的能力，不断学习科学研究方法，并运用这些方法解决了一些教学问题，表明曲老师注重通过教学研究提升自己的专业水平。

(3) 曲老师的行为表明其具有终身学习的意识。材料中曲老师坚持每天阅读各领域的经典著作，努力提升自己知识的广度和深度，提高自身素质，表明曲老师具备终身学习的意识。曲老师的教育行为表明其能正确认识教师的责任和价值，有崇高的教育理想，忠诚于人民的教育事业，能正确认识教师专业发展的要求并主动采取措施促进自身专业发展，具备终身学习的意识，对教育工作充满热情，非常值得我们学习。

（教师观包括对教师职业职责和价值、教师专业发展要求和对终身学习意识的认识，可从这三个方面分析材料中曲老师的教育行为。）

练习题四

单项选择题

1.D　2.B　3.A　4.D　5.A　6.C　7.B

练习题五

一、单项选择题

1.C　2.A　3.C　4.D　5.B　6.B　7.C　8.D　9.D　10.A

二、材料分析题

1.《中小学教师职业道德规范》指出，教师应当具备以下职业道德：爱国守法、爱岗敬业、关爱学生、教书育人、为人师表、终身学习。材料中，“我”的教育行为体现了以下教师职业道德：(1) 关爱学生。关爱学生要求教师关心爱护全体学生，尊重学生人格，平等公正地对待学生。对学生严慈相济，做学生的良师益友。保护学生安全，关心学生健康，维护学生权益。不讽刺、挖苦、歧视学生，不体罚或变相体罚学生。材料中，该教师关注到班上的晓义经常打架、抽烟、旷课，通过家访和细心观察，掌握了晓义的基本情况，让其担任体育委员，并抓住机会表扬和谈话，使得晓义有了触动和转变。该教师的行为体现出其关爱学生的职业道德。

(2) 教书育人。教书育人要求教师遵循教育规律，实施素质教育。循循善诱，诲人不倦，因材施教。培养学生良好品行，激发学生创新精神，促进学生全面发展。不以分数作为评价学生的唯一标准。材料中，该教师能够遵循教育规律，因材施教，让晓义担任体育委员后，也能抓住机会适时表扬，并多次谈话，家校沟通，使得晓义不再自暴自弃，而是自尊自爱。该教师的行为体现了他不仅关注学生的学习，更重视培养学生的良好品行，促进学生全面发展，符合教书育人的教师职业道德要求。

(3) 为人师表。为人师表要求教师坚守高尚情操，知荣明耻，严于律己，以身作则。衣着得体，语言规范，举止文明。关心集体，团结协作，尊重同事，尊重家长。作风正派，廉洁奉公。自觉抵制有偿家教，不利用职务之便谋取私利。材料中，该教师在任命晓义为体育委员时，面对其他家长的不满，没有暴躁发怒，而是耐心解释，并与晓义的家长多次沟通，希望他们多鼓励孩子。该教师的行为体现了尊重家长、为人师表的教师职业道德。

(4) 爱岗敬业。爱岗敬业要求教师忠诚于人民教育事业，志存高远，勤恳敬业，甘为人梯，乐于奉献；对工作高度负责，认真备课上课，认真批改作业，认真辅导学生。不得敷衍塞责。材料中，该教师关注后进学生，多次与后进学生谈话，与家长沟通，并抓住一切机会鼓励和教育学生。该教师的行为体现了爱岗敬业的教师职业道德。

通过上述分析可知，该老师具备关爱学生、教书育人、为人师表、爱岗敬业的教师职业道德，是我们学习的榜样。

2. 依据《中小学教师职业道德规范》，材料中的“我”践行了爱岗敬业、关爱学生、教书育人、为人师表的教师职业道德。

(1) 该教师践行了“爱岗敬业”的教师职业道德。爱岗敬业的教师职业道德要求教师做到：忠诚于人民教育事业，志存高远，勤恳敬业，甘为人梯，乐于奉献。对工作高度负责，认真备课上课，认真批改作业，认真辅导学生。不得敷衍塞责。材料中，该教师面对即将入学的新生，高度重视，反复琢磨，采用建立家长微信群、积极发起并参与群内讨论、设立“志愿者”岗位等各种方式来帮助新同学适应新环境，在很短的时间内建立了有凝聚力、有灵魂的班集体。这些都充分反映了该教师对教育岗位的热爱和负责任的态度，体现了该教师爱岗敬业的职业道德。

(2) 该教师践行了“关爱学生”的教师职业道德。关爱学生的教师职业道德要求教师做到：关心爱护全体学生，尊重学生人格，平等公正地对待学生。对学生严慈相济，做学生的良师益友。保护学生安全，关心学生健康，维护学生权益。不讽刺、挖苦、歧视学生，不体罚或变相体罚学生。材料中，该教师为了帮助全班新生适应新环境，带领学生一起布置教室、出黑板报，主动与学生交流沟通，做学生的良师益友，并设立各种“志愿者”的岗位，让学生能够尽快产生归属感，这些都体现了该教师关爱学生的职业道德。

(3) 该教师践行了“教书育人”的教师职业道德。教书育人的教师职业道德要求教师做到：遵循教育规律，实施素质教育。循循善诱，诲人不倦，因材施教。培养学生良好品行，激发学生的创新精神，促进学生全面发展，不以分数作为评价学生的唯一标准。材料中，该教师在开学第一天就通过讲解班训和班名引导学生树立集体观念，并组织学生出黑板报、设立“志愿者”岗位，使每个学生都成了班级的“志愿者”，这不仅增强了班级凝聚力，促进了学生的全面发展，也有助于提升学生的良好品行，是实施素质教育的要求。这些都体现了该教师教书育人的教师职业道德。

(4) 该教师践行了“为人师表”的教师职业道德。为人师表的教师职业道德要求教师做到：坚守高尚情操，知荣明耻，严于律己，以身作则。衣着得体，语言规范，举止文明。关心集体，团结协作，尊重同事，尊重家长，作风正派，廉洁奉公。自觉抵制有偿家教，不利用职务之便谋取私利。材料中，该教师在开学第一天就号召“志愿者”为班级出黑板报，引导学生树立集体观念，并及时成立家长群，在微信群里和家长们讨论交流，耐心听取家长意见，这些都体现了该教师为人师表的职业道德。

综上所述，该教师在自己的教育教学实践中积极践行教师职业道德，更好地促进了学生的健康成长，值得我们借鉴和学习。

练习题六

一、单项选择题

1. C　2. A　3. B　4. D

二、材料分析题

1. 在本案中，程某、受害学生、学校和公安局都是法律关系的主体，程某和学生之间是民事法律关系，程某和学校以及公安局是行政法律关系。法律关系的客体是程某的违法行为和索要的财物，法律关系的内容是程某侵犯的学生人身权和财产权，程某负有遵守学校管理制度和遵守治安管理处罚条例等法律法规的义务等。
2. 学校对于某的处理意见只有部分是合法的。前两条处理意见是合法的，但第三条，即对学生罚款是违法的。因为罚款属于行政处罚的一种。行政处罚是一种外部法律行为，具有公共行政意义，只有特定的国家行政机关才有行政处罚权。学校不是行政机关，没有对学生进行行政处罚的权力，不能对学生罚款。学校只有行政处分的权力。
3. 本案中，根据《教师法》第三十七条，庄某对待教育教学的态度不端正，经多次教育后仍不改正，故意不完成教育教学任务，其行为给教育教学工作造成较大损失，学校有权解聘庄某。根据《教师法》第三十九条，庄某认为学校侵犯了他的合法权益，可以向教育行政部门提出申诉。

练习题七

一、单项选择题

1. C　2. D　3. B　4. A　5. A　6. C　7. A　8. A　9. C　10. B　11. D　12. C　13. C　14. C
15. D　16. C　17. A　18. A　19. C　20. D　21. C　22. C　23. D　24. B　25. B　26. D
27. C　28. B　29. C　30. C　31. A　32. D　33. A　34. A　35. D　36. D　37. B　38. B
39. D　40. C　41. C　42. D　43. D　44. C　45. D　46. A　47. A　48. B　49. A　50. A
51. C　52. B　53. D　54. B　55. C　56. A　57. C　58. A　59. D　60. B　61. C　62. A
63. B　64. D　65. A　66. C　67. C　68. B　69. B　70. D　71. A　72. A　73. D　74. A
75. D　76. B　77. A　78. B　79. D　80. C　81. C

二、材料分析题

1. 张某以营利为目的，私自开办看似教育教学机构的“裕华书院”，其行为不符合相关法律规定，构成违法行为。根据《教育法》二十七条的规定，设立学校及其他教育机构，必须有组织机构和章程、有合格的教师、有符合规定标准的教学场所及设施、设备等，以及有必备的办学资金和稳定的经费来源。张某所办的“裕华书院”不符合前三个基本条件，办学不具备实体要件。根据《教育法》第二十八条，学校及其他教育机构的设立、变更和终止，应当按照国家有关规定办理审核、批准、注册或者备案手续。张某开办“裕华书院”未办理任何相关手续，程序上也不合法。因此，根据《教育法》第七十五条的规定，由县教育局对张某的“裕华书院”予以撤销，并没收所有违法所得等。

2. 我国实行九年义务教育制度，初二尚属于国家规定的义务教育阶段。叶某父亲禁止初二学生继续读书，其行为违反了《教育法》第十九条、《义务教育法》第五条和第十一条，以及《未成年人保护法》第十六条和第十七条等关于未成年人应当接受义务教育的相关规定。因此，叶某父亲的行为是违法的。按照《义务教育法》第五十八条的规定，由当地乡镇人民政府或者县级人民政府教育行政部门给予批评教育，责令限期改正，让叶某继续接受义务教育。

3. 向某存在教学事故，学校依法依规对其进行教学处分，是正当合理的管理行为。向某报复刘校长，其行为违反法律，应承担相应的法律责任。根据《刑法》第二百三十四条、《教师法》第三十五条等相关法律条文的规定，向某的行为已经构成刑事犯罪，与王某以及四个同伙属于刑法上的共同犯罪，应根据参与主体对刘校长的侵害程度，分别承担相应的民事法律责任和刑事法律责任。

4. 本案中，电视台的行为违法。按照《未成年人保护法》第四十九条的规定，新闻媒体采访报道涉及未成年人事件应当客观、审慎和适度，不得侵犯未成年人的名誉、隐私和其他合法权益。同时，《未成年人保护法》第一百零三条还规定，公安机关、人民检察院、人民法院、司法行政部门以及其他组织和个人不得披露有关案件中未成年人的姓名、影像、住所、就读学校以及其他可能识别出其身份的信息，但查找失踪、被拐卖未成年人等情形除外。两名犯罪嫌疑人都是初中学生，属于未成年人。公安机关接受媒体采访和电视台播报新闻时，披露涉案未成年犯罪嫌疑人的姓名和影像的行为，侵犯了两名未成年人的隐私权。

5. 本案中，刘某的行为违法。根据《刑法》第十七条的规定，已满十四周岁不满十六周岁的人犯故意杀人、故意伤害致人重伤或者死亡、强奸、抢劫、贩卖毒品、放火、爆炸、投放危险物质罪的，应当负刑事责任。刘某案发时已经 15 岁，将李某杀死的行为属于故意杀人或故意伤害致人死亡的情形，应追究其刑事责任。刘某父母的行为违反了《未成年人保护法》第十七条和第二十一条的规定，根据《预防未成年人犯罪法》第六十一条和《未成年人保护法》第一百一十八条的规定，应由公安机关对刘某父母予以训诫。电子游戏厅经营者的行为违反了《未成年人犯罪法》第一百二十三条的规定，由文化和旅游、公安等部门按职责分工责令限期改正、给予警告，没收违法所得等处罚。

6. 本案中杨某父母将赵某、赵某父母、学校和黄老师列为共同被告，在选择当事人时出现了错误。虽然杨某是在上学期间在校园内受伤，但是引起伤害的起因在于两人嬉戏打闹，学校和班主任在此案中不存在过错，因此杨某的受伤与学校和黄老师无关，学校和班主任都不需要承担责任。《学生伤害事故处理办法》第九条明确规定了学校承担学生伤害事故责任的情形，对于不属于该条规定的情形，学校不承担责任。此案是典型的民事侵权案件，根据《学生伤害事故处理办法》第十条的规定，应由赵某和赵某监护人对杨某承担民事赔偿。如果杨某自己存在过错，也应承担一部分责任，根据过错分担原则，按比例减少赵某一方的赔偿金额。

练习题八

一、单项选择题

1. A　2. A　3. A　4. B　5. A　6. D　7. C　8. A　9. D　10. A　11. A　12. B　13. D　14. D　15. D　16. B　17. D　18. C　19. C　20. D　21. C　22. C　23. B　24. C　25. C　26. C

二、材料分析题

1. 本案中，沈某的申诉理由是依照《教师法》第七条第二款的规定，教师享有从事科学研究、学术交流、参加专业的学术团体、在学术活动中充分发表意见的权利。但是，沈某的申诉不能得到支持，原因有两方面。第一，学术研究权的行使是有条件的，教师必须在完成本职工作或不影响正常教育教学的基础之上去行使，否则就违背了法律授予教师此权利的初衷，其行为也得不到法律保护。第二，因为权利义务的一体性，教师既享有法律赋予的权利，也应当完成法律规定的义务。《教师法》第八条规定教师应当履行完成教育教学工作任务的义务。沈某只片面强调自身权利，却忽略作为教师本该履行的基本义务。学校做出的决定符合权限和程序，适用法律法规正确，事实清楚。因此教育行政部门决定，维持学校原处理结果。
2. 本案中，县教育局的行为侵犯了学校的办学自主权，也侵犯了学生的受教育权。因为县教委以县教育行政机关的名义下发通知，让所辖的县城中小学学生在正常的学习时间内停课参加欢迎仪式，严重干扰了正常的教育教学秩序，侵害了学校的办学自主权和学生的受教育权。